翻訳文化論の新たな地平へ

聖書とモンゴル

芝山豊／滝澤克彦／都馬バイカル／荒井幸康◉編

教文館

はじめに

滝澤克彦

翻訳とは、本質的に、他者を理解しようとする営みである。それは、異質なる者への関心なしには生まれない。翻訳は、他者に自己と似たものを見いだそうとする努力そのものである。しかし、そうやって結ばれた関係は、近づくほどにすれ違うジレンマを抱えている。だから翻訳は、終わりのない営みとなる。このような翻訳の本質は、他者との共生を模索し続ける多文化社会のあり方と重なる。だから、翻訳について考えることは、今日の世界を生きる我々に、何らかの示唆を与えてくれるはずである。

翻訳をめぐる思索において、もっとも重要な位置を占めてきた書物が聖書である。聖書は「神の言葉」であるがゆえに、その言葉は普遍的であり、言語や文化、民族の境界を越えて伝えられるよう求められてきた。実際に、聖書は世界でもっとも多くの言葉に翻訳され、もっとも多くの人々に読まれる書となった。しかし、その歴史は困難に満ちていた。唯一の真実の言葉を、限りある文化と言語のなかでどのように表現するかという問題に、多くの翻訳者たちは頭を悩ませてきた。それらの経験は、結果的に、翻訳の理論と方法に多くの示唆を与えた。我々は、具体的な聖書翻訳の軌跡を通して、翻訳者たちが、他者との出会いのなかでいかにその文化と言語を理解し、自らを省みながら、翻訳と向きあってきたかを知ることができる。また、翻訳者たちの葛藤の裏に、彼らをとりまく文化や言語の特徴を読み取ることもできるのである。

本書は、このような観点に立ちつつ、モンゴル語聖書の世界へ読者を誘おうとするものである。翻訳者たちは、いかなる困難に直面し、そこで聖書やモンゴルの文化と人々についてどのような思索をめぐらしてきたのか。この問いの探究の先には、モンゴルの社会や文化においてモンゴル語聖書翻訳がもってきた意義と、世界の聖書翻訳の歴史と現状においてモンゴル語聖書がもってきた意義の両方が浮かび上がってくるはずである。

それにしても、この聖書とモンゴルという組み合わせは、多くの読者にとってあまり馴染みのないものかもしれない。一般に、モンゴルの宗教と言えば、仏教かシャマニズムがイメージされることが多い。しかし実際には、モンゴルにおける聖書翻訳の世界は、歴史的にも地理的にもかなりの奥行きを有している。記録に残る限りでもっとも古いモンゴル語への翻訳は、一三世紀末に大元国を訪れたフランシスコ会の修道士モンテコルヴィノによるものであるとされる。これは、日本へのキリスト教伝来より二五〇年も前のことである。さらに遡れば、チンギス・ハーンの帝国拡大には、東シリア教会のキリスト教徒であったチュルク・モンゴル系民族が深く関わっており、彼の子供たちはキリスト教徒の后をめとっていた。当然ながら、キリスト教の主要な概念の一部が、すでにモンゴル語で表現されていた可能性は高い。

大モンゴルの時代が幕を閉じた後、モンゴル人とキリスト教の関係はいったん途絶えるが、一八世紀にはモンゴル系諸民族への宣教が始まり、一八一五年に「マタイによる福音書」がモンゴル系のカルムイク語へ翻訳された。これが現存する最古のモンゴル語聖書である。その後も、モンゴル系民族への宣教と聖書翻訳事業は、細々ながらも一筋の流れとして途切れることはなかった。

一方で、その翻訳史の背後には、驚くほどの文化的広がりがある。彼らが訳語として用いた土着の言葉は、シャマニズムや仏教のニュアンスに浸され、さらにその影響関係を遡ればマニ教やゾロアスター教の世界にも行き着く。例えば、モンゴル語聖書で用いられる「テンゲル」（天）という語は、シャマニズムの崇拝対象にも用いられる。その最高位とされるホルモスタ・テンゲルは、仏教に取り込まれたバラモン教の神インドラ（日本では「帝釈天」）のことであるが、それが西域でマニ教を経由するうちに、ゾロアスター教の最高神「アフラマズダ」の名を与えられ、「ホルモスタ」へと転訛してモンゴルに到来したものである。また、宣教師たちの多くは仏教の僧侶の助けを借りて聖書をモンゴル語に翻訳したため、そこに宗教的概念についてはもちろん、仏教自体が独自にもっていた仏典翻訳の理論や知識が影響を与えていた可能性も高い。さらに、その聖書翻訳自体、中国語や満洲語など近隣諸言語の聖書翻訳事業と密接な関係にあった。一方で、モンゴル語聖書翻訳事業に関わった人々を中心として、ドイツやロシア、アメリカにおける東洋研究やモンゴル研究の拠点が生まれるなど、アカデミズムやその他の文化的領域にも多大な影響を残している。これらのことは、モンゴル語聖書翻訳の歴史が、単なる一地域の宗教史として捉えるだけでは、包括的に理解できないものであることを示している。それは、まさに複雑に交錯する大陸の文化交流史のど真ん中に位置してきたのである。

本書では、このようなモンゴル語聖書翻訳をとりまく世界の広がりを、以下の四部で描き出していく。

第一部では、まず、モンゴルとキリスト教の関係に触れながら、翻訳を通してモンゴル語聖書を扱うことの意義を問い、そして世界文学としての聖書の奥深さを紹介する。これによって、モンゴル語聖書が単なる一地域の文化的営みとして完結したものではなく、歴史的にも構造的にもきわめて広がりのある対象であることを読者は知ることになるだろう。

第二部では、モンゴル語聖書翻訳の歴史をたどる。先述したように、モンゴル語聖書翻訳というひとつの流れには、様々な宗教・文化史的支流・伏流が絡み合っている。ここではそのすべてを取り扱うことなどはできないので、まずは大きな流れについて概説した上で、いくつかの重要なトピックを取り上げることにする。

第三部では、モンゴルと日本の聖書翻訳者たちの実践的な立場から、そこに含まれる理論的問題を経験的に描き出していただく。さらに、聖書翻訳に見られる問題が、モンゴルの翻訳文化において重要な位置を占める仏典翻訳と比較してどのような意義と特徴があるかについても考察する。

第四部では、第一部から第三部までを踏まえ、モンゴル語聖書翻訳を「翻訳文化論」の観点から考察する。翻訳者たちが、どのような問題に出合い、それをどのように解決しようとしてきたのか、そして、その過程において、読者となるモンゴルの人々の文化や歴史についてどのような思いをめぐらせてきたのかを、具体的な事例をとりあげながら考察する。

目次

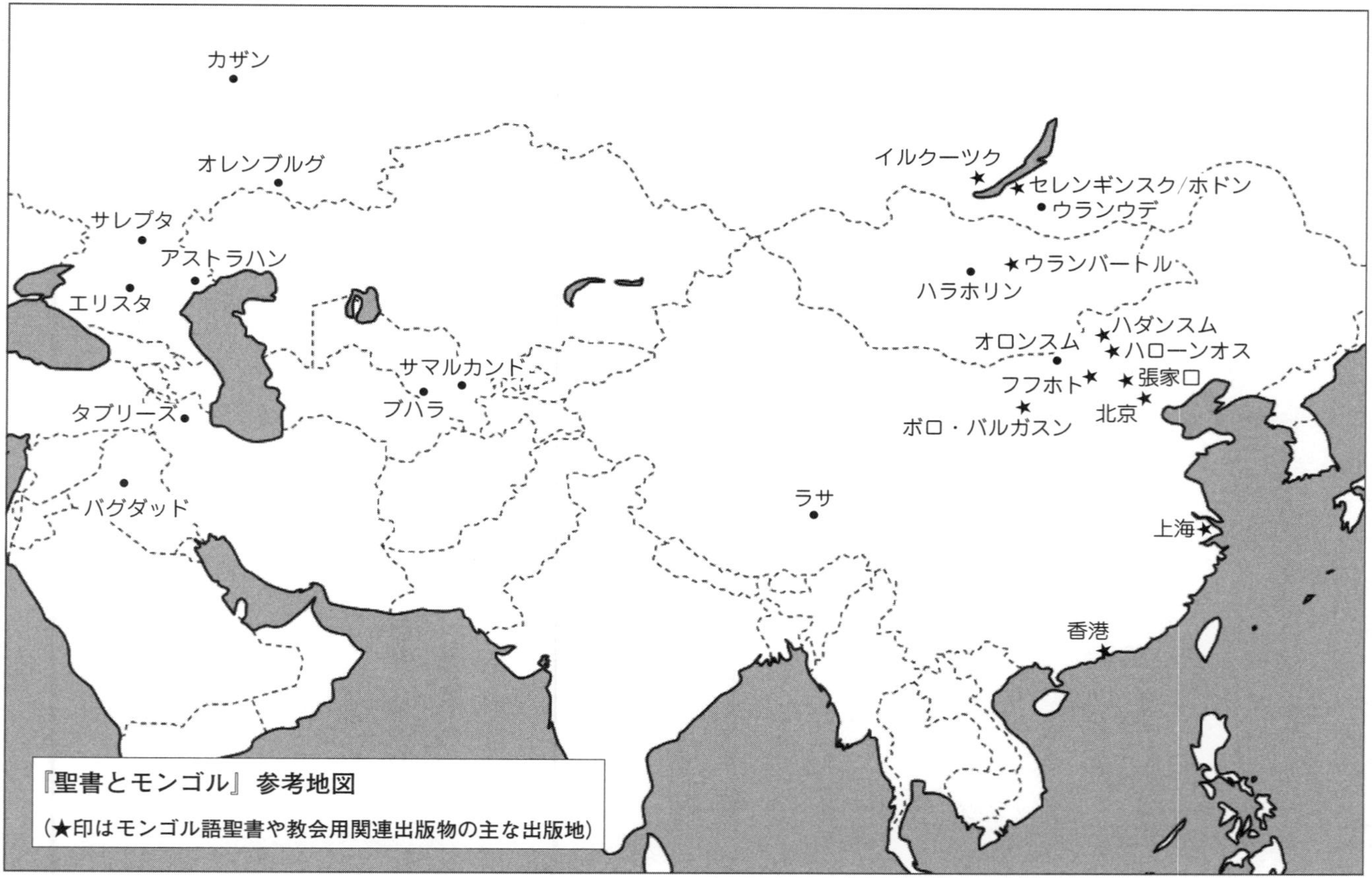
カザン
オレンブルグ
サレプタ
アストラハン
エリスタ
タブリーズ
バグダッド
サマルカンド
ブハラ
ラサ
イルクーツク
セレンギンスク/ホドン
ウランウデ
ウランバートル
ハラホリン
ハダンスム
オロンスム
ハローンオス
フフホト
張家口
北京
ボロ・バルガスン
上海
香港
『聖書とモンゴル』参考地図
（★印はモンゴル語聖書や教会用関連出版物の主な出版地）

第1部　世界のなかのモンゴルと聖書

第1章　モンゴルとキリスト教――近代以前

芝山　豊

1　モンゴル人の定義

モンゴル人とキリスト教の関係について語るに際し、まず、本書でのモンゴル人の定義について、簡単に記しておく必要がある。

前近代について述べる際、特に但し書きせず、モンゴル人と記す場合、それは、現在のモンゴル国の国民ではなく、シベリアからヨーロッパに跨る草原ベルト地帯に、一三世紀に成立したモンゴル・ウルス（以下、便宜上、大モンゴル帝国と記）に帰属した人々の中で、広義のモンゴル語（モンゴル諸語）[1]による文化と伝統、歴史に、自らのエスニック・アイデンティティを求める共同体の成員を指している。

現代で言うと、主に、モンゴル国、ロシア連邦に属するブリヤート共和国、カルムイク共和国、中華人民共和国に属する内モンゴル自治区、新疆ウイグル自治区、青海省、甘粛省、遼寧省、河北省、吉林省、黒竜江省等の諸地域に居住する人々、また、それら各国、各地域から世界各地に移住した人々である。

これらの人々の民族的起源について詳述する紙幅はないが、モンゴルの名称は、漢文記録上は、旧唐書、新唐書に見られる突厥支配下の室韋《しつい》に含まれた蒙兀《もうごう》、蒙瓦《もうが》とされている。既に七世紀にはその名の存在が知られていたわけだが、この集団と一三世紀以降に成立したモンゴル人とを、全く同質のものと考えることはできない。一三世紀、チンギス・ハーン(2)による諸部族統一によって生まれたモンゴル人は、血筋においても、言語や文化背景においても、ハイブリッドな集団であった。古い記録にある集団の一部を核として、集団外の人々を吸収し、新たに混成された集団が、その共通言語としたのがモンゴル語であり、アラム文字を源流とするシリア文字やソグド文字の流れから生まれたウイグル文字の借用によって作られたモンゴル文字により、自らの言語で歴史を叙述することによって構築されたアイデンティティを共有し続ける人々がモンゴル人なのである。

中世モンゴル語と呼ばれる一三世紀のモンゴル語を基に成立したモンゴル文語は、一六世紀末から一七世紀初め頃の仏典翻訳事業を契機に、古典式モンゴル文語として洗練され、その後も長く各地のモンゴル人の間で使い続けられた。その延長線上にあるのが、現代正書法によるモンゴル伝統文字による文章語であり、また、モンゴル人民共和国時代、ほとんど完成していたローマ字化計画を外圧によってキリル文字化に切り替えざるを得なかった歴史を背負う現代モンゴル語なのである(3)。

２　大モンゴル帝国成立と東シリア教会

モンゴル人の大帝国の成立に、キリスト教が果した役割は想像以上に大きなものであった。大モンゴル帝国の成立以前、チンギスが父の仇として憎んだ部族も、その部族討伐の功によって、金からオン・ハンの称号を得た部族も、そのオン・ハンを頼ったチンギスとその一族もみな、唐、突厥という大帝国の支配集団からは、他者化され、タタル（韃靼）と呼ばれていた。外婚制に基づく遊牧系集団を核とした彼らは、白韃靼と呼ばれたオングートも含め、いわゆるアルタイ仮説で共通祖語を構想されることもある、トルコ（チュルク）系諸語・モンゴル系諸語から分岐した、あるいは強い影響関係にあった諸言語を使用する人々であった。彼らの集団を、現在の言語や民族の基準からトルコ系、モンゴル系に峻別することは難しいし、その峻別に大きな意味があるとは思えない。

注目すべきことは、大モンゴル帝国の成立前、後にその構成要素となる、（狭義の）タタル、ケレイト、オングートには、多くのキリスト教徒が既に存在していたという事実である。

これらの集団のうち、キリスト教受容について、最もよく知られているのは、一二世紀ごろ強大な部族国家的組織を持ち、一三世紀にモンゴル高原のトラ川流域からハンガイ山脈方面にかけて勢力をもったケレイトのキリスト教入信である。

バル・ヘブラエウスの著作や、ラシードゥッディーンのイルハン国（フレグ・ウルス）で編纂されたモンゴル帝国の「正史」であり、世界史とも言える『集史』によって知られるこの出来事は、一〇〇七年頃に起こったこととされている。

しかし、これがトルコ系・モンゴル系で構成される広義のタタル集団のキリスト教とのファーストコンタクトではなかった。ケレイト王室のキリスト教改宗の数百年前から、タタル諸族内に、キリスト教化したグループが存在した。少なくとも、六四四年、七八一年頃の二度にわたってトルコ系（あるいはプロトモンゴル系）の部族集団の中にキリスト教化の事実があったことが記録されている。

一一世紀の初め、道に迷ったケレイト王を一人のキリスト教徒が道案内し、無事帰宅した王がすぐさまキリスト教徒の商人を呼び出して、数十万人の洗礼のため聖職者の派遣を要請したという物語が示す通り、一一世紀には、王の呼びかけに応じられるほどのキリスト教徒が既にケレイト社会の中枢に入りこんでいたのである。大モンゴル成立の遥か以前から、ケレイト、ウイグル、ナイマン、メルキト、オングート等の有力集団内のキリスト教徒が政治上大きな力を握っていた。それらの集団を糾合、併呑して完成したチンギスらが手にいれたのは、草原ベルト地帯のキリスト教ネットワークであった。いわゆる「モンゴル征西」のルートは、キリスト教布教東漸ルートを西に向かって逆にたどったものに他ならない。

さて、当時、タタル世界に存在したキリスト教とは、五世紀の終わりにササン朝ペルシャにおいてその地位を確立した東シリア教会のことである。

長年、歴史の教科書の中では、ネストリオス派とかネストリウス派と表記されてきたこのキリスト教会は、最も古いキリスト教会組織のひとつでありながら、ローマ帝国の版図の外側のメソポタミアにあったため、カトリックや正教会とは異なる道を歩んだが、今日も、イラクの教会、アッシリア東方教会として生き続け活動している[4]。

二世紀には既にバクトリアにキリスト教徒がいたといわれており、キリスト教のアジアへの拡張の歴史は一般にもたれているイメージより、遥かに長いものとなる。そして、拡張するイスラーム教により彼らが東に押し出される格好になったとき、アジアのキリスト教会はさらに東へ大きく動きだしたのである。

東シリア教会の宣教団は、既に、六三五年、唐の都に到着していた。それは、唐朝成立からようやく二〇年ほどたった時期、ササン朝ペルシャ滅亡の僅か十数年前のことであった。

幸い、当時の中国を支配していたのは、排他的な漢文化原理主義的集団ではなかった。唐を建国した李氏は現在の内モンゴル地域に拠点をもった拓跋、鮮卑を出自としている。鮮卑はかつて匈奴とともに行動した騎馬遊牧集団であり、その言語はいわゆるアルタイ系（トルコ系、ないしプロトモンゴル系）のもので、文化においては漢人よりモンゴル人に近い人々であった。太宗は北のトルコ系帝国突厥を圧して、モンゴル高原にも覇権を確立し、遊牧集団の覇者たる天可汗（テングリカガン）の称号を得ている。唐は、漢から北魏にかけての中華世界の歴史伝統を継承しながらも、突厥やウイグルなどの遊牧帝国と密接な関わりを持つ遊牧的帝国としての側面をもっていた。有名な「景教流行」を導いた六三八年の東シリア教会の公認は、漢人中心の中華帝国による公認だけではなく、草原の覇者たる天可汗からのキリスト教公認でもあったのである。キリスト教信仰をアジアの東の端までもたらしたのは、職業的宣教師集団というより、むしろ、キリスト教信徒である商人たちであった。

六世紀までに西トルキスタンのソグド人たちの多くがキリスト教化しており、ソグドの商人たちが、タタル人の住む地域から長安に至るまで、商品とともに、キリスト教をも運んで来たのである。

遊牧民と都市定住民の仲介者として、東西交易を担い、シルクロードの歴史に大きな足跡を残したソグド人については、いまなお多くの謎があり、活発な国際的研究が続いている。

ソグド人は、仏教、マニ教、そしてキリスト教の信仰と思想の媒介者であった。多言語世界に生きるソグド人たちにとって、宗教の移植と言語に関わる問題は、自らの安全保障と生活に直結する重要な意味をもっていたからである。

興味深いのは、ソグド人の故地、ソグディアナでは、書写言語としてのアラム語が生き続けていたことである。ペルシャ語、トルコ系諸語、プロトモンゴル系諸語、さらには漢語にも通じていたソグド人は、商売と諸宗教のエージェントとして、シリア語（アラム語）とその系統の文字によるネットワークを作りあげた。そこから、トルコ系、プロトモンゴル系の人々の言語を書き写すための、突厥文字、ウイグル文字、やがてウイグル文字を借用したモンゴル文字が誕生し、ソグド人が歴史の舞台から姿を消した後も、多様な文化の交流に重要な役割を担うシリア語とその文字のネットワークが形成されたのである。

安禄山の乱の後、ソグド人の一部は、ウイグルの可汗《カガン》のマニ教化に向けて動いた。突厥からウイグルへと勢力の変化が起こる中、トルコ化したマニ教徒のソグド人にとって、ウイグル帝国のマニ教国教化は通商ルート安全保障のための重要な布石であったからである。その結果、ウイグル人は、突厥同様、宗教とともに、ソグド人の文字を採用した。同様に、一一世紀のキリスト教徒ソグド人にとって、ケレイトを初めとするタタル系部族のキリスト教化は安全保障上の要であった。

チンギスの父、エスゲイ・バートルとアンダ（盟友）関係にあったケレイトのトグリルは、一一九六年、タタル部討伐の功によって、金朝からオン・ハンの称号を得た。後にチンギスと対立し、ケレイトの滅亡を招くことになるこの人物こそ、プレスター・ジョンに擬せられるキリスト教徒であった。彼の姪の一人はチンギスの妻であり、またもう一人の姪は、チンギスの末子トルイ（遊牧社会では原則末子相続なので末子は家督相続予定者を意味する）の妻となったソルコクタニ・ベキである。

ソルコクタニ・ベキは、大モンゴル第四代ハーンのモンケ、五代ハーンのフビライ、そして、イルハン国創始者フレグの母となる。陳舜臣の歴史小説『チンギス・ハーンの一族』でも注目を浴びたソルコクタニ・ベキの例が示す通り、キリスト教の信仰をもつ女性たちがモンゴルの政治に大きな影響を及ぼしたことは、フィクションではなく、多くの歴史資料が物語る事実である。

しかし、どの時代、どの社会でも、政治と宗教の関係は単純ではない。僅か二年の在位しかもたなかった第三代ハーン・グユクの母親もキリスト教徒だったと言われるが、彼女は亡夫オゴタイ・ハーンの側近であったキリスト教徒重臣たちを退けている。モンケ、フビライは、共に、自分が洗礼を受けたキリスト教の信徒であるとの宣言は行わなかった。こうした事実は、個人の精神的内面性、信仰生活上の問題というより、政権安定への配慮がより大きな理由であったであろう。チンギスが目に一丁字もない無教養な人であったとする確たる証拠はないし、ましてや、情報通であった一三世紀のハーンたちが、ヨーロッパでの出来事、例えば、教皇と皇帝聖俗権威の葛藤、「カノッサの屈辱」の政治的本質について、なにも知らなかったと断言することはできない。また、後に「チンギス原理」と呼ばれることになる外婚制父系リネッジに基づく、モンゴルのハーン支配の権威化と、帝国内の宗教的多様性の保証という政治方針を貫くためには、キリスト教の厳格な一夫一妻制厳守や、ユダヤ法の「ユダヤ人の母から生まれた者がユダヤ人である」というルールを受け入れることはあり得なかった。キリスト教徒ソルコクタニ・ベキの息子たち、モンケ、フビライ、フレグが、母方の血統をもってケレイト人とされることは決してなかったし、たとえ、本人にキリスト教徒としての自覚があったとしても、ハーン自らがキリスト教徒であると宣言することは困難だったに違いない。それでも、モンケやフビライでさえ、キリスト教に対しては、相当の知識と見識を有し、それなりのシンパシーをもっていたことが知られているし、イルハン国のハンであったアバカやアルグンが、少なくともキリスト教に同伴する者としての意識をもっていたことは間違いない。

いずれにせよ、外婚制による小さな部族社会が部族混成の大帝国へと発展した過程で、覇者たちの妻、母親が奉ずる宗教の影響力は過少評価されるべきではない。「モンゴル西征」と呼ばれる、大モンゴルの西への拡張ルートを歴史地図でなぞってみるとき、それは明快である。モンゴルの拡張を容易ならしめた要因は、宗教教理の優位性によるものではない。キリスト教、東シリア教会の用いる、草原の共通語、シリア語とその文字によって繋がれた遊牧社会と定着社会のネットワークの強みにこそあったと言うべきだろう。

3　初めてのモンゴル語聖書と西方教会

シリア文字による遊牧社会と定着社会のネットワークの下に現在のイラン・イラクの地に生まれたのがチンギスの孫フレグのイルハン国（フレグ・ウルス）であった。そのネットワークがモンゴルにもたらした恩恵は、フビライ・ハーン発行の通行証を持って、イルハン国に至り、第四代のアルグン・ハンの使節として、コンスタンティノポリス、ローマ、パリ、ボルドーへと赴いた、オングート出身の東シリア教会聖職者バール・サウマの旅行に関する記録を読めば容易に想像できる。[5]バール・サウマの旅については、日本でも、一九三二年刊行のバッジの『元主忽必烈が欧洲に派遣したる景教僧の旅行誌』[6]によってつとに知られているが、一四世紀にシリア語で書かれた大モンゴルの時代を象徴するグローバルな宗教者の伝記はいまなお世界の人々の関心を惹いてやまない。

モンゴル使節による東シリア教会と西方教会の邂逅は、当時、英王エドワード一世がサウマに語った通り、大モンゴルとの連携により、ふたつのキリスト教を、「イエス・キリストの教えという、ひとつの信仰」の中に包摂し得る可能性にさえ言及し得る意義をもつものだったのである。

大モンゴル時代の東シリア教会の隆盛は、現在の内モンゴル自治区ウランチャブ（烏蘭察布）にある、元代のオングート部の城址に見ることができる。一九二九年、ヘディン西北科学考査団の黄文弼によって元碑のあることが発見され、後に十字架の印のある「景教徒」の墓石が発見され、さらに江上波夫らによる一九三五―四一年の三度にわたる調査により、景教寺院とモンテコルヴィノの建てたものと考えられるカトリック教会の建物などが発見された。モンテコルヴィノが改宗させたというフビライの外孫ゲオルギス王の陵墓も見出されている。これらの遺跡調査は近年も幾つかの国際合同調査として行われている。

モンテコルヴィノ（Giovanni da Montecorvino, 一二四七―一三二八）は、一二八八年、東シリア教会のサウマによる、教皇ニコラウス四世への派遣要請への応えとしてモンゴルへ派遣された人物である。一二八九年、フランシスコ会のモンテコルヴィノが元の首都へ向かうこととなり、実に五年の歳月をかけ、彼はついに一二九四年元の都、大都に到着した。

ケレイトの改宗から数えても、モンテコルヴィノの到着までに、モンゴルにおいては三〇〇年ほどのキリスト教の歴史が紡がれていることになる。モンテコルヴィノらが元朝の諸都市で西方教会が布教を本格化させた一四世紀の初めには、モンゴル成立から数えて少なくとも数世代にわたるキリスト教信徒の集団が存在していたことに十分留意しなければならない。大都には三万人を優に超える東シリア教会の信徒がいたと記録されている。モンテコルヴィノが一二九九年に鐘楼を備えたカトリック教会を完成させ、一三〇五年までに、六千人の信徒を得たというのは決して誇張ではなかった。そして、彼が、「東シリア教会の邪魔がなければ三万人以上に洗礼を授けられたはず」と豪語したのは当然のことだった。何故なら、モンテコルヴィノの布教の中心課題は、異教からの信徒獲得ではなく、キリスト教徒になっていた東シリア教会の信徒たちをカトリック教会へと鞍替えさせ、朝廷内での基盤を磐石にすることにあったからである。既にキリスト教化されていたオングートやアランの王のカトリックへの改宗はその典型的な例である。

東シリア教会では、いまでも、ペシッタ訳という名で知られるシリア語の聖書を用いている。このシリア語を母語とする人々を中心として発展したこの教会は、旧約聖書をギリシャ語訳からではなく、ヘブライ語から直接翻訳したテクストを用いてきた。

唐の時代、東シリア教会によって、聖書の漢文訳の試みが急速に進められたことは、不完全なものではあるが、「序聴迷詩所経」、「一神論」、「世尊布施論」等の資料から推察できる。これらの翻訳の原テクストが何であったのかは定かではない。原テクストがアラム語やヘブライ語と密接な関係をもつシリア語であったことが想像されるが、もし、そうであれば、ギリシャ語原典からなされた西方教会の翻訳との比較においても興味深い。また、東シリア教会の翻訳活動は漢文読者へ向けてだけ行われていたわけではない。トルファンやハラホト出土の文書等から、ソグド人がキリスト教文書のソグド語訳やトルコ語訳に積極的だったことが分かっている。

一二五四年から一二五六年に憲宗モンケ・ハーンが仏教対道教、キリスト教対仏教の宗教論争を行わせたことはつとに有名である。フランシスコ会士ルブルクの記録によれば、一二五四年、仏教対東シリア教会の論争ではイスラーム教、カトリックの応援をたのんだ東シリア教会が勝ちをおさめたことになっている。だが、モンテコルヴィノの翻訳の仕事は、東シリア教会との協働ではなく、西方教会と東方教会との差異を明確にすることにあった。そのため、若者へのラテン語教育とミサや宣教に用いる文書のモンゴル語（モンテコルヴィノの言うタタル語）への翻訳事業に積極的にとり組んだのである。

西方教会が、ミサ、説教のために、新約聖書の各福音書と詩編の当該言語への翻訳を喫緊の課題としたのは、日本のキリシタン時代と同様である。

日本のキリシタン時代の場合、『バレト写本』において知り得る最古の日本語訳聖書がローマ字で書かれているのに対して、モンテコルヴィノは「既に福音書と詩篇をモンゴル語に翻訳し、ウイグル文字で書き上げた」という主旨のことを記している。残念ながら、その写本はいまだに見つかっていないが、モンゴル語がシリア語と関係の深いウイグル文字で書かれたことは、それまでのシリア文字による翻訳の蓄積を用いるために、大きな利点であったはずである。

フランス王ルイ九世の命を受けて、一二五四年にモンケ・ハーンと面会したルブルクは、「ネストリオス派の連中は無学で、シリア語の祈禱を朗誦し、シリア語の聖書をもちながら、シリア語の文法さえ知らない」という意味のことを書いているが、モンテコルヴィノの聖書翻訳が、かくも短時間のうちに可能となったことの背景には、既に述べたように、東シリア教会における、漢文籍を共有する人々と、(トルコ系、モンゴル系を含む広義の)タタルの人々へ向けた多様な翻訳活動の実績があったからだと想像できる。これらの活動が、ウィクリフらの聖書観が、ヨーロッパ全体において一般化する前に行われたことを考えれば、タタルへの聖書翻訳活動は、聖書翻訳史を考える上で、もっと注目されてしかるべきであろう。

また、近代東アジアの聖書翻訳事業において常に問題となる、儒教、老荘思想、道教、仏教等の用語借用をめぐる訳語論争の種がモンゴルに蒔かれたのもこの時期であったことも指摘しておく必要がある。

南宋滅亡後、モンゴルが易姓革命の建前で興した元朝にとって、漢文籍のモンゴル語訳は当然取り組むべき重要課題であった。中世モンゴル語の姿を今に示す貴重な言語資料であるウイグル式モンゴル文字で書かれたモンゴル語訳『孝経』出版はその典型例である。

モンテコルヴィノがモンゴル語の聖書翻訳に取り組んでいた頃、既に、モンゴル語の中には、仏教、ゾロアスター教、マニ教、キリスト教、儒教、道教の用語が多く取り入れられていた。草原ベルト地帯の宗教的多様性がもたらした、多くの観念と用語の存在が孕む宗教的課題は、モンゴルのハーンたちの下した命令書の冒頭に置かれる定型文「永遠なる天の力によりて」の天の解釈をめぐる議論を浮かべるだけでも明らかであろう(7)。

一二九〇年にアルグン・ハンがニコラウス四世に宛てた書簡の中に散見されるキリスト教用語が示すように、アラビア語がギリシャ語の翻訳を通じて変化したように、また、ペルシャ語がスーフィーの翻訳でその形を変えたように、キリスト教文書や仏典、漢籍などの翻訳が、モンゴル語の形を整え、語彙を富ませてきた可能性がある。近現代の聖書翻訳の鍵となる、神、天、聖霊、悪霊、地獄等の概念もこの時期には既に形成されていたと考えるべきであろう。

モンゴルの宗教や思想の歴史は、単線的な進化で説明できるわけではない。現代に採取されたシャマニズム語彙を考える場合などにも、十分な注意が必要である。日本の民間信仰同様、シャマニズムが宗教の最古層を示しているわけではない。語彙をめぐる神観念の比較や思想史上の問題については、江戸時代の文献学のパイオニア、富永仲基が大乗仏教のテクスト批判において主張した「三物五類立言之紀」といったことを十分に意識しながら、慎重に分析する必要がある(8)。

いずれにせよ、モンゴルで行われたキリスト教の宣教や受容における知的な営みは、「キリスト教は、その教義の複雑さ故に、素朴な草原の民の暮らしや語彙からは理解し得なかった」という類のオリエンタリズムのバイアスのかかった言説は事実と一致しない。

また、この時代のキリスト教の評価について、強調しておきたいことは、一九世紀的なアジア観がヨーロッパを覆う前、西洋も含め、当時の知識人たちは、タタルと呼ばれていたモンゴルのキリスト教に極めて好意的な感情をもっていたという事実である。例えば、一四五三年に書かれた「信仰の平和」に示されたニコラウス・クザーヌスのモンゴル観は、「タタルの平和」の時代の宗教的雰囲気がヨーロッパに与えた影響の大きさを如実に示している。

4　大モンゴル帝国崩壊とキリスト教徒の運命

イルハン国の初代ハン、フレグの息子、第二代ハン、アバカは、東ローマ帝国皇帝の皇女マリアを娶り、イスラームのマムルーク朝と対立した東シリア教会の信徒であった。その息子第四代ハンであったアルグンもまたキリスト教徒であった。しかし、アルグンの息子、第七代ハンとなったガザンは、熾烈な後継者争いの中で、イスラーム勢力の支援に期待して、自らイスラーム教徒の保護者となることを選択し、一四世紀初頭、イルハン国はイスラーム化への道を辿ることになった。

モンゴルの民族、言語、文化の形成に多大な影響を与えたキリスト教は、モンテコルヴィノの死後、一旦、途絶える。教皇インノケンティウス六世に対する順帝のフランシスコ会士派遣の要請は、モンゴル帝国の崩壊により、陸上交通の安全保障が失われたため実現しなかったからである。

しかし、元は一三六八年に滅亡したわけでない。朱元璋の軍に追われ、大都を放棄し、さらに上都を放棄した後も、モンゴルは明と対峙する大勢力を保っていた。北元とも称されるモンゴルの王朝を明が認めなかったため、以降、漢文資料の中で、大モンゴルとつながる呼称の蒙古ではなく、韃靼と矮小化された呼び名で記述されることになるが、明は最後まで韃靼勢に手を焼いたのである。

韃靼、すなわち、タタルの世界は、それを纏めていたチンギス直系の有力ハーンの不在により、元の創始者、フビライとの関係を強調する東のモンゴル・グループと、西のドルベン（四つの）・オイラトと称されるオイラト、ケレイト、ナイマン、バルグトの連合のグループに分かれて対立、その後もそれぞれの末裔が覇権をめぐり競い合うこととなった。

モンゴルのキリスト教徒が一瞬のうちに消えてしまったわけではないが、大モンゴルのハーンが保証した宗教的多様性が失われ、かつてのキリスト教ネットワークが寸断され、西からの聖職者の派遣がなくなった後、モンゴルのキリスト教社会は変質した。ケレイトの出自であることとキリスト教徒であることは無関係になり、やがて、ケレイトは強固なチベット仏教集団として知られるようになる。現在のカルムイク人の主要部分を形成するトルグートこそ、かつての強大なキリスト教国であったケレイトの後裔なのである。

陳垣著『元也里可温考』等が示すように、元朝期のキリスト教徒は『至順鎮江志』等の漢文資料中に、「也里可温」（エルケウン）という語によって記述されている。エルケウンについては、まだ不明の点が多いが、単数形で erke'ün, 複数形で erke'üd として使われていたと考えられている。

元朝期、エルケウンという語が示すものは、景教（東シリア教会）の信徒だけでなく、西方教会、カトリックの信徒をも含むものであったと考えられる。この呼称が、藤枝晃が「景教瑣記」（『東洋史研究』一九四四年）の中で言うようにもともと他称であったとしても、元朝期には既に自称としても使われており、その後まで続いたと考えられる。モスタールトや宝山は、オルドスに住むエルクート部の人々がエルケウンの後裔である可能性について述べており、彼らがいまもエルクートを自称していることからみても、erke'ün はある時期以降は自称として使われたと見てよい。

エルケウンは現在、南モンゴル、オルドスで、チンギス・ハーンのスルデの祭祀に加わるエルクートを自称する集団に引き継がれたと考えられている。エルケセチェンらの研究者によれば、祭祀の用語の中にはキリスト教用語が含まれており、彼らが守りつづけたのは、チンギスの末子トルイに嫁ぎ、モンケ、フビライの母となったソルコクタニ・ベキに対する祭祀であると推定されている。

岡田英弘の『世界史の誕生』で語られた通り、世界史をつくったとも言える「モンゴルの平和」（Pax Mongolica あるいは Pax Tatarica）の終焉は、大航海時代を導くことになる。(9)

図らずも大モンゴル帝国の終焉が導くこととなった大航海時代は、やがてイエズス会のアジア宣教を導き、そのイエズス会のアジア宣教はインドから島々を経由して日本にまで及んだ。イエズス会創設者の一人、フランシスコ・ザビエルは、自らの日本宣教の経験から日本に多大な影響を与えている中華世界への宣教が不可欠と考えるに至った。ザビエルは海禁令下の明への入国を試みたが果たせず、広東港外の小島で客死したが、彼の没年に生まれたイエズス会士マテオ・リッチ、中国語名 利瑪竇《りまとう》（Matteo Ricci，一五五二―一六一〇）は、明に入っただけでなく、ついに一五九八年北京に達した。元朝時代のフランシスコ会の宣教から二百年の時を隔てて、イエズス会による中国宣教が本格的に開始されたのである。

「大勢の群集より、僅かな徳の高いキリスト教徒を」という言葉に代表される明時代の利瑪竇の宣教姿勢は極めて自己規制の強いものであり、宣教の主たる対象は漢人士大夫層であった。しかし、彼の死後、状況は大きく変化する。

大モンゴル成立前、チンギスの宿敵であった金の後裔、ツングース系の満洲族が一六三六年、国号を後金から清とし、一六四四年に明を滅亡させると、キリスト教の布教対象は漢族だけではなく満洲族やモンゴル諸族にも及ぶことになった。一六九三年、満洲、モンゴルはインノケンティウス一二世により北京教区の一部とされた。

満洲人による清帝国（ダイチン・グルン）の覇権は、チンギス・ハーンの権威をその末裔とされるリグデン・ハーンの印璽の継承というフィクションと西洋キリスト教との提携によって確固たるものとなった。

名君の誉高い清の第四代皇帝康熙帝は、チンギスの血統をひくとされるホルチン部出身の祖母の影響を受けて育ち、モンゴル語にも通じた人物で、その宗教政策は総じてチンギス・ハーンの如く寛容なものであった。

しかし、一八世紀には、モンゴルの宗教的多様性は失われ、仏教寺院によって遊牧社会を管理する仕組みが敷かれていく。やがて、典礼問題に続く悲惨なキリスト教禁教の下、チンギスをまつるスルデ祭祀等の宗教儀礼も仏教化され、エルケウンの後裔たちはチンギスの祭祀の司式からは排除され、祭祀に参加する義務を負いながらも、「黒い骨のエルクート」などと呼ばれることになった。(10) かくて、大モンゴル帝国をつくりあげた中核集団であったキリスト教徒、エルケウンたちはモンゴルの歴史から外側へ押し出され、完全に他者化され、一七七三年、教皇クレメンス一四世によるイエズス会の解散命令によって、歴史の記述から全くその姿を消したかに見えた。しかし、モンゴルのキリスト教の地下水脈が完全に絶えたわけではなかった。

一八世紀末から一九世紀にかけて、宣教者たちが再び、モンゴルの地を目指して活動を始めると、モンゴルに新たなキリスト教の歴史が刻まれる。

モンゴルへの宣教は、イエズス会から、ラザリストの名で知られるヴィンセンシオの宣教会（Congregatio Missionis, CM、中国では遣使會）に引き継がれ、やがて、スクートの名前でも知られるマリアの汚れなき御心の修道会（Congregatio Immaculati Cordis Mariae, CICM、日本では淳心会、中国では聖母聖心會）へと受け継がれ、さらに、正教、プロテスタント諸会派の人々も加わることになる。

そこには、一八六五年の大浦天主堂のような劇的な「信徒発見」のドラマは展開されなかったが、モンゴル人の教会は再生へ向けてあらたな歩みを始めたのである。

注

（1）モンゴル語（各方言）のほかに、ブリヤート語、オイラト語、カルムイク語、モゴール語、ダグル語、モンゴォル語等が含まれる。詳しくは亀井孝他編『言語学大辞典（第4巻）世界言語編（下―2）』三省堂、一九九二年、五一七―五二六頁、項目執筆栗林均「モンゴル諸語」の項等を参照。

（2）東ヨーロッパから中央ユーラシア、シベリアまで続く草原ベルト地帯で活躍した古い時代の諸族の間で用いられた尊称に、トルコ系諸言語で「カガン」というものがあり、モンゴル語の「ハーン」もこれと起源を同じくするものとされている。漢文籍ではともに「可汗」と表記されてきた。その短い形が「カン」であり、現代モンゴル語ではこのカはハに近い音として発音される。チンギスの血統を引く帝位を示すハーンの称号は歴史的にはチンギスの息子オゴデイの時代からのものとされるが、通常、モンゴル人はモンゴルをモンゴルたらしめたチンギスへの敬意を込めて彼もハーンと呼ぶ。

（3）一九三〇年代に時間をかけて準備されていたブリヤートやモンゴルでのラテン文字化計画が一九四〇年代に、突然、破棄され、キリル文字化が短期間に強行された。ラテン文字の字母の不足、活字の不備、そして、モンゴルの将来の発展はソビエトとの同盟関係とロシア語文献による教育であるといったことが理由とされた。この経緯については、田中克彦『言語と思想』（岩波現代文庫、二〇〇三年）、荒井幸康『「言語」の統合と分離――一九二〇―一九四〇年代のモンゴル・ブリヤート・カルムイクの言語政策の相関関係を中心に』（三元社、二〇〇六年）等参照。

（4）ネストリオス自身がネストリオス主義者であったかについてさえも議論があり、モンゴルの東シリア教会の歴史がネストリオス主義の歴史であったとも言い切れない。ネストリオス派という名称はあくまで、他称であって、自称ではなかった。実際のところ、日々の信仰の核心部分、宗教実践においては、昔、教科書で「ネストリオス派＝異端」と暗記させられた人々が想像するほど、西方教会との大きな隔たりがあったわけではない。とはいえ、東シリア教会と西方教会の間に、ウーシア（*οὐσία*）における三つのヒュポスタシス（*ὑπόστασις*）をめぐる神学的理解の相違があったことは事実である。また、ビザンチンにしても、ローマにしても、教会権威の優位性は常に最大の関心事であった。そして、東シリア教会が典礼で用いる言語は、ラテン語でも、ギリシャ語でもなかった。東西のローマ教会が用いるラテン語の背景には、新約聖書のギリシャ語があり、ヘレニズムによる普遍がある。東シリア教会が、歴史上のイエスも使用したはずの言語、かつて中東世界のリンガ・フランカであったアラム語を、その教会のことばとすること自体、西のグレコ・ローマンの「普遍」に対するオルタナティブな立場の表明であると考えることもできるだろう。まさにそれ故、今日、異端の烙印を押されつづけてきた東シリア教会の信仰こそがキリスト教の原点により近いものとして再評価するむきもある。なお、生きている教会としての東シリア教会の歴史については、アズィズ・S・アティーヤ『東方キリスト教の歴史』（村山盛忠訳、教文館、二〇一四年）、スハ・ラッサム『イラクのキリスト教』（キリスト新聞社、二〇一六年）等参照。
（5）佐口透『モンゴル帝国と西洋』（平凡社、一九七〇年）、那谷敏郎『十三世紀の西方見聞録』（新潮選書、一九九三年）、杉山正明『モンゴル帝国と長いその後』（興亡の世界史9、講談社、二〇〇八年）、Rossabi, Morris, *Voyager from Xanadu: Rabban Sauma and the first journey from China to the West.* Berkeley, CA: University of California press, 2010 等参照。
（6）バッジ『元主忽必烈が欧洲に派遣したる景教僧の旅行誌』佐伯好郎訳補、待漏書院、一九三二年（復刻版一九七九年、名著普及会）。
（7）佐口、前掲書、小野浩「とこしえの天の力のもとに――モンゴル時代発令文の冒頭定型句をめぐって」（『京都橘女子大学研究紀要』二〇、一〇七―一二九頁）、松川節「大元ウルス命令文の書式」（『待兼山論叢（史学篇）』二九、一九九五年、二五―五二頁）等参照。
（8）三物五類立言之紀の意義については、内藤湖南「大阪の町人學者富永仲基」（大阪毎日新聞社主催講演会講演、一九二五年）『内藤湖南全集第九巻』筑摩書房、一九二五年参照。
（9）岡田英弘『世界史の誕生』筑摩書房、一九九二年。
（10）楊海英『チンギス・ハーン祭祀――試みとしての歴史人類学的再構成』（風響社、二〇〇四年）等参照。

第２章　翻訳文化論とモンゴル語聖書

滝澤克彦

１　はじめに——翻訳文化論とは

本章では、聖書翻訳についてこれまで提起されてきた問題について、翻訳に関わる議論の流れを視野に入れながら概観する。また、それを踏まえ、モンゴル語聖書翻訳をめぐる先行研究についても触れる。

その前に、本書における「翻訳文化論」という言葉について述べておきたい[1]。翻訳をめぐる議論は、規範的には翻訳論[2]、記述的には翻訳史という枠組みで主として行われてきたと言えるだろう。議論は、「言語」を中心として展開してきたが、一方で翻訳が言語だけに収まる問題ではないことも広く認められてきた。例えば、フランスの翻訳理論家Ａ・ベルマンは「翻訳史を各言語・文化・文学の歴史——もっというと宗教や国民の歴史とさえ——切り離すことはできない。……求められているのは、各時代ないしそれぞれの歴史的空間において翻訳の実践が、文学、諸言語、さまざまな文化間・言語間交流とどのように関連し合ってきたかを示すことである」[3]と述べている。この見解に従えば、翻訳論と翻訳史のあいだに、哲学、宗教学、文化人類学、社会学、政治学など極めて多様な分野を置くことができる。ここでは、そのような翻訳をとりまく多元的な視座の関わり合いの総体を「翻訳文化論」と呼ぶことにする。

また、「翻訳論」という言葉は、「翻訳」という純然たる対象が自明なものとして存在しているかのような印象を与える。おそらく、そのような客観主義的な態度は、それが西洋の翻訳文化を土台に成立してきたことと関係している。[4] しかし、普遍的な学術領域のように見える「翻訳論」も、西洋以外の翻訳論[5]に照らして考えてみれば、それが歴史的・文化的・社会的文脈のなかにある、「翻訳文化」の一つであることに気づくだろう。[6]

このような観点を含めれば、「翻訳」は極めて学際的・多元的な広がりをもつテーマであって、およそ人文社会科学のほとんどの分野が関係し、協働しうる領域であることが分かる。本書における「翻訳文化論」という言葉には、そのような意味が込められている。

2　日本聖書協会における翻訳方針

さて、翻訳をめぐる議論の流れを概観するにあたって、まず二〇一八年に新たに公刊された『聖書 聖書協会共同訳』を取り上げてみたい。これは、日本聖書協会によるものとしては、新共同訳以来実に三一年ぶりとなる新訳だった。その翻訳については、次のように述べられている。

一九六九年に新共同訳の翻訳作業が開始されたときにはE・A・ナイダ（一九一四―二〇一一年）による「動的等価理論」を採用しました。「動的等価理論」は、「ある文章の内容を別の言語で、等価で表現すること」を目指します。この理論に基づいて翻訳・刊行した『新約聖書 共同訳』（一九七八年）が教会指導者から批判を受け、翻訳理論を「逐語訳」に転換したのでした。……日本聖書協会は新共同訳を精査し、次世代に向けて新たにどのような聖書翻訳を目指すべきか検討するために、二〇〇五年一一月に翻訳部を新設し、合わせて翻訳理論の研究と、実際の翻訳作業についての調査を行いました。その結果、オランダ聖書協会が二〇〇四年に刊行し、高い評価を得ているオランダ語訳聖書の翻訳作業と、その翻訳理論である「スコポス理論」がモデルとして参考になるとの結論に達しました。そして、「スコポス理論」の主唱者であるオランダ自由大学のローレンス・デ・ヴリース教授を招いて、直接、「スコポス理論」について学び、このスコポス理論を新しい翻訳聖書の土台とする方針を採用したのです。(7)

ここで言及されているのは、新たな翻訳を含めた三つの聖書の翻訳方針（翻訳論）である。まず、一九七八年に出版された共同訳が「動的等価理論」に基づいて翻訳された。しかし、それが教会指導者からの批判を受けて、次の一九八七年の新共同訳では「逐語訳」が採用された。それに対して、今回の聖書協会共同訳は「スコポス理論」に依拠した翻訳が行われたというのである。「逐語訳」はともかく、他の「動的等価理論」「スコポス理論」とはいったいどのような理論なのだろうか。そして、「動的等価理論」はなにゆえ批判を受け、最新の翻訳はいかにして「スコポス理論」を採用するに至ったのだろうか。これらの問いを念頭に置きながら、聖書翻訳をめぐる翻訳論の流れを以下に概観する。

３　翻訳と等価性

「動的等価理論」における「等価」とは、翻訳論のなかで重要な位置を占める概念である。それについて、一つ次のように定義してみよう。

翻訳とは、二つの異なる言語のあいだで、元の言語（起点言語）における一つのテクスト（起点テクスト）

を、別の言語（目標言語）においてそれと同じテクスト（目標テクスト）に置きかえる作業である。ここで「同じ」と表現したものが、つまり「等価」ということである。

これは、まったく問題ない説明のように見えるかもしれない。しかし、「等価」とはそれほど単純なものではない。ある言語における一つの言葉に対応する言葉が、別の言語に存在しないことは大いにありうるし、対応するものがあった場合にも「まったく等価」になることはまれだからである。例えば、英語の一人称〝I〟を日本語に翻訳する場合を考えてみよう。日本語には「わたし」「ぼく」「おれ」「じぶん」など多くの選択肢があるため、そのなかのどれかを選ぶとき、必ず他の選択肢から差異化される独特のニュアンスが付与されてしまう。そのようなニュアンスは、英語の〝I〟には含まれていないので、まったく等価ということにはならない[8]。

原典に比較的忠実と思われる逐語訳の場合でさえも、起点テクストにおける一つ一つの単語を、目標言語の「同じ」意味の単語に単純に置きかえるだけで翻訳が成り立つということはほとんどない。言語間に文法上、語彙上のずれがあれば、目標言語に合わせた調整が必要になる。実際には、文法や語彙においてまったく同じ言語はありえないので、およそあらゆる翻訳でその作業が必要となる。また、翻訳によってまったく同じ意味のテクストが成り立つと仮定したとしても、それぞれの文化的文脈のなかでそのテクストの意味するものが完全に同じになるということも考えにくい。起点言語と目標言語のあいだに言語的・文化的差異がある限り、必ず調整が必要となり、そこで原文から何らかの要素を削ったり、あるいは付け加えたりということが起きてくるのである。

旧約聖書の「シラ書」序言[9]には、それがヘブライ語からのギリシャ語訳であることについて以下のように記されている。

我々は、懸命に努力したのであるが、上手に翻訳されていない語句もあると思われるので、そのような個所についてはどうかお許し願いたい。というのは、元来ヘブライ語で書かれているものを他の言語に翻訳すると、それは同じ意味合いを持たなくなってしまうからである。この書物だけではなく、律法の書それ自体と預言者の書および他の書物でさえも、いったん翻訳されると、原著に表現されているものと少なからず相違してくるのである。

（シラ書「序言」一八―二六節、新共同訳）

翻訳に伴うずれの問題は、長らく「直訳」（逐語訳）と「意訳」のジレンマとして認識されてきた。原典に忠実であろうとすればするほど、目標言語において不自然になり、場合によっては意味をなさなくなる。一方で、目標言語において文法的、意味的に自然なテクストになるよう調整しようとすればするほど、原典から離れてしまうのである[10]。

このような直訳（起点テクスト重視）と意訳（目標テクスト重視）をめぐる選択は、古代の聖書翻訳者にとっても難しい問題だった。聖書のもっとも古い翻訳のひとつは、紀元前三世紀から紀元前一世紀にかけて行われたヘブライ語からギリシャ語へのいわゆる「七十人訳」（セプトゥアギンタ）である。先にあげた「シラ書」は、この七十人訳に含められるが、その弁明の通りヘブライ語原典と七十人訳のあいだには、翻訳過程で生じた多くの内容的相違が見られた。この問題を解決するために、ユダヤ教徒アクィラが、二世紀にヘブライ語原典からギリシャ語への極めて逐語的な翻訳を改めて行っている。それは、「ギリシア語として文法的に受け入れがたいものになろうとも、ヘブライ語テクストに現れている言葉を、細部まで機械的に再現するというものであった」という[11]。

このような翻訳方針の違いを明確に意識しながら、四世紀から五世紀にかけてヘブライ語原典からラテン語へ聖書翻訳を行ったのが、ヒエロニュムスである。彼は、先述のアクィラにシュンマコス、テオドティオンを加えた三者の翻訳スタイルについて、「言葉から言葉へ」（アクィラ）、「意味に従う」（シュンマコス）、「古い者（七十人訳）から離れない」（テオドティオン）という三様の方針を指摘している。その上で、彼がもっとも重視したのは意訳であった[12]。そこには、紀元前一世紀に活躍したローマの偉大な文筆家、キケロの影響が指摘されている。キケロは多くのギリシャ文学をラテン語に翻訳しているが、当時の読者はラテン語とギリシャ語を比較しながら読むことが前提となっていたため、翻訳は内容の伝達よりも、むしろ翻訳を通して豊かになったラテン語の表現によって人々を楽しませるためのものであったという[13]。そのため、目標テクストの修辞や文体に重点が置かれ、必然的に意訳の方針がとられたのである。

直訳と意訳は、ヒエロニュムスが表現したように、単語の対応（word-for-word）と意味の対応（sense-for-sense）の対比として長らく捉えられてきた。ここに「等価」という概念を当てはめると、単語ごとの等価か単語のまとまりによる意味の等価か、という問題になる。それは、起点テクスト重視か目標テクスト重視か、という対比とも重なってくる。

しかし、直訳の場合、文法レベル（品詞や語順）での言語間の違いをどう処理するか、目標言語に対応する言葉が存在しない（あるいは複数存在する）場合どう対応するかなど、翻訳方針において多様な選択肢が存在する。一方、意訳についても、内容の等価性だけではなく、文体や修辞などの形式面で、目標テクストがより「自然」なものとなるよう調整されることが多い。そのときに、しばしば内容と形式が相対することもある。さらには、目標テクストの決定に際しては、ヒエロニュムスがテオドティオンの翻訳方針として指摘したような、先例にどの程度従うかといった別の次元も関わってくる。つまり、より細かく見ていけば、現実の翻訳実践は、直訳か意訳かという単純な図式で捉えられるものではないのである。

二〇世紀なかばに翻訳における「等価」という概念が提起されると[14]、直訳か意訳かという二項対立図式を超えて、語彙、文法、文単位の意味、より広い文脈での内容、文体や修辞などの形式、さらには言語そのものや文化など、極めて多層的に翻訳の等価性が議論されるようになった。なかには、翻訳における客観的な等価性など存在しない（翻訳不可能性）という主張も現れてくる。しかし、そのような主張自体、そもそも翻訳が、異なる言語のあいだで等価なテクストを構築しようとする行為であることを前提としている。[15]等価性の概念は、翻訳に関わる問題の所在を明確化するものとして現在まで極めて重要な役割を果たしている。

4　動的等価性

翻訳等価性の議論に大きな影響を与えたのが、先に触れたE・A・ナイダの動的等価理論である。ナイダは、アメリカ出身の言語学者であり、国際ＳＩＬ（SIL International）の中心人物でもあった。国際ＳＩＬとは、Ｗ・Ｃ・タウンゼントによって一九四二年に設立された、少数言語を対象とした研究、その識字率の向上および言語教育、それら言語への聖書翻訳などを目的とする非営利団体である。つまり、ナイダの翻訳理論は、少数言語を含めた世界のあらゆる言語へ向けた、聖書翻訳の可能性の確信と使命を背景として生まれてきたのである。

では、動的等価理論とはどのようなものなのか。ナイダは、まず翻訳による対応が完全な形で一致することがないことを確認する。「対応する記号に与えられた意味の上でも、そのような記号が句や文に配列される方法の上でも、一致する言語は二つとはないので、諸言語間に絶対的な対応があり得ないことは理の当然である」。[16]それゆえ、直訳と意訳の対比を含めた多くの翻訳方針が、必然的に生じてくることになる。その方針の決定には、三つの基本要素が関わっている。それは（1）伝達内容の性格、（2）著者およびその代理をつとめる翻訳者の目的、（3）読者の種類である。[17]重要なのは、ナイダが原文の伝達内容や翻訳目的だけではなく、（3）読者の種類（解読能力と潜在的関心）を、基本要素に加えていることである。

この枠組みを踏まえ、彼は改めて翻訳方針における等価性の両極的なあり方を指摘する。それが、「形式的等価」（formal equivalence）と「動的等価」（dynamic equivalence）である。形式的等価を目指す翻訳では、テクストの「形式と内容の双方から、伝達文そのもの」に注意が向けられ、「詩と詩、文と文、概念と概念といった対応」における等価が意識される。一方で、動的等価を目指す翻訳は、訳文においてテクストが読者に与える効果が、原文におけるものと同一になることが意識される（「同等効果の原則」[18]）。

両者の関係は、単純に直訳と意訳の対比と同一視されることもあるが、重要なのは形式的等価がテクスト内部の等価性であるのに対し、動的等価はテクストと読者の関係性にもとづく等価性であるという点である。例えば、「雪のように白い」というテクストを別の言語で同じ意味に翻訳できたとしても、雪に馴染みがない地域では「白鷺の羽毛のように白い」と訳した方が、テクストから受ける読者の感情的効果が近くなる可能性もある。この場合、訳語としては前者が形式的等価、後者が動的等価と捉えられる。このように、動的等価翻訳は、読者の反応における等価を意識した結果として意訳的になるのである。

動的等価理論は、効果の等価性に関する客観的判断の可否や、その判断のために読者の言語や文化を本質主義的に措定しなければならないこと（言語ナショナリズム[19]）などをめぐって批判されてきたが、それにもかかわらず翻訳論一般に与えた意義は大きい。「等価性」が、この理論によってテクストの内部からコミュニケーションの領域にまで拡張されたからである。この流れは、主に機能的等価理論と呼ばれる一連の議論に受け継がれていく[20]。

一方で、その理論の背景に、世界中の少数言語使用者に宣教という「効果」をもたらそうとした、ナイダの宗教的動機があったことも忘れてはならない。動的等価概念によって、原典テクストが絶対的権威をもつ聖書翻訳に新たな可能性が開かれた。以前には認められなかったような聖書の大胆な意訳が、その枠組みによって評価されるようになったからである。実際に、彼の理論に基づいた英語の『グッド・ニューズ・バイブル』（一九六六―一九七九年）などの、かなり意訳的な聖書も登場している。

5　共同訳新約聖書の翻訳方針

日本においても、一九七八年に動的等価理論の影響を受けた『新約聖書 共同訳』が出版された。この訳が教会指導者たちから強い反発を受け、新共同訳への方針転換が行われたことは先述したとおりであるが、以下でその経緯を見ていく。

共同訳に先立つ一九五二年、戦後の国語教育改革の影響を受けつつ、それまでの文語訳を口語に直した口語訳『新約聖書』が出版されていた。しかし、この翻訳の評判は芳しくなく、文語訳を引き続き使用する人々も多かったため、いち早い改訳が望まれるようになっていた[21]。一九六六年、聖書協会世界連盟の後援により、日本聖書協会が主催した極東聖書翻訳者セミナーが八王子で開催された。そこで、カトリックとプロテスタントが共同で聖書翻訳に取り組む意向が示され、一九七〇年に共同訳聖書実行委員会が設立される。その際、八王子のセミナーを主導していたナイダの唱える動的等価理論が、新たな翻訳の指針として採用されることになったのである[22]。その影響は顕著である。例として、マタイ福音書五章三節を比較して見てみよう（参考のため、聖書協会共同訳まで併記する）。

文語訳（大正改訳、一九一七年）

幸福（さいわい）なるかな、心の貧しき者。
　天国はその人のものなり。

口語訳（一九五二年）

こころの貧しい人たちは、さいわいである、
天国は彼らのものである。

ただ神により頼む人々は、幸いだ。
天の国はその人たちのものだから。
共同訳（一九七八年）

心の貧しい人々は、幸いである、
天の国はその人たちのものである。
新共同訳（一九八七年）

心の貧しい人々は、幸いである
天の国はその人たちのものである。
聖書協会共同訳（二〇一八年）

このように並べて見ると、共同訳が他と比べても独特のものであることが分かるだろう。共同訳の方針には、「日本の九十九パーセントにのぼる非キリスト教徒」も対象に含めることが示されており、彼らにも理解でき親しみやすい翻訳が目指されたのであるが、冒頭の訳し方や「ものだから」の文体にその努力のあとが見られる。しかし、「教会の礼拝や典礼に用いられることを志したものではなかった」ため、従来の翻訳に慣れ親しみ、それによって礼拝を行ってきた教会指導者や信徒には受け入れられなかった。その反省を受け、一九八七年に出版された新共同訳は、第一に教会での使用を念頭に置いたものとなった。方針転換の理由としては、「非キリスト者に聖書が受け入れられるためには、一人でも、また教会の礼拝、典礼においても聖書によってはぐくみ育てられると信じるキリスト者を通して伝えられていくのが最善であると考えたため」とされている[23]。結果的に、新共同訳は、従来の方針へ近づくことになった。

ところで、動的等価性をより突き詰めた日本語聖書としては、山浦玄嗣の『ガリラヤのイェシュー』（二〇一一年）があげられる。彼は、マタイ福音書の同じ箇所を「頼りなく、望みなく、心細い人は幸せだ。／神さまの懐にシッカリと抱かれるのはその人たちだ。」と訳している。他に、「パン」を「握飯」や「餅」に置きかえた箇所もある。また、地域や民族による言葉の違いを日本各地の方言に対応させているのも、その特徴である。聖書で地域性や民族性として表象されるものを、日本の方言によって表現しようとしたのである。(24)

6　同化翻訳と異化翻訳

ナイダは、訳文の「自然さ」を、動的等価翻訳における重要な要件であると考えていた。彼は、その「自然さ」を、目標言語とその文化全体にとって適切なものでなければならない、としている。(25) しかし、日本の共同訳の例からも分かるように、目標言語一般におけるテクストの自然さが、使用者にとっての自然さと一致しない場合もある。文語体のテクストも、使い慣わされることによって、礼拝の場面ではむしろ自然なものとなっていた。このように、翻訳当初の不自然さが、時とともに「自然化」する過程を伴うことも多い。

単語を翻訳する場合、目標言語に該当する言葉が存在しないことは多々ある。その場合に、その単語を翻訳しないで用いる「借用」（例：butter→バター）、その単語の意味を目標言語のある言葉に当てはめる「意味借用」（例：religion→宗教（「宗派の教え」から転用））、元の言葉の意味をなぞって翻訳する「翻訳借用」（例：skyscraper→摩天楼）などの方法がとられる。これらの訳は、初めは耳慣れないものの、次第に自然なものになっていく可能性がある。

聖書の日本語翻訳のなかで、新たに作られた語句として「天国」「復活」「豚に真珠」「目から鱗が落ちる」などがあり、新たな意味が付け加えられた言葉としては「神」「愛」「栄光」などがある。いずれも、現在では生活に欠かせないほど身近なものとなっている。

一方で、柳父章は、「権利」や「社会」など、特に抽象的な概念のなかには、日本語として定着しているにもかかわらず、元の言葉から重要なニュアンスが失われ、日本語としても明確に説明することが難しいような、曖昧な言葉が多く存在することを指摘する。彼は、日本の翻訳文化に見られるこのような特徴の原因を、漢語やカタカナ書き外来語によって「意味はよく解からないがなんとなくありがたそう」なニュアンスがもたらされる「カセット効果」（「カセット」はフランス語で宝石箱を意味する）に求めている。[26]

これらの問題を視野に入れると、訳語は、等価ではなかったものが等価になったり、あるいはその逆のことが起きたりする動的なものであることが分かる。このような動態をめぐる議論において、重要な役割を果たしてきた概念に「同化」（domestication）と「異化」（foreignization）がある。

翻訳時点で目標テクストの自然さを目指す意訳や動的等価翻訳などが同化の志向性をもつのに対し、逐語訳は一種の不自然さを残した異化翻訳となる。しかし、この異化翻訳は、聖書の日本語訳が日本語に与えた影響のように、その異質さゆえに目標言語自体に変化をもたらす潜在性を秘めている。

このような言語の動態に積極的な意義を見いだし、翻訳論を展開したのが一八―一九世紀ドイツの神学者F・シュライアーマハーである。彼は、翻訳には、「著者をできるだけそっとしておいて読者の方を著者に向けて動かす、あるいは読者をそっとしておいて著者を読者に向けて動かす[27]」二つの方法があることを指摘した上で、異邦の傑作の真価を同胞にまで届けようとする願望にとって、後者の方法（言い換えや翻案）は不十分であり[28]、むしろ原作の言い回しに密着することによって達成されるとする。原典に忠実な翻訳は読者に異質なものを連想させるが、そもそも言語はそうした「異質なるものへの類似を目指して、曲げ撓《たわ》められながらも伸び」てきたというのである。[29]

翻訳を通して、言語そのものが高められるという考え方は、W・V・フンボルトなどにも見られる。その背景には、ある言語そのものの成熟度や優劣に対する感覚があり、異化の意義は「優れた」言語から「劣った」言語への翻訳において認められる傾向があった。[30]しかし、翻訳を異質なるものとの出合いと捉えた上で、異化作用を通して自らのあり方や自他の境界が変容していくことの積極的意義を認める立場は、W・ベンヤミンやJ・デリダ、A・ベルマンらへと受け継がれる(31)。

7　スコポス理論

異化という考え方が示唆したのは、目標言語における訳文の意義が、翻訳時点の等価性だけによって規定されるものではないということである。そのテクストは、読者に対する効果だけではなく、目標言語をとりまく文化や社会、歴史に多層的な派生的影響を残していく。等価性に関しても、このような翻訳の多層性に重点を移すと、その意義はより拡張されたものとなる。「機能的等価性」に関連した諸理論は、ナイダの動的等価理論をそのように拡張したものと言える。

その代表的論者であるK・ライスは「テクスト・タイプ別翻訳理論」を提唱し、翻訳における等価性をコミュニケーションが達成されるレベルにおいて多元的に捉えようとした。テクストは、それが使用されるコミュニケーションの状況によって三つの型に分けられる。それは、情報型（ニュースや学術書など）、表現型（文学作品など）、効力型（宣伝など）であり、それらはコミュニケーションにおける機能（それぞれ叙述機能、表出機能、訴え機能）が互いに異なっているために、等価性の照準も変わってくるのである。例えば、情報型では意味、表現型では美的構成、効力型では読み手に対する説得力における等価性が追求される（現実のテクストでは、これらが混在していることが多い(32)）。マルチメディアを介したテクストになると、それに合わせた別の機能的等価が付け加わる。例えば、舞台上演用台本の翻訳の場合、演技との調和などがそれにあたる。機能的等価論は、翻訳が改めてコミュニケーション行為であることを示した上で、そこでテクストが果たす役割に応じて等価性のあり方が変化することを明らかにしたのである。

『聖書 聖書協会共同訳』も指針としたスコポス理論は、このような機能的等価概念を土台としてH・J・フェアメーアによって提唱された。「スコポス」とは、ギリシャ語で「目標」を意味する。まず翻訳の目標を設定し、それに合わせた方策を選定することで、起点テクストと目標テクストの機能上の等価を図ろうとするものである[33]。

二〇〇四年に出版されたオランダ語聖書はスコポス理論に基づいて翻訳され、大きな成功を収めた。日本聖書協会は、その中心人物であったL・デ・ヴリースを講師に招いて当該理論について学び、それを新たな翻訳方針とするに至ったのである[34]。デ・ヴリースは、聖書協会共同訳の発行記念講演において、スコポス理論の意義を以下のように説明している。

　E・ナイダの豊かな遺産により、多くのオランダ人は、形式的に等価の直訳の聖書か、意味を重視した機能的等価訳の聖書かという、二つの基本的な選択肢しかないと考えるようになりました。……一九八〇年代と一九九〇年代、ドイツでハンス・フェルメール、カタリナ・ライス、クリスティアーネ・ノルトらによって発展したスコポス理論の助けにより、私たちは、一九六〇年代、一九七〇年代以来受け継いできた、聖書翻訳には二つの選択肢しかないという考え方を克服できるようになりました[35]。

日本聖書協会発行の『聖書 聖書協会共同訳について』でも、「スコポスをあらかじめ決定するなら、翻訳理論をめぐって動的等価か逐語訳かという選択に関して揺れが生じるようなことはなくなる」として、古来翻訳者たちを悩ませてきたジレンマを乗り越える考え方であることが強調されている[36]。そこにはまた、「スコポス」が、聖書翻訳においては「対象読者」（聴衆）と「使用目的」（機能）から成ることが明記されている。聖書協会訳の具体的なスコポスは、聖書「序文」に記された七つの翻訳方針のなかに示されている[37]。

（1）共同訳事業の延長とし、日本の教会の標準訳聖書となること、また、すべてのキリスト教会での使用を目指す。
（2）礼拝で用いることを主要な目的とする。そのため、礼拝での朗読にふさわしい、格調高く美しい日本語訳を目指す。
（3）義務教育を終了した日本語能力を持つ人を対象とする。
（4）言語と文化の変化に対応し、将来にわたって日本語、日本文化の形成に貢献できることを目指す。
（5）この数十年における聖書学、翻訳学などの成果に基づき、原典に忠実な翻訳を目指す。底本として、旧約（ＢＨＱ）・新約（ＵＢＳ第５版）・旧約続編（ゲッティンゲン版）など、最新の校訂本をできる限り使用する。
（6）文学類型の違いを訳出して原典の持つ力強さを伝達する努力はするが、聖書が神の言葉であることをわきまえ、統一性を保つ視点を失わないこととする。固有名詞や重要な神学用語については『新共同訳』のみならず、過去の諸翻訳も参考にして、最も適切な訳語を得るようにつとめる。
（7）その出版に際して、異読、ならびに地理や文化背景などを説明する注、引照聖句、重要語句を解説する巻末解説、小見出し、章節、地図や年表、などの本文以外の部分は、できる限り様々な組み合わせを考え、読者のニーズに応える努力をする。

すべての義務教育修了者という明確な対象設定、「礼拝での朗読」という使用目的の設定とそのための「格調高く美しい日本語訳」という理念、「文学類型の違いを訳出して原典の持つ力強さを伝達」というテクスト類型の意識化などの点に、スコポス理論の影響を見ることができる。

当然、これまでの聖書でも翻訳の基本方針のなかに目標は示されていたが、翻訳方針の決定基盤を「等価」から「目標」へ移すことで、具体的な方策の幅が広がったことがスコポス理論の意義であった。

8　翻訳文化論の諸相

スコポスによって翻訳方針を定め、そのための方策を選び出そうとすれば、テクストだけではなく、より広い文脈のなかに翻訳を位置づけていく必要がある。例えば、共同訳新約聖書は、教会外の人々も含めて対象読者にしたので、彼らにとっても親しみやすいものとするために、それまで聖書で用いられてきた用語や文体を大胆に変革した。ある意味もっともスコポス志向的であったとも言えるが、その目標設定は、日本人口の九九パーセントが非キリスト教徒であるという社会的文脈を踏まえたものであった。

このように、翻訳という営みを、それをとりまくより広い文脈のなかで捉えようとする問題関心は、規範的か記述的かの違いこそあれ、本章の冒頭で述べた「翻訳文化論」に通じる。翻訳文化論は、客観的な立場から、翻訳実践の置かれている状況を歴史的・文化的・社会的文脈のなかで捉えようとするものである。

翻訳は、明確に体系化された翻訳論に基づくものでない場合にも、何らかの傾向やくせを伴うものである。そもそも、翻訳方針を定めている場合でも実際の翻訳がその方針と一致しないことも多い。そのような傾向やくせに影響する要因には、個人的なものもあれば、より広範な文脈に関わるものもある。

個人に焦点をあてた翻訳文化論は、その人物の翻訳実践とそれに対する考え方、その背景にある諸要因の影響関係を明らかにしていくものである。例えば、歴史言語学者の岡山恵美子は、A・ピムの議論を踏まえつつ、「理論や翻訳されたテクストの媒体としての翻訳者とその時代および社会的背景を、コンテクストとして把握しない限り、翻訳に対する十分な理解が得られない」という立場から、儒学者岡島冠山の翻訳について分析している。[38] 聖書翻訳については、R・モリソン（Robert Morrison）ら中国語聖書翻訳者たちの人生をたどりながら、

「神」の翻訳をめぐる「用語論争」を読み解こうとした柳父による『ゴッドと上帝――歴史のなかの翻訳者』（一九八六年）がその代表例であろう[39]。

一方で、翻訳の傾向やくせを、翻訳者の属する言語文化や、より包括的な「文化」に関連づけて読み解こうとする地域や国家レベルの分析もある。柳父は、日本の翻訳文化については、むしろこちらで論じていることが多く、「翻訳文化論」という言葉も（明確に定義していないものの）そのような意味合いで用いている[40]。日本の翻訳文化に特有に見られるものとしての「カセット効果」論は、その分かりやすい例である。このレベルの翻訳文化論においては、言語文化の特性に依拠する場合はともかく、「日本文化」などのような包括的な「文化」において論じられる場合、本質主義的な分析となりやすいので注意が必要である。

さらに、地域を超えた文化的接触のなかで、翻訳実践と文化的・社会的動態の相互関係を明らかにしようとするグローバルなレベルの研究がある[41]。特に、社会学や文化人類学などにおいては、ポストコロニアル批判の影響も受けながら、聖書翻訳が西洋の覇権に結びつけられて分析されることが多い[42]。

9　聖書翻訳の特異性

ここまで翻訳論と翻訳文化論を概観してきたが、そのなかでも聖書の翻訳ゆえに表れてくる特有の問題について触れておきたい。

（1）翻訳不可能性の不可能性

まず、聖書は「神の言葉」であるがゆえに、言語構造の異なる二つの言語のあいだで全く同じ意味の文は成り立たないというような「翻訳不可能性」は認められない。その言葉は普遍的であり、言語や文化、民族の境界を越えて伝えられるよう求められてきた。このことは、他のテクストの翻訳と決定的に異なる点であり、それが翻訳論そのものにおいて聖書が常に重要な位置を占めてきた理由でもある。特に、宣教の「偉大なる世紀」と呼ばれる一九世紀に宣教師が世界中のあらゆる場所へと赴くようになってからは、世界中の言葉へ聖書を翻訳することが一つの大きな使命となった。一九世紀の間に、部分的な訳を入れれば、聖書は四九四の言語や方言に翻訳された。(43) 二〇世紀以降は、この傾向はさらに強まり、二〇二〇年一〇月現在、その数は三四一五、全書が翻訳されたものに限っても七〇四に達している。(44)

（２）原典の絶対的優位

聖書に限らず聖典の翻訳一般がもつ重要な特徴に、原典テクストのもつ絶対性がある。原典は、霊感を受けた神聖なテクストとして、人間のわざとしての翻訳と対比される。(45) イスラームの場合、クルアーン原典そのものはさらに超越的な位置にある。翻訳されたクルアーンは聖典とは認められず、解説書という位置づけになる。(46) そこでは、アラビア語そのものに極めて特別な価値が付与されているのである。

キリスト教の聖書については、この原典の絶対性と優越性は、一六世紀の大航海時代から一九世紀の大宣教時代にかけては、欧米語聖書（ラテン語や英語）に置き換えられていた。聖書翻訳は、西洋近代の圧倒的な技術的優位を背景としていたので、福音が未達である人々は、多くの場合「未開」の人々ともみなされた。それゆえ、この時期の聖書翻訳史はしばしばポストコロニアル批判の対象になっている。

二〇世紀後半になると、宗教的権威をめぐる地理的変化が生じてくる。カトリックでは、第二バチカン公会議において地域文化の意義が認識され、二一世紀には初めて南米出身の教皇が選出された。プロテスタントでも、文脈化という概念を通して地域社会の文化的背景が再評価され、宣教の発信地は欧米一極集中からアジアやアフリカ、南米へと分散してきている。このような傾向のなかで言語間の優劣関係も相対化されたことにより、かえって原典のもつ重要性が高まっている。文脈化という概念には、ヨーロッパ化されたキリスト教からの「脱文脈」という意味合いも含まれている。欧米以外の教会指導者たちは、脱文脈によって抽出された純粋なキリスト教のエッセンスを、欧米を経由せずに自文化のなかに取り込もうとしてきたのである。

（３）先例の拘束力

ヒエロニュムスが先人の翻訳方針を三通りに分けたとき、直訳と意訳に加えて、テオドティオン訳を例に先例主義とでも呼ぶべきものをあげていた。聖書のように、歴史を越えて何度も翻訳される書物においては、程度の差こそあれ、既存のテクストが新たな翻訳に対し一定の拘束力をもつものである。新たな翻訳は当然ながら以前とは異なるテクストを提供するために行われるので、翻訳は先例の拘束性と改訂の必要性のバランスのなかにある。しかし、宗教聖典の場合には、この拘束性の方が卓越しがちになる要因がいろいろとある。まず、聖典は個人で読まれるだけではなく、礼拝や行事など形式化された共同の場面で朗読されることも多い。このような儀式・儀礼は、しばしば宗教的権威と結びついているために、形を変えないこと自体が重要な意味をもつ。例えば、宗教改革時代の聖書翻訳者ティンダルは、訳が正しいかどうかとはまったく無関係に、ただ従来使われていた単語とは別の単語に訳したというだけで攻撃を受けたという[47]。

（４）秘匿性と借用（不翻）

デュルケームによる宗教の定義（分離され禁止された事物に関わる信念と実践とが連動する体系[48]）に従うなら、「隠されている」ことは宗教一般にとって大きな意味をもつ。このことは宗教聖典の翻訳にとって大きな問題である。なぜなら、「訳さない」ことの積極的な意義が、そこから導かれるからである。儀礼における外国語聖典の読誦は、宗教において、しばしば――特に一般信者との交わりの場面で――中心的な役割を果たす。

もちろん、秘匿性に対する批判を核とするプロテスタンティズムのような宗教性も存在するし、ケセン語聖書の翻訳者である山浦のように、あくまで日常性に立脚しようとする立場もある。世界中の言語に聖書を翻訳しようとする態度は、むしろ秘匿性の対極に位置すると言えるかもしれない。

しかし、より細かく見れば、聖典翻訳における語彙の借用（不翻）も「訳さない」点では同じ問題に関わっている。柳父が提唱した「カセット効果」（カタカナ語や漢語を訳語として使うことで、意味がよく分からないゆえに、かえって何らかの効力を発揮する）という概念は、単語レベルでの秘匿性を表現したものであるとも言えるだろう。また、口語訳聖書が「悪訳」と批判された最たる理由が「荘厳さの喪失」だったというのも[49]、日常の言葉に近づけることによって文語体のもつ一種の「カセット効果」が薄められたからであると言えるかも知れない。

いずれにせよ、この観点から借用（不翻）の問題を意識しておくと、聖書翻訳に対する理解もさらに多面的になるだろう。

10　モンゴル語聖書の翻訳論・翻訳文化論

最後に、モンゴル語聖書に関する先行研究を取り上げ、その傾向と課題について考察しておく。

世界中の言語へ向けた聖書翻訳が著しく活発化するのは、「偉大なる世紀」と呼ばれた一九世紀であり、そこで中心的な役割を果たしたのが、一八〇四年にロンドンで設立された英国外国聖書協会である。協会の取り組んだ翻訳事業のなかでもモンゴル系言語は比較的早く手が付けられており、一八一五年のカルムイク語『マタイ福音書』を皮切りに、一八二七年にはモンゴル語とカルムイク語の『新約聖書』、一八四〇年にはモンゴル語『旧約聖書』が出版される。つまり、モンゴル語については一九世紀前半に旧新約全書の翻訳が完成していた。聖書は、一九世紀のあいだに、部分訳を入れれば四九四の言語・方言へ翻訳されたが、全書の訳となればごくわずかしかなかった[50]。モンゴル語聖書は、そのごくわずかなもののうちに含まれている。

それにもかかわらず、モンゴル語聖書についての研究は極めて少なく、そのほとんどは宣教史など歴史的観点からのものである。しかし、その歴史についてさえ、まだ十分に明らかにされているとは言いがたい。もっとも基礎的な文献は、ロンドン大学東洋アフリカ研究学院のモンゴル研究者C・R・ボーデンによる『シャマン、ラマ、福音主義者――シベリアの英国人宣教師たち[51]』で、主に一九世紀前半に行われたシベリア宣教の歴史についてまとめられている。通史的なものとしては、二〇〇〇年に出版されたH・P・ケンプによる『ステップ・バイ・ステップ[52]』があり、モンゴルにおける一三世紀から現在に至るまでのキリスト教宣教史のなかで、各時代の聖書翻訳についても一通り触れられている。他にも、特定の地域や宣教師、宣教団ごとの聖書翻訳の経緯に関する研究は行われてきたが（詳細については第二部の各章を参照のこと）、聖書翻訳とその文化・社会・政治的背景との相互的影響、あるいは近隣地域における翻訳事業との関係など、分野や地域を超えた観点による歴史的研究は、ほとんど行われていない。

それに対して、翻訳そのものに関する研究は、主に実践的・規範的な関心から行われることが多く、それゆえ、訳語やその表記法、文体などの選択に関する議論が多くを占める[53]。すでに、一八五六年には、モンゴル語聖書における神概念の翻訳について批判的に論じた東洋学者S・C・マランの著作『シャフツベリ伯爵閣下への手紙[54]』が公刊されている。

一九世紀前半においては、翻訳者たちは、起点テクストの一つ一つの語句に対応するモンゴル語の訳語の選定に、非常に大きな困難をともなっていた。風土や文化が母国と著しく異なるために、適切な言葉が見つからない場合も多く、当時の翻訳には非常に多くの借用語が含まれていた。それに関連する比較的最近の研究に、M・テタターの論文がある[55]。ここで少しその内容を紹介しておきたい。

テタターは、一八四〇年のストリブラス＆スワン訳『旧約聖書』の動植物の訳し方に注目し、彼らが次の三つの方法に依拠していることを明らかにしている。

（1）文字通りの等価物。例「杉」→「ホス・モッド」〔「杉」の意〕。

（2）記述的言い換え（descriptive paraphrase）。例「やもり」→「フルテイ・モガイ」〔「足をもった蛇」の意〕、「亀」→「ヤスト・メルヒー」〔「骨をもった蛙」の意。ただし、テターの指摘に反して、この語は当時すでにモンゴル語に存在していたので「言い換え」ではない〕。

（3）英語の音での転写。例「オリーブ」→「オリービーン・モドン」〔「オリーブの木」の意[56]〕。

また、以上の方法に属さない変則的なやり方があったことも指摘されている。一つの例を次にあげておく。

出エジプト記一五章二七節に「七〇本のなつめやし」とあるのを、モンゴル語訳ではダラン・トストゥ・モドゥン（直訳すると「七〇本の太った木」あるいは「七〇本の油の木」）と訳している。この場合に興味深いのは、モンゴル語には「なつめやし」を表す語「ダラ」が存在していることである。しかし、この発音は「七〇本」を意味する「ダラン」と非常に近い。そこで、おそらく翻訳者は混乱してしまったのだろう[57]。

この場合は、テターの解釈とは違い、むしろ意図的だった可能性が高いだろうと筆者は考えるが、いずれにせよ、このような翻訳者の方針をめぐる客観的分析は有意義である。それによって翻訳者の翻訳に対する考え方や、その方針をめぐる歴史的な影響関係を探る手がかりとなるからである。

モンゴル語聖書に関する翻訳文化についての研究は、まだほとんど手が付けられていない。聖書翻訳者たちが残した手記や書簡、記事や書籍、そして翻訳された聖書そのものは、翻訳者たちの思想、交友関係、翻訳の歴史的・文化的・社会的背景などを読み解いていく上で重要な資料である。それらを用いたより深い分析は、今後の研究に委ねられている。

注

（1）柳父章『未知との出会い――翻訳文化論再説』（法政大学出版局、二〇一三年）は、「翻訳文化論」という語をタイトルに含む数少ない本のうちの一つであるが、その概念について明確に定義しているわけではない。

（2）「翻訳学」「翻訳研究」「トランスレーション・スタディーズ」などとも呼ばれる。

（3）A・ベルマン『他者という試練――ロマン主義ドイツの文化と翻訳』藤田省一訳、みすず書房、二〇〇八年、一〇―一一頁。

（4）例えば、河原清志は、翻訳等価を扱った自著を振り返り、「本書が土台にした記号論の深淵な次元でアガペー主義が、翻訳論の（賛否両論における）参照枠ないし淵源としてユダヤ・キリスト教が潜在し、しばしば（否定項としても）顕在化するのである。これらの諸言説の複合体が、欧米の地平で展開されている言語・記号・意味・コミュニケーション、そして翻訳に関する知の構築物であり知のエピステーメー（の主要な一部）である」と述べている（河原清志『翻訳等価再考――翻訳の言語・社会・思想』晃洋書房、二〇一七年、二四五頁）。

（5）例えば、東洋の翻訳論など。モンゴルに関するものとしては、金岡秀郎「モンゴル語仏典における借用語許容の規範――『メルゲッド・ガルヒン・オロン』に見える不翻の理論について」（『大倉山論集』二二、一九八七年、一三三―一五二頁）、同「『merged Garqu-yin orun（mGo）』序章所載「モンゴル仏典の翻訳論」和訳と註解――附蒙蔵対訳テクスト」（『日本とモンゴル』四〇（一）、二〇〇五年、六一―七八頁）、同「モンゴル仏典翻訳の規範――『merged Garqu-yin orun（mGo）』序章に見る翻訳論」（城生佰太郎博士還暦記念論集委員会編『実験音声

学と一般言語学』東京堂出版、二〇〇六年、五七〇―五七九頁）、北村彰秀『東洋の翻訳論』（私家版、二〇〇七年）、同『続 東洋の翻訳論』（私家版、二〇〇八年）、同『東洋の翻訳論Ⅲ』（私家版、二〇一〇年）。

（6）例えば、柳父章は、日本と西洋の翻訳文化を比較し、「基本的に日本の翻訳は、トランスレーション・スタディーズが取り上げている『二つの言語の交流』ではなくて、漢字（中国語）も含めた『三つの言語の交流』」であると指摘している（柳父章、前掲書二四二―二四三頁）。

（7）日本聖書協会『聖書 聖書協会共同訳について』日本聖書協会、二〇一八年、二頁。

（8）例えば、太田眞希恵「ウサイン・ボルトのIはなぜオレと訳されるのか――スポーツ放送の「役割語」」『放送研究と調査』二〇〇九年三月号、五六―七三頁。

（9）「シラ書」はプロテスタントでは外典とされる。ベン・シラにより紀元前一九〇年頃にヘブライ語で書かれ、彼の孫により紀元前一一七年以後にギリシャ語に訳された（諸説あり）。その翻訳の際に、この序言が加えられている（関根正雄「ベン・シラの知恵概説」『聖書外典偽典第二巻 旧約外典Ⅱ』教文館、一九七七年、七一頁。本書一八二頁も参照）。

（10）米原万里はそのジレンマを「貞淑な醜女」と「不実な美女」と表現した（『不実な美女か貞淑な醜女《ブス》か』徳間書店、一九九四年）。「不実な美女」という表現は、美的見地が翻訳の最重要課題と位置づけられた一七世紀のフランスで、G・ナージュによって名づけられたものである（M・ベイカー／G・サルダーニャ『翻訳研究のキーワード』藤濤文子編訳、研究社、二〇一三年、三頁。M・ウスティノフ『翻訳――その歴史・理論・展望』文庫クセジュ、白水社、二〇〇八年、四三頁）。

（11）加藤哲平『ヒエロニュムスの聖書翻訳』教文館、二〇一八年、一三三頁。

（12）同、一三五頁。

（13）同、一六二―一六三、一七九頁。

(14) 翻訳における「等価」という概念は、一九五七年にV・イーングヴによって提示されたとされる（河原、前掲書一一〇頁）。
(15) 河原、前掲書一頁。
(16) E・A・ナイダ『翻訳学序説』成瀬武史訳、開文社、一九七二年、二二七頁。
(17) 同、二二八頁。
(18) 同、二三一—二三二頁。
(19) 河原、前掲書一六三頁。
(20) 河原清志は、機能的等価論以外にも、A・ノイバートのテクスト的等価、O・カーデのコミュニケーション的等価、A・ポポヴィッチの文体的等価、P・ニューマークのコミュニケーション重視の翻訳などを、この系譜につながるものとしてあげている（河原、前掲書二二九頁）。
(21) 鈴木範久『聖書の日本語——翻訳の歴史』岩波書店、二〇〇六年、一五〇—一五七頁。
(22) 共同訳聖書実行委員会編『新約聖書共同訳について』日本聖書協会、一九七九年、九—一〇頁。
(23) B・シュナイダー「『聖書 新共同訳』の歩み」日本聖書協会編『聖書 新共同訳について』日本聖書協会、一九八七年、一六頁。
(24) 山浦玄嗣訳『ガリラヤのイェシュー』イー・ピックス、二〇一一年。
(25) ナイダ、前掲書二四三頁。
(26) 柳父章『翻訳とはなにか——日本語と翻訳文化』法政大学出版局、一九七六年、一三三—一六三頁。
(27) フリードリヒ・シュライアーマハー「翻訳のさまざまな方法について」『思想としての翻訳——ゲーテからベンヤミン、ブロッホまで』三ツ木道夫編訳、白水社、二〇〇八年、三八頁。
(28) 同、三七—三八頁。

(29) 同、四八頁。
(30) この優劣とは、単なる主観的・感情的なものではない。翻訳によって目標言語が鍛え上げられるという考え方はキケロ以来のものであるが、例えば、アラビア語がイスラームの言語として求心力をもったのは、様々な分野におけるシリア語やペルシア語、ギリシャ語などからの翻訳の歴史があったからであると考えられる（S・L・モンゴメリ『翻訳のダイナミズム――時代と文化を貫く知の運動』大久保友博訳、白水社、二〇一六年、一九四―一九七頁）。
(31) W・ベンヤミン「翻訳者の使命」（『思想としての翻訳――ゲーテからベンヤミン、ブロッホまで』三ツ木道夫編訳、白水社、二〇〇八年、一八七―二一一頁）、J・デリダ「バベルの塔」（『他者の言語――デリダの日本講演』高橋允昭編訳（新装版）法政大学出版局、二〇一一年、一―五八頁）、ベルマン、前掲書。
(32) K・ライス「個別理論」K・ライス／H・J・フェアメーア『スコポス理論とテクストタイプ別翻訳理論――一般翻訳理論の基礎』藤濤文子監訳、伊原紀子／田辺希久子訳、晃洋書房、二〇一九年、二〇一―二〇八頁。
(33) H・J・フェアメーア「一般翻訳理論」K・ライス／H・J・フェアメーア、前掲書、九八―九九頁。
(34) 渡部信「はじめに」日本聖書協会編『聖書　聖書協会共同訳――発行記念講演集』日本聖書協会、二〇一九年、一頁。
(35) L・デ・ヴリース「『聖書　聖書協会共同訳』発行を祝って」日本聖書協会編、前掲書、一一頁。
(36) 日本聖書協会『聖書　聖書協会共同訳について』三頁。
(37) 日本聖書協会「序文」『聖書　聖書協会共同訳』日本聖書協会、二〇一八年、Ⅱ―Ⅲ頁。
(38) 岡山恵美子「白話から読本まで――岡島冠山の軌跡」『トランスレーション・スタディーズ』佐藤＝ロスベアグ・ナナ編、みすず書房、二〇一一年、Anthony Pym, Humanizing Translation History, *Hermes* 22(42), 2009, 23-48.

(39) 亀井俊介編『近代日本の翻訳文化』(中央公論社、一九九四年)、齊藤美野『近代日本の翻訳文化と日本語――翻訳王・森田思軒の功績』(ミネルヴァ書房、二〇一二年)など。
(40) 柳父章『翻訳とはなにか――日本語と翻訳文化』(法政大学出版局、一九七六年)、同『翻訳文化を考える』(法政大学出版局、一九七八年)、同『翻訳とはなにか――日本語と翻訳文化』(新装版、法政大学出版局、二〇〇三年)、同『未知との出会い――翻訳文化論再説』(二〇一三年、前掲)など。
(41) 岡本隆司『宗主権の世界史――東西アジアの近代と翻訳概念』名古屋大学出版会、二〇一四年、新居洋子『イエズズ会士と普遍の帝国――在華宣教師による文明の翻訳』名古屋大学出版会、二〇一七年、S・L・モンゴメリ『翻訳のダイナミズム――時代と文化を貫く知の運動』大久保友博訳、白水社、二〇一六年など。
(42) D・チデスター『植民地主義と比較宗教』沈善瑛/西村明訳、青木書店、二〇一〇年。
(43) E・A・ナイダ『神声人語――御言葉は異文化を越えて』繁尾久/郡司利男訳、浜島敏改訂増補版、イー・グレープ、二〇〇八年、一四一頁。
(44) Wycliffe Global Alliance. Scripture Access Statistics: retrieved January 26, 2021 from https://www.wycliffe.net/resources/statistics/
(45) 一つの例外は七十人訳ギリシャ語旧約聖書である。古代において、七十人訳はヘブライ語聖書よりも神聖視される傾向があった。これは、七二人の長老が七二日間で完成させたという伝説がもととなっている。さらにこの逸話には、翻訳者たちが別々の部屋で翻訳に従事したにもかかわらず、全く同じ翻訳となったという奇蹟譚が付け加わった。翻訳作業自体が霊感されたものとして神聖視されるようになったのである(加藤、前掲書一二四―一二八頁)。
(46) M・レイノルズ『翻訳――訳することのストラテジー』秋草俊一郎訳、二〇一九年、一〇四頁。
(47) 同、一〇一頁。

（48）E・デュルケーム『宗教生活の基本形態――オーストラリアにおけるトーテム体系』山崎亮訳、ちくま学芸文庫、二〇一四年、九五頁。
（49）鈴木、前掲書一五三頁。
（50）ナイダ、前掲二〇〇八年、一四一頁。
（51）Bawden, C.R., *Shamans, Lamas and Evangelicals: The English Missionaries in Siberia*, London, Boston, Melbourne & Henley: Routledge & Kegan Paul, 1985.
（52）Kemp, H.P., *Steppe by Step: Mongolia's Christians from Ancient Roots to Vibrant Young Church*, London: Monarch Books, 2000. タイトルはモンゴルのステップ気候と掛詞になっている。
（53）翻訳方針や訳語選択について聖書翻訳者自身によって記されたものとしては、以下のものがある。**Ариун Бичээс Нийгэмлэг, Ариун Библийн Орчуулга Засварын Тайлбар Бичиг. Улаабаатар: Ариун Библийн Нийгэмлэг,** (Bible Society of Mongolia, About This Translation of the Bible), Ulaanbaatar: Bible Society of Mongolia, 2015, 北村彰秀『聖書を訳して――モンゴル語聖書翻訳にかかわって』(Thusteppes, 二〇二〇年)。
（54）Malan, S.C., *A Letter to the Right Honourable the Earl of Shaftesbury*, London: Bell & Daldy, 1856.
（55）Teter, M., "Lost in Translation": The London Missionary Society's Mongolian Pentateuch. Knobloch, F. W. ed. *Biblical Translation in Context*. Bethesda, Md: Univ. Press of Maryland, 2002, pp. 145-154.
（56）ibid., p. 150.
（57）ibid., p. 150.

第3章　世界文学としての聖書と翻訳

池澤夏樹

1　はじめに

翻訳において言葉を増やしてよいかという問題がある。つまり翻訳者が足りない部分を補ってよいのかどうか。また、別の問題として文語と口語、あるいは用いる文字の問題。それから翻訳一般について言われることだが、直訳か意訳かとか、その辺りが翻訳一般論の問題であると同時に、聖書の翻訳につながるものではないかと思う。

米原万里さんの名著に『不実な美女か貞淑な醜女か』という（女性論ではなくて）翻訳論がある。彼女はもう一〇年前に亡くなったけれど、もともとはロシア語の同時通訳で、エッセイストで素晴らしい小説を書いた才女だった。美女にして才女。彼女は著書の中で全ての翻訳にまつわる問題を、見た目がきれいで響きがよくても原文を離れていいものか、それとも不細工でも元に忠実なのがいいか、というふうに表現した。

言葉を増やす問題について言えば、ぼくは一つ徹底的に増やさない形で訳したことがある。それは何かというと古事記である。ただしこれはフェアなやり方ではない。「日本文学全集」のために、古典はみんな若い作家たちに頼んで現代語訳してもらうという方針でやったのだが、「言い出しっぺのあなたも何かやりなさい」と言われて、「じゃあ古事記をやろう」と。なぜなら文章が単純で楽だから。言葉は古いが源氏物語の文体に比べたら全然単純。まだ源氏物語のようなことを書くだけの日本語はなかったのだから。

これまでにも古事記の翻訳は現代語訳がいくつも出ている。いざそれをやると、読み始めてみて、はたしてこれはどういう文体になるかという問題がおこる。

実を言うと、文体は単純明快だけれども、知らないことが多過ぎる。普通はそういうときは、現代人が知らないことについてちょっとした説明を本文の中に織り込む。そうすると滑らかにすっと読めて、知らないこともすうっと頭に入る。しかしぼくはそれをやらなかった。なぜかというと、古事記の文体というのは非常に速い。あの当時の人たちは行動が素早くて、決断が早くて、すぐにパッパッと事が決まって。そういうことが次から次へと繰り返されて出てくる。

そのスピード感のある文体を、説明を加えることで水増ししたくなかった。かといって、わからないものは困る。どうしようか。脚注を付けたのだ。本文の下に注をずらっと並べて、もしも気になったらちょっと目を下へ落としてください、そこに説明がありますという具合に。先へ読みたいと思ったら、脚注なんか無視して進んでくださいと。そういう二段構えの読み方ができるやり方にした。

2　現代ギリシャ語はなぜできたか

ぼくは昔三年ほどギリシャに住んだことがあって、一応、現代ギリシャ語はできる。あの国は今いろいろ困ったことになっているけれども、実は一八二一年に独立した非常に新しい国である。その前はオスマントルコの一地方で、独立させるについては西ヨーロッパの人たちが随分手を貸した。

例えば、バイロンは「ギリシャを独立させる」と言ってこの運動に非常に力を入れて、大いに世論を動かした。それは古代ギリシャの文明、文化が今のヨーロッパの土台にあるベースであり、それを引き継いだのがローマ帝国だというふうな考え方で、随分ギリシャを西に引き付けた考え方だった。

その時期はもうトルコに力がなかったから独立できた。ヨーロッパの王国はお互いに親戚関係だから、「王様が必要だ」と言って、どこかから一人連れてきて王様にした。そういう具合でできた近代国家なのだ。彼らは自分たちの国が、実はそんなに立派ではないということをよく知っていた。トルコの地方であって、産業もないし、みんな貧しい。文化的に見るものも少ない。そして、古代コンプレックスがある。

心ないヨーロッパ人が来て、「昔あんなに立派だった国がどうして今こんなになったんだ」という言い方をすると、それに対する反発から、古代を少し取り込もうと思って言語を二重化した。一つは普段使っている「デモティキ」（Demotiki）という全く民衆のギリシャ語。もう一つは純正語、「カサレブラ」（Casalebra）という古代語に近い文語。この両方をインテリは学ばなければいけなかった。

聖書も、まさか古代のセプトゥアギンタ（七十人訳）をそのまま使うわけにいかないから、現代語訳については純正語カサレブラのほうにして。裁判などはこの純正語でやるというふうなことを示した。ぼくが一九七五年にギリシャに行って現代ギリシャ語を学校で習ったときも、両方を教えられた。「デモティキのほうを知ってからカサレブラもちょっと知っておこうね、ちょっと気取った言い方だから。そんなに違わないから覚えれば覚えられる」そういう具合。しかし、だんだん彼らも面倒くさくなった。もう十何年か前だと思うけれど、カサレブラという言語は廃止された。今は普通にデモティキだけになって、古代語に倣ったアクセントの類いは、いろいろあったのを一種類だけ、本当に強く発音するところだけになった。そういう意味では、これは文語的なものが口語化された一つの例だと思う。

3　聖書の翻訳——なぜ聖書は翻訳されるのか

もう一つ、文語の文体、口語の文体。これを日本語の翻訳の聖書について言えば、明治期にできた文語訳聖書がずっと評判が良かった。誰に評判が良かったかというと、文学者たち。非常に荘重でリズミックで、それこそ問延びしていなくて、「まことに汝らに告ぐ、汝らのうちの一人我を売らん」（マタイ二六・二一）と、これだけで伝わる。これが口語訳（一九五五年）になると三割、四割延びてしまう。「あなたがた」というのは耳障りで、発音しにくい。それを多用している。そうした点で口語はやっぱり評判が悪い。

では、なぜ翻訳をするのか。なぜ聖書は翻訳されるのか。誰のための翻訳なのか。ヘブライ語からギリシャ語訳のセプトゥアギンタ、あるいはラテン語訳のウルガタ。これらは一般信者ではなくて教会のための訳である。そもそも聖書の翻訳というのは、教会、神父のためのものであったと思う。

宗教がある人々に伝わるときは、全体として最初にそれは当然インテリたちから伝わる。従って最初は学術的な訳であったり文語訳であったり、それから学問の共通語であるラテン語やギリシャ語で伝わる。普通の人たちはそんなこと知らないし言葉も分からない。そしてそれが広まっていくにつれて、だんだん言葉が民衆化されていく。

ローマ帝国の中で話を考えると、ウルガタができた。どれぐらい文語的であるかぼくは分からないが、これはラテン語であってローマ帝国ではみんな話せるわけだから、これを頼りにたちまちキリスト教徒が増えた。それは読んだのではなくて、まだ禁教時代にひそかに集まった小さなエクレシア（集会＝教会）をしながらそこで読まれた。それによって自分たちなりのイエス像が作られて、それが帝国全体に伝播する。

それをマルティン・ルターがひっくり返した。プロテスタントでは信者は一人一人、自分の責任において神の前に立たないといけない。そのようすがとして自分で聖書を読む。そういう方針でプロテスタントは一気に世界中に広がった。だから信者自身が読むためのものであって、そうすると文学的価値はまた別になると思う。

日本語聖書の文語訳の訳はいいのだけれども、漢字、漢文が多い。多分ほとんど漢訳になっている。これについては一ついい例がある。ベッテルハイムという男が幕末に琉球に行ったと。外国人に来られては困るというのを強引に住み着いて、そこで初めての日本語訳の聖書を作った。そのとき基にしたのは漢訳である。彼は琉球の言葉を覚えて、それを日本語だと思って作った。ところが琉球語は日本語とは違う。翻訳が終わってからそれがわかって非常に落胆して、あらためて日本語に訳した。いずれにしても基に漢訳があるから漢字が多いし、それをうまく使ってその辺りをベースにして、次の文語訳ができたのではないかとぼくは思っている。

4　聖書の口語訳とケセン語聖書

口語化の極端な例を挙げよう。実は、二〇一六年のモンゴル語訳聖書シンポジウムには山浦玄嗣さんが来るはずだったのに、他の用事があるから君が行きなさいということで、それでぼくが参加することになった。で、ぼくは山浦氏を非常に尊敬しているから「それならやりましょう」と言って参加した。

彼は自分が住んでいる所、岩手県南部の大船渡、陸前高田、住田町、この三つの地域で使われてる言葉を「ケセン語」と名付けた。ケセン地方、ただし宮城県の気仙沼はこの範囲ではない。彼はこの言葉を非常に愛して辞書を作った。それが半端なものじゃない。二万語、分厚いので二冊。ケセン地方でしか使われない言葉だけではなくて、気仙で普通の人たちが言語生活を送っていくための言葉を全部拾ったから、二万語。

なぜそんなことしたか。彼はカトリックの信徒である。本業は医師。カトリックの信徒としてケセン語の聖書が作りたい、福音書四冊ともケセン語で訳したい。その前段階として辞書を作り、文法書を作った。それから何年かかけて全部訳した。彼はローマに呼ばれて、教皇からをお褒めの言葉をいただいた。

この聖書の翻訳がどのくらい違うかというと、彼は聖書の解釈にしてもちょっと踏み込む。「心の貧しい人は幸いである。天の国はその人たちのものである」（新共同訳）。これを、「頼りなく、望みなく、心ぼせえ人は幸せだ。神様んところに行かさんな、その人だ」と。ここのところで大事なのは、「心の貧しい人」という言い方は日常的に通じるか。それは「心が冷たい人」の思いがしないか。だから「頼りなく望みなく心細い人」にするのである。

あるいは漢語の訳を作ってしまう。たとえば「婚宴」。「カナの婚礼」のところ、「婚礼」の「宴」。でも、そんな言葉は普通使わない。「嫁ごもらえのおふるめえ」と彼は言う。お嫁さんもらうときのふるまい膳。一番日常的なところまでいくと、こういうふうになる。

あるいは、これも神学の問題であるが、「愛」という言葉を、「汝の敵を愛せ」ではなく「敵《かだき》であっても大事にしろ」と。愛するというのは、「上から下へ」である。「下から上へ」は「慕う」。この二つは日本語では違っていた。だから信徒が神を愛するというのは少し変ではないかというふうなことを連ねて。

先ほど言ったとおり山浦さんの本業は医師である。ということは、毎日患者の愁訴を聞いているのだ。それは何語か、日常のケセン語。だから彼は人と親密に話すとき、心と心で話すときは普通の言葉を使うだろうと、気取った立派な言葉にしないだろうという方針でケセン語に訳した。でもそれはケセン語だからできるのであって、今の標準語、共通語、これだけ緩くなったわれわれが普段使ってる言葉で、そこまでの伝達はできない。だから山浦さんのケセン語訳は非常に立派な仕事であるけれども、あまりに地域限定的だという批判もある。

硬い翻訳から始まってだんだん日常語化して、その最終的な例が山浦玄嗣の訳といえると思う。どこの国でも初めは硬かったというのは、それは考えてみれば理屈として当然のことではないか。ルターの主張の徹底化。

しかし聖書が信仰を枠組みとして作用すると、それから外れた者はキリスト教でないということになる。信仰には枠組みになる何かが必要だという事例を一つ思い出した。

メキシコ南部では先住民のカトリック信徒の方がずっと多い。そこにある教会を彼らが言ってみれば占拠してしまって、そこに中央から神父が来るのは年に一回で、あとは全部自分たちでやっている。そのやり方がどんどん異教化しているのだ。そして実に不思議なことをしている。あんなことがカトリックにあるのかと思うくらい、とても不思議な所だった。そこでは、ほとんど多分、聖書は使ってないと思う。だからカトリックという言葉の本家に戻って「普遍性」というならば、それを伝えるためには聖書は必要だっただろうし、それが信仰の骨組みとなったと思う。

それが、教会のため教団のための聖書であろうと。あとは典礼のときに朗読したのを聞いたり、それをもとにカテキズム（教理書）なりリタニアなり「ドチリナ・キリシタン」など仲介の文書を作ったりすれば良かった。だから、そういう何段階かあって民衆までつながったのだ。そうすると、信仰の場で紙に書かれたものが果たした役割というものが、またあらためて分かるような気がする。

5　聖書翻訳の難しさ

ぼくの『日本語のために』（「日本文学全集」第30巻、河出書房新社、二〇一六年）は、日本語のサンプルを集めたものだが、一番古いのは祝詞から始めて、例えば仏教の般若心経の原文と現代語訳であるとか、それから漢文・漢詩、そういうものをさまざまに並べた。その中に、キリスト教のパートとして「ドチリナ・キリシタン」の原文と現代語訳、それからマタイによる福音書の一番派手な部分として二六章「ペテロの否認」の翻訳をずらっと一〇ぐらい集めて並べて、翻訳の文体がどう変わってきたかというのを見られるようにした。

イエス自身は何も書いていない。だから、聖書というものは翻訳する上で非常に特殊な事情があると思う。例えば「主の祈り」を取ってみても、ルカによる福音書とマタイによる福音書は全く違った形なわけで。それはなぜかというと、聞き手によって変わってきたせいだ。イエスが教えた「主の祈り」というのはもちろん一つであるけれども、マタイの共同体あるいはルカの共同体、共同体の聞き手によって違っていると。そういった問題を考えるときに、当然、聞き手が分かるように伝えていくという側面がある。

そしてもう一つはセム語の世界という事情。例えばヘブライ語とかアラム語の世界にはある表現であっても、ギリシャ語の世界にはない表現の問題がある。イエスはアラム語ないしはヘブライ語で語っている、しかし新約聖書はギリシャ語で書かれている。どうしてもそういった背景を補って伝えていかねばならない。

処女マリアの懐妊はキリスト教の根幹となる教理だが、あれは若い女を意味する言葉をパルテノス（乙女）としてしまった誤訳の産物という説がある。

もう一つは、聖書というのは写本で伝えられてきているという事情。それもものすごい数の写本で伝えられてきているわけで、どの写本を選ぶかによって当然、翻訳も違ってくる。それでも大事なことは、やっぱりイエスに遡源していく。イエスにさかのぼっていく。イエスが語ったのは何かというのを追求していく。その努力がいつも大事であって、そこに行き着くときに、人々に力強くイエスの言葉を伝えていくことができる。

そこでイエスの生の言葉は何なのかと、二〇世紀の聖書学者は「史的イエス」というものを突き詰めていった。共同体がイエスの口に上らせた言葉というもの、これも結構あるわけで。そういったさまざまな事情を考えるときに、聖書の翻訳というのは、やはり特殊な位置にあると思う。しかし一方では、勝手に付け加えてもらってもまた困るわけであって、今の思想が聖書の中に入ってくるという危険性もある。いろんな難しい面が聖書翻訳にはあるように思う。

6　翻訳されることで広まる文学

しかし、ここ何十年かで、ぼくも含めて、翻訳ということに対する考えが変わってきた。つまりかつては偉い大学の学者の皆さんが、「本当は原文で読まなきゃシェイクスピアは分からないのだけど、みんな読めないだろうから一応、翻訳してあげましょう」という姿勢がどこかにあって、原典に対して二の次、三の次のものというのが翻訳だと思われていた。しかし、このところぼくは、ある作品は翻訳を得ることでずっと広がっていくと考えるようになった。もちろん抜け落ちるところがあるだろう、誤訳も出るだろう、しかし新たな何かをその翻訳によって得て、「世界文学」という言葉が使えるようになったと思っている。ちなみに、「世界文学」というのは、ぼくは自分の全集のときに、『世界・文学全集』ではなくて『世界文学・全集』だと思って作ったのだ。

つまり「翻訳に耐える」「翻訳を超えてなお伝播する力を持っている」作品を「世界文学」と呼ぶ。だから創作と翻訳と編纂は、ともに同じぐらいの重要さで文学に関わっている。この場合、編纂とは素材を集めて一つの作品に仕立て直すことを指す。その一番いい例が古事記。あれは創作ではない。素材が山ほどあって、それを集めて、表現方式、記述方式を作ってあの形にまとめた。同じように翻訳もそれによって広がる。だからいったん作家の手を離れたものが自分で旅をしていくことになる。

それはどんな訳がいいかとぼくが考えても、実際の話、コントロールしようがない。英語なら自分で見て、明らかな間違いのところは違うと言える。現代ギリシャ語でもできるかもしれない。しかしその他のことは無理だ。モンゴル語訳となったら、それはもうお任せするしかない。

さまざまな国の言語の、さまざまな作品が行き交っているのが、今の世界的な文学の状況であって、そこで翻訳者の役割というものは非常に大きいと思う。基本的に翻訳ということは非常に大事な作業であって、それなくして今の人類の文化はあり得ない。だから、自分の作品の場合も、謙虚に「訳していただいてありがとうございます」と申し上げるようにしている。

（本章は二〇一六年一一月五日開催シンポジウム「モンゴル語訳聖書とアジアのキリスト教文化」より、コメント・ディスカッションから著者のコメントを再構成したものである）

第2部　モンゴル語聖書翻訳史

第4章　近代におけるモンゴル宣教と聖書翻訳

滝澤克彦・都馬バイカル

本章では、一八世紀以降現代に至るまでのモンゴル人に対するキリスト教宣教とモンゴル語への聖書翻訳の歴史について概観する。

1　カルムイクにおけるキリスト教宣教とシュミット訳

一七世紀前半、モンゴル西部のトルグートを中心としたオイラト系の人々の一部が、ヴォルガ川下流域に移住し、後に彼らはカルムイクと呼ばれるようになった[1]。当時、ヴォルガ川下流域のサレプタ（現ロシア連邦ヴォルゴグラード）には、ヤン・フスの流れをくむモラヴィア兄弟団（Moravian Brethren）のコミュニティがあった。彼らのカルムイクに対する宣教活動が、キリスト教とモンゴル民族の中世以来最初の接触である。しかし、その試みは、カルムイクの仏教に対する強固な信仰とロシアによる妨害によって困難を極めた。状況が変わったのは、一七六二年にエカテリーナ二世が即位し、彼女がモラヴィア兄弟団の宣教に理解を示すようになって以降である。しかし、一七六四年に始められたカルムイクへの宣教も、結局一八〇〇年には諦められ、放棄されることになる。というのも、人々の仏教に対する篤い信仰のために、四〇年近くにわたる宣教活動を通して彼らが改宗させることができたのは、草原に倒れていた貧しい盲目の娘一人しかいなかったからである。[2]

しかし、一方で宣教が中断しているあいだに聖書の翻訳に手がつけられるようになる。特に、英国外国聖書協会（British and Foreign Bible Society）から六〇ポンドの助成を受けたモラヴィア兄弟団のオランダ人Ｉ・Ｊ・シュミット（Isaac Jacob Schmidt）によって、『マタイによる福音書』のカルムイク語への翻訳が一八〇九年に開始され、一八一五年には完成し三〇〇部が出版されている。彼は、引き続き翻訳を続けたが、一八一七年からは、バドマとノムトゥという二人のブリヤート・モンゴル人によって、彼の訳したカルムイク語聖書をさらにモンゴル語に翻訳する事業がサンクトペテルブルグで始められた。一八一九年には、『マタイによる福音書』のモンゴル語版が出版される。さらに、新約各書がカルムイク語とモンゴル語へと順次翻訳されていった。そしてついに一八二七年には、新約の全書が二つの言語で完成する。[3] このようにして、シュミットの翻訳は、現存する最古のモンゴル語聖書となった。

翻訳された聖書を手に、シュミットは一八一五年からカルムイク人への宣教を開始する。その結果、一八一八年には改宗者が二三人に増え、宣教は順調に拡大するかと思われた。しかし、一八二一年、改宗者たちはカルムイクの有力者によって追放され、ヴォルガ川を渡ることになってしまう。さらに、今度は移住先で、人々はロシア正教会に改宗させられたことにより、シュミットの努力は無に帰することになった。

２　シベリア宣教とストリブラス＆スワン訳聖書

一方、モンゴル民族に対する宣教は最西端からのものとはまた別に、よりモンゴル高原に近いシベリア経由による計画が進められていた。一七九五年に設立されたロンドン宣教協会（London Missionary Society）は、一八一四年、スコットランド人Ｅ・ストリブラス（Edward Stallybrass）とスウェーデン人Ｃ・ラームン（Cornelius Rahmn）をブリヤート・モンゴル族が居住するシベリア、バイカル湖周辺地域に派遣することを決めた。彼らは、それぞれの夫人とともに一八一八年にイルクーツクに到着し、一八二〇年には、バイカル湖対岸のセレンギンスクを拠点に宣教活動を開始する。健康上の理由からラームンが一八一九年にイルクーツクを離れたが、代わりにスコットランド人のＷ・スワン（William Swan）が一八二〇年からセレンギンスクでの活動に加わることになる。彼は、一八一九年に出版されたシュミット訳の『マタイによる福音書』と『ヨハネによる福音書』を携えていた。

ストリブラスとスワンがシベリアで残した最も大きな功績もまた、聖書の翻訳であった。彼らは、一八二三年から聖書のモンゴル語訳にとりかかった。というのも、彼らはシュミットの翻訳にあまり満足していなかったからである。一八二一年に英国外国聖書協会に宛てた書簡のなかで、スワンは、宣教に必要な聖書やトラクトがすみやかにシベリアに届けられていないことに加えて、シュミット訳聖書に欠陥と誤りが多いことを訴え、その両者を一度に解決するためにシベリアへの印刷機の送付を要請している(4)。しかし一方で、彼らが聖書の翻訳を行うためには、サンクトペテルブルグで行われているシュミットの翻訳事業にも配慮しなければならなかった。そのようなわけで、数々の折衝を経て、彼らはシュミットが翻訳していた新約聖書を避け、旧約聖書のみをシュミットの校閲を受けることを条件に翻訳出版することになり、一八三二年にロシア帝国内務省から認可を得てその事業に着手した。すでに内々に翻訳と修正を繰り返していたストリブラスとスワンは、一八三三年から彼らの翻訳をシュミットの校閲に回し、一八三四年に印刷機が届くと、早くも同年のうちに『創世記』をシベリアの地で出版している。それを皮切りに旧約聖書の各書が次々と刊行され、一八四〇年には『旧約聖書』全書が出版された(5)。しかし、その翌年、彼らの事業は突然終了する。ロシア皇帝ニコライ一世が、勅命により彼らの国外追放を決めたからである。新しく就任した正教会の大主教は、彼らのわずかな改宗者を奪い、さらに彼らの訳した聖書を用いてブリヤート人への布教を強化した。しかし、ストリブラスとスワンは彼らの翻訳事業をあきらめなかった。帰国後、彼らは新約聖書の翻訳に着手し、一八四六年にロンドンでその出版を果たす。二人が翻訳したモンゴル語聖書全訳は、後の改訳、新訳のもととなったが、それは東アジアの言語のなかでも中国語に並ぶ極めて早い段階におけるものとして、聖書翻訳全体の歴史のなかにも極めて重要な足跡を残している。[6]

一方で、宣教活動についてみてみると、その努力はほとんど成果を上げることができなかった。スワンは、宣教に関する理想論が省みられない状況を憂慮し、自身の経験を踏まえて一八三〇年に『宣教論』（*Letters on Missions*）を出版する。[7]彼らの採った《実践的な》方策は、人々と直に接触すること、聖書を翻訳し、現地の言葉で宣教すること、学校を設立することの三点であった。[8]聖書翻訳の事業が一段落すると、彼らはそれを携え、広い大地に散らばった遊牧民を求めてシベリアを歩き回った。しかし、そこでは、まず人々を見つけること自体が困難で、さらに見つけたとしてもしばしば酔っぱらっており、そうでなくても多くの場合には取り合ってもらえず、仏教の僧侶でもなければ宗教の話に興味をもつ者はほとんどいなかったという。[9]また、モンゴル人の世界観がキリスト教のものとはあまりにもかけ離れていたということも、彼らの宣教活動を困難にした。例えば、人の霊魂が複数あると信じているモンゴルの人々は、霊魂を一つであるとするキリスト教の教義を聞くと、あり得ないと言って一笑に付すのであった。[10]

宣教師たちは、一八二六年には一一歳から二六歳までの一四人の生徒をもつ小さな学校をセレンギンスクに開いた。宣教に苦慮した彼らは、そもそもモンゴル語の聖書を配布したところで、人々が文字を読むことができなかったらまったく無駄であることに気づいたからである。彼らは、宣教の前段階として人々の識字率を向上させる必要性を感じ、学校の設立に至った。その教育活動そのものは順調に実を結び、学校の数も三つに増えた。[11]彼らは持ち込んだ薬品を用いて簡単な医療活動も行っていた。そのような最新の技術が、彼らの精神をキリスト教へと向かわしめると考えたからである。しかしながら、西洋の高度な知識をもってしても改宗が困難であることに気づき、彼らは失望した。「教育と信念が別ものであること、聖なる真理を教え込むための方法として自然科学的知識を用いることが無意味であること」[12]を思い知らされたのである。

努力もむなしく、改宗者はほとんど増えなかった。彼らの設けた学校の生徒とその家族のなかから数十名の改宗者を得たが、宣教活動そのものから得た改宗者は一人もいなかった[13]。困難を極めた宣教は、また多くの犠牲を強いるものでもあった。「古い、暗澹たる、露西亜人にすら生き乍ら埋められるように取られた土地であるシベリア[14]」に家庭を置き、そのなかで女性たちは三人もその地に没し、子供たちも死んだ。道半ばでモンゴル宣教は中断され、次の機会はJ・ギルモア（James Gilmour）がモンゴルを訪問する一八七〇年まで待たなければならなくなった。

ちなみに、ストリブラスの息子であるT・ストリブラス（Thomas Stallybrass）は、父の後を継いでシベリアに舞い戻って宣教を再会することを切望した。しかし、その願いは叶わず、モラヴィア兄弟団の本部は一八五三年、彼ではなくE・パーゲル（Edward Pagell）とA・W・ハイデ（Augustus William Heyde）を宣教師としてシベリアに派遣することを決め、そのための訓練を開始した[15]。ところが、彼らに対してもロシアは宣教の門戸を開くことはなかった。パーゲルとハイデは、代わりに一八五五年からカシミール北東部のキェーロンでチベット人を対象に宣教を行うことになる。彼らは、南方からチベット経由でモンゴルへと至る宣教ルートを探ったのである。しかし、結局、彼らは一八五七年から宣教に加わったH・A・イェシュケ（Heinrich August Jäschke）とともにチベット宣教に生涯を捧げることになった。特にイェシュケは、聖書のチベット語訳を進めるなかで、チベット語辞書を編纂するなど後のチベット学の礎を築いていくことになる[16]。

3　J・ギルモアのモンゴル宣教

ロンドン宣教協会は、ロンドン郊外ハイゲイトの宣教師養成所で中国語を習っていたスコットランド人のギルモアを一八七〇年中国に派遣する。[17] 彼は、中国に到着した同年の八月から一〇か月間モンゴルを横断するシベリアへの往復旅行を敢行し、セレンギンスクなどで先人たちの足跡を見学している。その後、一八七二年から北京のゲルク派仏教寺院、雍《よう》和《わ》宮《きゅう》に住み込みつつモンゴル語を学習し、一八七三年には本格的なモンゴル伝道を開始する。こうして彼は外モンゴルにおける最初の宣教師となった。ギルモアはテントに寝泊まりし、時にはモンゴル人のゲルに居候しながら、彼らのあいだに深く入り込んでいった。また、先人に学んで薬品を持ち込み、医療活動を行う戦略もとっていた。[18] しかし、彼の献身もほとんど報われてはいない。ギルモアがポイントという名の初めての改宗者を得たのは、伝道を始めてから一一年経った一八八四年のことであった。[19] しかも、その次の年には、放浪の困苦により体を弱めていた妻が、看護の甲斐なく異郷にて不帰の客となる。それ以降、彼は活動の中心を内モンゴル東部に移すことになるが、一八九一年には彼自身が天津にて腸チフスのため四八年の生涯を閉じることになったのである。その伝道活動もまた、結果的には極めて「不成績」かつ「非能率」なものであった。[20] 一方で、彼は一八八三年に『蒙古人の友となりて』(*Among the Mongols*)を出版し、当時の外モンゴルの風俗を窺い知ることができる極めて貴重な記述を残していた。この書は、ヨーロッパで広く読まれ、宣教師たちのモンゴルへの関心を強く喚起することになる。一九世紀末からモンゴル宣教に携わるスウェーデン人のF・A・ラーション(Frans August Larson)も、その著書のなかで「ジェームズ・ギルモアの書物(『蒙古人の友となりて』)は諸国において興味を見出し、多くの伝道師達の眼をモンゴル人の改宗に向けさせた。特にスカンディナヴィアの国民はこの任務を身に引き受け」たと記している。[21]

４　カトリックによるモンゴル宣教

一七七三年の教皇クレメンス一四世によるイエズス会の弾圧以降、中国における宣教の主導権はラザリスト会（Congregatio Missionis, ヴィンセンシオ会）に移っていたが、ラザリスト会も一八三四年に清の皇帝の弾圧を避けて拠点を北京から崇礼県西湾子に移していた。[22]一八四〇年に満洲代牧区より独立して蒙古代牧区が設置されると、北京の司教であったラザリスト会のM・J・M・ムリー（Monsigneur Joseph Martial Mouly）は代牧に任命される。一八四四年には、ムリーがP・ガベー（Père Gabet）とE・R・ユック（Evariste Régis Huc）をハルハ・モンゴル族の地、外モンゴルに送る。しかし、なぜか彼らは北方のイフ・フレー（現ウランバートル）へ向かわずに南西へと進み、結局チベットのラサへ赴くことになる。[23]ちなみに、ガベーは一八三七年にすでに、二人のラマ僧にカトリックの洗礼を施していたが、その一人ガルディは、一八五四年マカオでモンゴル人初の司祭になっている。[24]後に、彼らの体験は、ユックによって『韃靼・西蔵・支那旅行記』（*Souvenirs d'un voyage dans la Tartarie, le Thibet et la Chine pendant les années 1844, 1845 et 1846*）として一八五〇年に出版された。

一八六四年、マリアの汚れなき御心の修道会（Congregatio Immaculati Cordis Mariae）がヴィンセンシオの宣教会からモンゴル地方における教導権を譲り受け、一八七〇年代に入ると積極的にモンゴル人を対象として活動するようになる。[25]しかし、一九〇〇年の義和団事件は彼らの組織と施設に対して極めて甚大な被害を与えた。[26]その後の復興期に内モンゴル・オルドス地方の教区司祭となったのがベルギー人神父A・モスタールト（Antoine Mostaert）である。彼の尽力により、一九二〇年には信徒数が到着時の約二倍の八〇〇ほどになり、一九三七年には現地におけるモンゴル人初の司祭ムンフジャルガルを叙階している。[27]一方で、彼はオルドス地方に伝わる口承文学の収集に努め、一九三七年には『オルドス口碑集』（*Textes oraux Ordos*）を出版している。

一九二二年、教皇ピウス一一世は内モンゴルとは別に、外モンゴルに中央蒙古代牧区を設置し、代牧も任命されていたが、実際に配置されることはなかった[28]。一九二一年の人民革命から社会主義の道を歩み始めた外モンゴルでは、一九二四年の人民共和国成立によって完全に宣教の道が閉ざされてしまったのである。バチカンと外モンゴルの歴史が次に交わるのは、一九九〇年になってからである。一方で、内モンゴルにおける伝道は順調に進められる。一九三九年の『蒙疆カトリック大観』によると西湾子、宣化、大同、朔縣、集寧、綏遠の六教区があり、モンゴル人以外も含んだ数字であると考えられるが、信徒は二二万二三五九人、洗礼志願者も二万六九八二人あったと記されている[29]。また、オルドス地方もカトリックの一つの伝道拠点となっていた[30]。

5　ラーションのモンゴル宣教と聖書翻訳

ヘルシンキ大学の東洋語学者G・J・ラムステッド（Gustav John Ramstedt）は、一八八九年にウランバートルを訪れたとき、英国外国聖書協会によって派遣されたO・ネステガールド（Ola Nestegaard）というノルウェー人と会っていた。彼は、九年にわたってウランバートルで宣教活動を行っていたが、その成果は極めて「貧相」なものであったとラムステッドは評価している[31]。ラムステッドはネステガールドの宣教の様子を次のように記した。

彼が聖書を配ると、例え全くモンゴル文字が読めなくても、人々は書物に熱狂しているようであった。ともかく、ラマの経典はチベット語で書かれており、そもそもモンゴル語の口語は古い文語とはまったく違っていた。聖書は、ほとんどの場合、ゲルの炉の焚付けに用いられた。西の寺院の近くには風葬された死者が野犬の食うにまかせられる丘と広い平原があったが、ラマや敬虔な仏教徒たちは、宣教師から贈られた聖書をわざわざそこにもって行って捨てたのである。（引用者私訳）

一八八七年、カナダ国籍の神学者で、作家・作曲家でもあったＡ・Ｂ・シンプソン（Albert Benjamin Simpson）牧師は、アメリカのニューヨークで超教派の宣教団体であるキリスト教宣教同盟（Christian and Missionary Alliance）を創設し、「世界宣教」を目指した。彼らは、特に教会が設立されていない地域での宣教活動を主に実践することを目的としていた。このキリスト教宣教同盟は、主にスウェーデン系アメリカ人によって構成されていて、創設から六年後の一八九三年、中国とモンゴル地域への宣教師をスウェーデンで募集した。結果的に男女二〇名の青年がこれに応じた。彼らはイギリスで短期間（六週間）の研修を受けたのち、中国北部の地域とモンゴル地域へ宣教師として派遣された。その一員となったスウェーデン人のＦ・Ａ・ラーション（Frans August Larson）は、一八九三年、スカンジナビア同盟宣教（Scandinavian Alliance Mission）のメンバーとともに、内モンゴルの包頭に入った。

彼は、草原に出て、モンゴル人と交わり、人々と同じように生活した。そのことで、多くのモンゴル人の信頼を得、さらにオルドスの封建王侯と懇意になって他の多くの貴族とも親交を深めていった。彼は、一八九四年からウランバートルにも訪れるようになる。そこでジェブツンダンバ・ホトクト八世から公爵の位を与えられ、自身のあらゆる活動に対して手厚い保護を受けた。以前の宣教師と比べると、あまりにも恵まれた環境のなかで彼の宣教活動は始まった。

ラーションもまた、聖書の改訳に力を注いでいる。彼も、ネステガールドと同様に、文語体で書かれたストリブラスとスワンの聖書の難解さに気づいており、より平易な文体による聖書の必要性を感じていたのである。英国外国聖書協会から委嘱を受けた彼は、スカンジナビア同盟宣教のＡ・Ｆ・アルムブラッド（Anton F. Almblad）とともに四福音書と『使徒言行録』の改訳を一九一一年の夏に開始し、秋には完了した。彼らはホトクトに翻訳の校正を依頼するためにウランバートルへ赴いた。当時、外モンゴルは清国からの独立を目指す不安定な時期であったにもかかわらず、ホトクトは国家の要人セリム・ポンソクをその任に当たらせた[32]。彼らの努力は、一九一三年、英国外国聖書協会による上海での出版という形で結実する[33]。その一方、彼らの宣教活動自体も、先人たちと同じく顕著な成果をあげることはなかった。ラーションは、モンゴル宣教を振り返って以下のように結論づけている。「高原でなされた幾多の宣教にも関わらず、極めてわずかな人々しか改宗することはなかった。モンゴル人は、自分たちが長きにわたって従ってきたものを、簡単には放棄しなかったのである[34]」。

6　スウェーデン・モンゴル・ミッション（SMM）のモンゴル宣教と聖書翻訳

一八九七年九月、スカンジナビア同盟宣教の創始者であるF・フランソン（Fredrik Franson）牧師は、スウェーデン中部のボルネス市で集会を開催し、苦しんでいるモンゴル人の救済を訴え、宣教への参加を呼びかけた。彼の講演を聞いた二人の若い宣教師夫妻、G・エネロス（Georg Eneroth）とE・エネロス（Eva Eneroth）はモンゴルへ行くことを決意した。一方、フランソンは翌一〇月にストックホルムでも、モンゴルの現状について講演し、宣教活動への経済的な支援を呼びかけた。

それからおよそ半年後の一八九八年五月、エネロス夫妻は、ロシアのオムスクとセミパラチンスク（現カザフスタン共和国）を経由して、西モンゴルのチュグチャク（現中国新疆ウイグル自治区イリ・カザフ自治州タルバガタイ地区チュグチャク市、中国語名 塔城市）に到着したものの、エヴァが重病を患ってしまい、ジョージはこの地に留まることを諦め、二人とも一二月に帰国することを余儀なくされた。

一八九九年九月、スウェーデン・モンゴル・ミッション（Svenska mongolmissonen, 以下SMMと略[35]）が正式に設立された。当時のスウェーデン王子O・ベルナドッテ（Oscar Bernadotte）が会長に就任していた。一〇月に、早速K・ヘレベルグ（Karl Helleberg）およびC・ヘルベルグ（Charlota Helleberg）夫妻とE・ワルステッド（Emil Wahlstedt）の三名がモンゴルに派遣された。ヘレベルグ夫妻は、これより前にアメリカのキリスト教宣教同盟の宣教師として、中国山西省で一八九三年から一八九八年までの五年間、宣教活動をした経験があった。彼らは、一〇月一三日にスウェーデンから出発し、一一月一八日に上海に到着、その後、およそ一五〇〇キロ離れた、万里の長城に接するモンゴル地域への入り口とも言える張家口（カルガン）にようやく着くことができた。しかし、一九〇〇年春、「扶清滅洋」を唱え、宣教師や外交官を殺害し、各国大使館を襲うなどした「義和団事件」が起こった。八月、ＳＭＭのヘレベルグ夫妻とワルステッドは、内モンゴルのボッグド（包頭）を経由し、外モンゴル（現モンゴル国）に向かったが、途中で殺害されてしまう。

一九〇五年、ＳＭＭは宣教師の派遣事業を再び開始した。Ｅ・カーレン（Edvin Karlén）とＨ・リンドブロム（Hanna Lindblom）は、一九〇六年から張家口を拠点としてモンゴル地域に行く準備に取りかかり、一九〇七年には内モンゴルのチャハル・シャンド・アドーチン旗タブンオーラ（現内モンゴル自治区ウランチャブ盟化徳県土城子郷特布烏拉村）でテントに住みながら医療活動を開始、その年一一月に張家口で結婚した。さらに一九〇八年夏、二人は、内モンゴルの同旗ハローンオス（現内モンゴル自治区ウランチャブ盟化徳県朝陽郷新囲子村）で土レンガの建物を造り、「チャハル・シャンド・アドーチン旗ハローンオスのイエズスの伝道処」（ᠴᠠᠬᠠᠷ ᠤᠨ ᠱᠠᠩᠳᠠ ᠠᠳᠠᠭᠤᠴᠢᠨ ᠬᠣᠰᠢᠭᠤᠨ ᠤ ᠬᠠᠷᠠᠭᠤᠨ ᠤᠰᠤᠨ ᠤ ᠶᠡᠰᠦᠰ ᠦᠨ ᠨᠣᠮᠯᠠᠯ ᠤᠨ ᠭᠠᠵᠠᠷ）と名付けた。これがいわゆるＳＭＭのモンゴル地域に設置した最初の宣教所となった。

二人はこの建物を主に診療所としても活用した。そして、診療所に来られない重病の患者や急病の患者を治療するため、往診も行った。二人の献身的な診療活動は、遊牧民に高く評価されていたが、一九〇九年四月四日に妻ハンナは流産がもととなり病死する。しかし、彼らの行動は草原の人々を次第に感化していった。ハンナが病死した一週間後、一九〇九年四月一一日の日曜礼拝でモンゴル人のゲンデンとナンジェーの夫妻が洗礼を受け、記録に残されたＳＭＭの最初のモンゴル人キリスト教徒となった。

一九一〇年九月、夫のカーレンが帰国し、その代わりに、Ｍ・ハーバーマーク（Magnus Havermark）がハローンオス宣教所に着任した。まもなく、彼はパーズボラン宣教所[36]の依頼により、一年以上その責任者をつとめた。一九一二年八月、教育家であり、ジャーナリストでもあるG・オレン（Gerda Ollén）がハローンオス宣教所に着任し、ラーションの要請により、タブンオーラで教会学校を建て、教育を行った。一九一三年一一月、医師J・エリクソン（Joel Eriksson）[37]がハローンオス宣教所に派遣され、医療活動に従事した。この三名の宣教師の到来により、ハローンオス宣教所は、徐々に医療活動と教育活動を宣教活動の一部として行うようになった。それが、その後のモンゴルにおける宣教事業のひな形となった。オレンは組織力と指導力に長け、エリクソンは優れた医学技能を持ち、ハーバーマークは印刷技能を習得したことで、SMMの活動の礎が築き上がった。

一九一九年、この年はハローンオス宣教所にとって成果を収めた年となった。モンゴル語訳の『新約聖書の概要』『旧約聖書の概要』『讃美歌』などの書籍とモンゴル語のトラクト（宣教用の小冊子）を活字印刷によって出版できたからであった。これは、当時の内モンゴル地域の印刷出版事業に新たな時代を開いたと言っても過言ではないだろう。またスウェーデン語誌『モンゴルからの微光』（*Ljusglimtar från mongoliet*）がストックホルムで創刊された。この雑誌には、主に宣教師たちの報告とモンゴルに関する文章および写真が掲載されているため、SMMの研究にとっては極めて貴重な参考文献である。

SMMはハローンオス宣教所を本拠地とし、一九一九年から一九二四年までの五年間にウルガ、グルチャガン、ドヨンという三つの宣教所を建設し、モンゴルでの宣教所は全部で四箇所となった。

ウルガでの宣教（一九一九—二四年）

一九一九年夏、オレンは、若い宣教師で看護士のG・ニルソン（Greta Nilsson）と共にウルガ（現モンゴル国ウランバートル市）に赴き、そこで診療所を開いて、医療活動を行った。一九二〇年秋、ウルガでの社会混乱、特に戦乱によりいったんハローンオス宣教所に戻ったが、一九二一年、ニルソンとG・ファルク（Gertrud Falck）

の二人の宣教師が再びウルガに入り、医療活動を開始した。一九二三年五月、ＳＭＭはウルガに宣教所を建設することを決定し、オレン、ハーバーマークとモンゴル人信徒エンヘビリグ夫妻ら五人が車でウルガに着き、ウルガで土地を購入し、そこで学校と宿舎および礼拝堂を建てた。診療所の社会的な評価は高く、小学校の入学者も二〇名以上に増え、宣教活動も軌道に乗るかと思われたが、一九二四年四月、モンゴル人民革命党政権が、すべての宣教師に五月二七日までに出国するよう命じたため、やむを得ず宣教師たちはハローンオス宣教所に戻ることになった。

グルチャガン宣教所（一九二二―四三年）

一九二二年、マグナス・ハーバーマークはチャハルのグルチャガン旗チャイルト（現内モンゴル自治区シリンゴル盟フブート・シャル旗ナランオーラ）に宣教所支所を置き、一年後に学校を建てた。しかし、一九二六年には医師Ｔ・オレン（Teodor Ollen）の妻マギ、一九三〇年にはＳ・スカルスジョ（Sven Skallsjö）とオレン自身も病死した。当時、この地域では伝染病が流行っていて、彼ら三名の宣教師たちは、遊牧民を治療する過程で伝染病に感染して、死亡したと思われる。スカルスジョは、モンゴル語とスウェーデン語辞書の編纂と出版を目指していたが、志半ばで亡くなった。また、一九三四年には、盗賊に襲われ、モンゴル人信徒が連れ去られ、殺害されるという事件が起きた。一九四三年二月一五日、Ｐ＝Ｇ・スヴェンソン（Paul-Georg Svensson）と教会のモンゴル人信徒がソ連のスパイ容疑で逮捕されたことで、グルチャガン宣教所の活動が停止に追い込まれた。

ドヨン宣教所（一九二四―四二年）

一九二四年、ウルガから追放されたＧ・オレンら宣教師たちは、新たな宣教の拠点としてチャハルのグルチャガン・ホニン・スルグ（正白羊群）のドヨンという森林地帯にゲルを建て、布教活動を開始した。一九二六年にはレンガの建物を造ったものの、宣教師不足によりいったん休止したが、一九三四年に宣教活動を再開した。一九三六年八月、宣教師Ｆ・ペーソン（Folke Persson）とメルギス（Mergith）はドヨンで結婚した。のちに二人はＧ・オレンがドヨンに戻ったことで、医療活動と聖書の翻訳を主な事業として活動した。一九四二年、この地域で猩紅熱が流行し、ペーソン夫妻の子供が感染して亡くなった。戦乱と病気、そして宗教間の対立などの困難な諸事情が重なったことから、夫妻は北京やその他の土地の宣教所に移動し、ドヨン宣教所は事実上、閉鎖された。ただ太平洋戦争により、日米関係が悪化したことが、ドヨン宣教所が閉鎖に追い込まれた、もう一つの理由となったと考えられる。

ハダンスム宣教所（一九二七―一九四四年）

最初の宣教所であるハローンオス宣教所の周辺地域には、次第に中国内地から漢人農民が入植し始めた。そして、その数が増えるにしたがって、治安も乱れ、盗賊も常に出没し、社会は混乱していった。遊牧民のモンゴル人は定住する漢人農民に牧草地を奪われ、モンゴル人はやむをえず、北の草原に逃げることになった。一九二七年、こうした状況からハローンオス宣教所の診療所、孤児院、学校、印刷工場もモンゴル人と共に北方の草原に移動し、ハダンスムという廃寺を利用し、活動を続けた。一九二八年夏、ハローンオス宣教所の建物を解体し、その資材をハダンスムに運び、診療所と印刷工場及び居住用の建物を建て、宣教活動は軌道に乗った。Ｊ・エリクソンやＡ・マーティンソンなどこの地の宣教師たちは、欧米の探検家・旅行者たちがモンゴル地域への旅行をする際には通訳・ガイド兼顧問の役をはたした。そこには、一九二九年に当地を訪れた有名な探検家Ｓ・Ａ・ヘディン（Sven Anders Hedin）も含まれている。[38] また、彼らは一九三四年、内モンゴルで最初の自動車学校を設立し、モンゴル人に自動車の修理と運転を教えた。

エリクソンは、英国外国聖書協会の委託で四つの「福音書」をモンゴル語に翻訳し、その一部を印刷した。他にも、筆者の調査によれば、ＳＭＭは一九一九年から一九三六年までに『新約聖書概要』『讃美歌』などキリスト教関係書籍四三冊だけでなく、『モンゴル語』『算数』『修身』など教科書を四冊、卓上暦一部、しおり数百枚を印刷した。これは、モンゴルの印刷史及びキリスト教史において、特筆すべき事業である。

一九四一年、ＳＭＭの宣教師たちの努力により、日本の協力の下で立てられた徳王政権下の首都・張家口で宣教師大会が開催され、八〇名の宣教師が出席した。その後、日中戦争により社会情勢はますます悪化し、一九四四年三月、ＳＭＭの宣教師たちはモンゴルから離れ、宣教所は事実上閉鎖状態となった。これにより、モンゴル高原におけるキリスト教宣教はいったん断たれることになる。

日中戦争終結後、宣教師たちは再び内モンゴルに戻り、宣教活動の再開を目指したが、中国内戦が勃発し、実現することはなかった。彼らは包頭へ移り、パーズボランに近い場所にゲルを建てて「ゲル宣教活動」を始めた。ここは黄河の北側に位置していて、当時はその周辺に難民キャンプもあった。エリクソンは、これらの難民に診療を行い、時間の合間を縫って聖書の翻訳も続けていた。一方、マーティンソンとＧ・オレンがクリスチャンとなったモンゴル人リンチンドルジらと共に聖書の翻訳を続けていた[39]。一九四九年、中華人民共和国が誕生すると、聖書翻訳の事業に従事していた宣教師たちは、香港に移り、そこでモンゴル語の『新約聖書』を完成させた。一九五二年のことだった。

彼らの翻訳は、ストリブラス&スワン訳を土台にこれまで行われてきた改訂（一八八〇年のシフナー&ボズネエフ改訂、一九一三年のラーション&アルムブラッド改訂）とは大きく異なる点がある。それは、翻訳に際し、中国語聖書が参照されたことである。当然、そのことが用語や文体の選択に大きな影響を与えた可能性は高い。実際に、彼らの翻訳では「愛」や「天国」といった重要な概念に、これまでとはまったく違った訳語があてられている。これらは、後の翻訳にも引き継がれている。

一九五〇年、一部の宣教師たちは日本に移り、そこで宣教活動を始めた。これにより、一九五一年、ＳＭＭ

はスウェーデン・モンゴル・ジャパン・ミッション（Svenska Mongol-och Japan Missionen）となった。さらに、一九八二年、中国ミッション（一八八七年設立）と統合され、スウェーデン東アジア・ミッション（Evangeliska Östasienmissionen）となり、現在に至っている。

7　現代のモンゴル国におけるキリスト教の台頭と聖書翻訳

一九二四年に時の政権による宣教師追放で閉じられたモンゴル人民共和国におけるキリスト教宣教への扉が再び開かれるのは、一九九〇年のいわゆる「民主化」以降のことである。一九八九年末に始まった民主化運動は一九九〇年に入って急速に進展し、憲法改正によって人民革命党の一党独裁体制が撤廃される。一九九二年の新憲法では国名も「モンゴル国」と変更され、国家としての社会主義体制が完全に放棄されることになる。その民主化の早い段階の一九九〇年二月二二日、人民大会議は三つの宗教施設において宗教活動の再開を決定し、それによってモンゴルに宗教の自由化がもたらされた。いち早く復興したのは社会主義時代にも人々によって家庭内でまもられてきた仏教である。さらに、カザフ人のイスラーム教や一部の部族の「伝統的宗教」とみなされたシャマニズムがそれに続いた。一方で、既存の宗教とともに社会主義体制崩壊後の宗教の競合に参入してきたのが外国から入ってきた新たな諸宗教である。仏教は依然として確固たるマジョリティの地位を維持しているものの、これら新たな宗教の伸張は目覚ましい。外来宗教でもっとも教勢を伸ばしてきたのが福音派のキリスト教だった。

外国宗教が厳しく排除されていた社会主義時代にも、モンゴル宣教への道は模索されていた。例えば、後にモンゴル語で旧新約全書を刊行する北村彰秀は、すでに一九八〇年代から翻訳作業を進めていた。また、一九九〇年八月には、民主化後最初の教会を設立したとされるイギリス人宣教師J・ギベンス（John Gibbens）も、社会主義時代からモンゴル宣教の機会をうかがっていた。彼は、モンゴル語習得のため一九七二年からモンゴルに留学する。一九八〇年にいったん帰国したのち、一九八七年に再びモンゴルを訪れ、モンゴル人の伴侶を得ると、一九八九年には新約聖書『シン・ゲレー』（Шинэ Гэрээ）の翻訳を完遂している。その訳は一九九〇年八月、聖書協会世界連盟（United Bible Societies）により香港で出版される（後に名称変更、モンゴル聖書協会（Bible Society of Mongolia））。宗教が自由化されたモンゴルで、彼は自ら訳した聖書を手に伝道を開始し、ついには同年の一〇月七日にモンゴル最初の教会「キリスト教会」を設立する。

初期のキリスト教宣教は、わずかな数の教会を中心に進められた。社会主義以前のものと同じような草の根的な宣教であったにもかかわらず、社会主義以前と比べると、それは遙かに実り多いものであった。宣教活動が次第に組織化する一九九三年から一九九五年にかけて福音派の成長は最初のピークを迎え、一九九三年には、福音派系福祉機関のＪＣＳインターナショナル（Joint Christian Service International）が設立され、また一九九五年に福音派系のイーグルＴＶがモンゴル国初の民放として開局する。さらに、福音派信徒数は、一九九六年から一九九八年のあいだには一万人に達したと考えられる。[40] 一九九五年九月に韓国系の教会を中心に連合聖書学校がウランバートルに設立され、教義面で超教会・超教派的な影響力を発揮するようになる。一九九八年一〇月一日に組織されたモンゴル福音同盟（Монголын Эвангелын Эвсэл）は、諸教会に対する管理的な権限をもたない連絡会議に過ぎないものの、大規模なイベントや合同礼拝の開催、機関紙の発行などによって、ある程度の影響力を発揮してきた。特に、宣教師からの自立を意識したモンゴル人を中心に運営される機関であるため、国際宣教機関や連合聖書学校などとは異なり、モンゴル人の主導権や彼らの民族主義にとって重要な意義を担ってきたことになる。

二〇〇〇年代に入っても、それぞれの教会や機関が大規模なキャンペーンを展開し、信徒数、教会数ともに増加しつづけた。モンゴル福音同盟の機関紙であるウールチルルト紙の二〇〇五年七月号によると、二〇〇三年と二〇〇四年に行われた地方伝道キャンペーンの結果、教会数が三〇〇、信徒数は四万五〇〇〇人に達したという。二〇一七年現在の教会数は五五〇ほど、信者数（毎週の礼拝参加者数）は四万人ほどである。[41] それが体制移行期の政治・経済的混乱に伴う一時的現象であるとする解釈は、もはや当てはまらない。外国人宣教師にとってみれば、社会主義以前を思うならば、民主化以降の状況は比較にならないほどの成功と言える。

この間に、数種類の現代モンゴル語版聖書が出版されている。まずは、先述した一九九〇年刊行のJ・ギベンスによる『シン・ゲレー』であり、彼は「神」の訳語として「ユルトゥンツィーン・エゼン」（Ертөнцийн Эзэн）という新しい熟語を用いている。これは直訳すれば「世界の主」という意味である。一九九二年夏から、モンゴルではキャンパス・クルセード・フォー・クライストによって、映画『ジーザス』の上映が始められたが、そこでもこの語が用いられた。一九九三年までは、福音派による宣教の材料はこの二つに限られていたため、[42] 一九九〇年代前半のモンゴルのキリスト教は、「ユルトゥンツィーン・エゼン」に対する信仰として展開することになった。

一方で一九九三年末、新しい聖書翻訳の必要を主張する指導者を中心としてモンゴル聖書翻訳委員会（Mongolian Bible Translation Committee）が設立される。委員会には、長老派、アッセンブリーズ・オブ・ゴッド教団、バプテストなど教派を越えた六人のメンバーが参加し、四人のモンゴル人と二人の外国人宣教師で構成された。彼らは一九九五年五月に『ヨハネ福音書』と『マルコ福音書』を、一九九六年一一月には『ビブリ——シン・ゲレー』（Библи: Шинэ Гэрээ）を出版するが、そこで「神」には仏教で「仏」を表す言葉と同じ「ボルハン」という語があてられた。それ以降、モンゴルの福音派では、「神」は「ユルトゥンツィーン・エゼン」と「ボルハン」の二つの名をもつこととなる。モンゴル聖書翻訳委員会は、二〇〇〇年七月に現代モンゴル語で初めてとなる旧新約全書訳『アリオン・ビブリ』（Ариун Библи,「アリオン」は「聖なる」の意）の刊行をもって解散し、その後の改訳作業は二〇〇四年設立のアリオン・ビチェース協会（Ариун Бичээс Нийгэмлэг, 英語名 Mongolian Union Bible

Society.「ビチェース」は「碑文」の意）に引き継がれた。この協会による改訳は二〇一三年に完了し、改めて旧新全書訳の聖書が出版されている。また、二〇一四年からは、同協会によりヘブライ語とギリシャ語から直接翻訳する標準モンゴル語訳（Стандарт Монгол Орчуулга）のプロジェクトが始められた。一方で、ギベンスも二〇一五年に旧新約全書の翻訳を完成し、出版している。

現代におけるその他の翻訳

現在のモンゴル国で主に普及しているのは、以上の二つの系統であるが、その他にもいくつかの翻訳がある。一つは、ウィットネス・リー（Witness Lee）の創設したリビング・ストリーム・ミニストリーの関連団体モンゴル・バヤリーン・メデー（Монгол Баярын Мэдээ）が一九九三年に刊行した新約聖書である。この翻訳は、一九五二年のものを土台にしており、二段組でモンゴル語と英語が併記されているのが特徴である。また、これ以外の新約聖書の翻訳はタイトルを『シン・ゲレー』（Шинэ Гэрээ,「新たな契約」の意）としているのに対し、この翻訳だけは『シン・ゲレース』（Шинэ Гэрээс,「新たな遺書」の意）としている。そして、「神」の訳語として用いられているのは「ボルハン」である。

一九九八年には、日本アッセンブリー・オブ・ゴッド教団の宣教師、北村彰秀を代表としてモンゴルで設立された現代モンゴル聖書翻訳連盟（Орчин Үеийн Монголын Библийн Орчуулгын Холбоо）により新約聖書『シン・ゲレー』（Шинэ Гэрээ）が翻訳出版された。その改訂版が二〇〇五年に刊行されて以降は、聖書翻訳者チーム（Библийн Орчуулагчдын Баг）の名で旧約聖書の各書が二〇一〇年までに順次出版されている。二〇一六年には旧新約全書『ビブリ――新たな翻訳』（Библи: Шинэ орчуулга）が、さらに二〇一八年には『シン・ゲレー』の改訂版が公刊された。これらの聖書でも、「神」は「ボルハン」と訳されている。

また、バヤンズルフ新約バプテスト教会は独自に翻訳を行い、二〇一四年に『アリオン・ビブリ――シン・ゲレー（ジェイムズ王欽定訳版）』（Ариун Библи: Шинэ гэрээ, Жеймс Хааны Хувьбар）、二〇一八年に旧新約全書を出版している。この翻訳は、同教会に属するバプテスト系教会で用いられており、その特徴は「神」を「シュテーン」（Шүтээн,「崇拝対象」の意）と訳していることである。

その他にも、個人による部分訳などを含めると多くの翻訳が公刊されており、なかには詩篇以外の聖書各書を韻を交えた詩文に訳した「詩的翻訳」なるものもある。

また、モンゴル文字による聖書も近年中国などで出版されている。二〇〇三年には、ドイツの登録社団「未達の人々への宣教」（Missionswerk Unerreichte Völker e. V.）による新約聖書の翻訳が、『イヴェールト・ノム』（ᠨᠢᠭᠦᠯᠡᠰᠬᠦᠢ ᠨᠣᠮ「慈しみの書」の意）というタイトルで出版されている。また、内モンゴル自治区フフホトのモンゴル人女性牧師バオ・シャオリンによる四福音書が二〇一一年に翻訳され、二〇一三年には新約聖書『シン・ゲレー』（ᠰᠢᠨ᠎ᠡ ᠭᠡᠷ᠎ᠡ）が完成している。さらに、二〇一二年には、『アリオン・ノム』（ᠠᠷᠢᠭᠤᠨ ᠨᠣᠮ「聖なる書」の意）という旧新約全書が出版された。これらは、いずれも「神」を「ボルハン」と訳しているが、二〇〇四年には、「神」を「デード・テンゲル」（ᠳᠡᠭᠡᠳᠦ ᠲᠩᠷᠢ「上天」の意）と訳した新約聖書『シン・ゲレー』（ᠰᠢᠨ᠎ᠡ ᠭᠡᠷ᠎ᠡ）も刊行されている。

注

（1）一七七一年、彼らは大挙して故郷であるイリ地方へ帰還しようとするが、ヴォルガ川を渡れなくて取り残されたヴォルガ川西岸の人々が、後にカルムイクと呼ばれることになる。ここでは一七七一年以降もヴォルガ川下流域に残った人々をカルムイクとしている。

（2）Bawden, C.R., *Shamans, lamas and evangelicals: The English missionaries in Siberia*, London, Boston,

Melbourne & Henley: Routledge & Kegan Paul, 1985, p. 45.

（3）ibid., pp. 281-282.

（4）ibid., pp. 284-285.

（5）ibid., p. 358.

（6）特に、一九五二年にスウェーデンの宣教団を中心としたメンバーによる翻訳が出版されるまでは、モンゴル語聖書の改訂はストリブラス&スワン版を土台として行われてきた。その最初のものは、一八八〇年にサンクトペテルブルグで、帝国科学アカデミー会員のA・シフナー（Антон Шифнер）とサンクトペテルブルグ大学の東洋学者A・ボズネエフ（Алексей Позднеев）により出版された『新約聖書』である。しかし、この改訂版では用語や文体の点で大きな変化は見られない。もっとも重要な点は、活字が満洲文字からモンゴル文字に直されたことである。ストリブラスとスワンはシベリアを去る際にモンゴル文字の活字を売却してしまっていたために、一八四六年にロンドンで出版された『新約聖書』では、英国外国聖書協会が保持していた（モンゴル文字に代替可能な）満洲文字の活字が用いられていたのである。

（7）Swan, W., *Letters on missions*, London: Westley and Davis, 1830.

（8）Bawden, op. cit., p. 220.

（9）ibid., p. 238.

（10）ibid., p. 241.

（11）Kemp, H.P., *Steppe by Step: Mongolia's Christians from Ancient Roots to Vibrant Young Church*, London: Monarch Books, 2000, pp. 290-291.

（12）Bawden, op. cit., p. 219.

（13）ibid., p. 249.

(14) 衛藤利夫『韃靼――東北アジアの歴史と文献』原書房、一九八四年、一三頁。
(15) Kemp, op. cit., pp. 262-263.
(16) 伏見英俊「キリスト者たちにとってのチベット仏教――チベット語訳聖書の成立をめぐって」『現代密教』一六、二〇〇四年、二四九―二六八頁。
(17) Lovett, R., *James Gilmour of Mongolia: His diaries, letters and reports.* London: Religious Tract Society, 1892, p. 30-31.
(18) Gilmour, J., *Among the Mongols.* London: The Religious Tract Society, 1883, p. 104.
(19) Lovett, op. cit., p. 166.
(20) 衛藤、前掲書、三二頁。
(21) F・A・ラルソン『蒙古風俗誌』高山洋吉訳、改造社、一九三九年、二三四頁。
(22) 平山政十『蒙疆カトリック大観』蒙古聯合自治政府、一九三九年（『蒙疆カトリック大観』アジア学叢書、大空社、一九九七年所収）。
(23) なぜ、彼らがラサを目指したかについては、様々な憶測があった。また、ユックの旅行記には、ユック自身がウランバートルに行ったかのような記述があるが、これはガベーが一九三九年夏にウランバートルを訪れたときの話を借用したものと推測されている（ペリオ「ペリオ解説」ユック『韃靼・西蔵・支那旅行記』（復刻版）、後藤冨男・川上芳信訳、原書房、一九八〇年、三六―三七、四四頁。前嶋信次「解題」同書三一八頁）。
(24) Kemp, op. cit., pp. 335-336.
(25) 「一八六五年にカトリック教はすでに蒙古族地区で七教区を開いた。すなわち熱河（現承徳）、寧夏、察哈爾の西湾子、大同、集寧、綏遠、赤峰の各教区である」（覃光広他編著『中国少数民族の信仰と習俗』上、伊藤清司監訳、第一書房、一九九三年、三七頁。中国語原著は覃光広他編著『中国少数民族宗教概覧』中央民族学院、一九八二年）。

（26）義和団事件後にも、オルドス地方におけるカトリック教徒に対する反感は一部で根強かった。H・ゼルース（Henry Serruys）は教会に対する陰謀についての資料を紹介している（Serruys, H. Mongol Textes Regarding an Anti-Christian Conspiracy in 1903, *Mongolian Studies* 4, 1977, pp. 39-55）.

（27）Kemp. op. cit., pp. 346-347.

（28）ibid., p. 358. モスタールト神父の詳細は第一三章注（1）と付記（二五六頁）を参照。

（29）平山、前掲書。

（30）オルドスにおいては、信徒は主として、ウーシン旗のチャンホグ、チョーダイ、オトク旗のチャガン・トロガイ、ジュハ、チャガン・ノール、ボロ・バルガスンに集中して居住していたようである。文化大革命の打撃を受け勢いは大幅に衰え、楊海英による一九九四年の報告で、モンゴル人カトリック信徒数は約二〇〇〇人ほどだったが、二〇二〇年の報告では八〇〇〇人に増加している（楊海英「変容するオルドス・モンゴルのカトリック——神父ジョセフ一族のライフ・ヒストリーを中心に」『西日本宗教学雑誌』一六、一九九四年、二一頁、同『モンゴルの親族組織と政治祭祀——オボク・ヤス（骨）構造』風響社、二〇二〇年、一〇二頁）。

（31）G・J・ラムステッド『七回の東方旅行』荒牧和子訳、中央公論社、一九九二年、四六頁。

（32）Broomhall, M., *The Bible in China*. Edinburgh: R. & R. Clark, 1934, pp. 130-131.

（33）Kemp. op. cit., pp. 369-370.

（34）Larson, op. cit., p. 271.

（35）SMMについての情報は、主にBland Stäppens Folk: År ur Svenska Mongolmissionens historia, *Evangeliska Östasienmissionen*, nr 6 (juni/juli), Årg 6, 1987, pp. 28-45による（ソブダによる中国語私訳『瑞典蒙古宣教史——在草原人民中的歳月』二〇〇四年を参照した）。

(36) 一八九八年、アメリカ籍スウェーデン人宣教師N・J・フリードストロム（N. J. Friedstrom）が建てた教会。現中国内モンゴル自治区バヤンノール市ウラド前旗新安鎮。

(37) J・エリクソンは一八九〇年五月二五日にスウェーデン王国ウプサラ市ハッデンギ村に生まれ、イギリスのリヴィングストン大学で医学を学び、一九一三年一一月、SMMの宣教師としてモンゴル教区のハローンオス宣教所に派遣された。一九一八年、ハローンオスで宣教師A・マリア（Annie Maria）と結婚した。マリアは一八九〇年八月二五日、スウェーデン王国ヨシショーピング市に生まれ、一九一三年一一月、スウェーデン同盟宣教により、中国に派遣されていた。エリクソンは多才な宣教師であり、医者としても内科、外科を問わず患者を診療し、腫瘍と眼の手術まで行っていた。一九三八年に帰国し、SMMの責任者兼秘書となった。一九四七年、再びモンゴルに派遣され、一九四八年冬からは、張家口でブリヤート・モンゴル人への救済活動をしながら、G・オレン、モンゴル人信徒リンチンドルジらと一緒に新約聖書のモンゴル語翻訳に携わった。一九四九年にスウェーデンに帰国したエリクソンは、SMMに勤め、ドイツのミュンヘンに避難してきたカルムイク・モンゴル人を支援する活動を行った。彼は、モンゴルに滞在している間（一九一三―三八、一九四七―四八年）に数多くの写真を撮っている。一九八五年、視力を失ったエリクソンは、これらの写真を故郷の大学であるウプサラ大学の図書館に寄贈した。一九八七年、ウプサラ市で世を去った。

(38) ヘディンはエリクソンについて「大工・左官・画家・鍛冶屋・機械工・運転手・植物学者・考古学者・言語学者・医者・宣教師と、何でもやる」と高く評価していた（ヘディン『ゴビ砂漠の謎』ヘディン探検紀行全集10、福田宏年訳、白水社、一九七九年、六一頁）。また、ハローンオス宣教所については、同書一六〇―一六一頁にも描写あり。

(39) Marthinson, A.W. The Revision of the Mongolian New Testament. *The Bible Translator* 5(2), 1954, pp. 74-78.

(40) 世界キリスト教情報は、一九九六年現在、モンゴルの福音派キリスト教徒を一万人ほどであると伝えている。

また、『クリスチャン新聞』一九九六年一〇月六日号は、福音派の信徒数を六〇〇〇人から一万人ほどであると記しており、R・レザーウッド（Rick Leatherwood）は、一九九八年四月までの改宗者数が約一万人であるとしている（RL（R. Leatherwood）, Mongolia: As a People Movement to Christ Emerges, What Lessons Can We Learn? *Mission Frontier* 1998(7/8): retrieved January 26, 2021 from https://www.missionfrontiers.org/issue/article/mongolia）。

（41）数値は、モンゴル福音同盟の情報による。信徒を自認する人の数を、毎週の礼拝参加者数の二〜三倍程度と考えると、およそ八〜一二万人ほどの「信徒」がいることになる。これは各種社会調査における人口割合三〜四パーセントという数値とほぼ一致する。二〇〇四年頃から少し減っているようにも見えるが、当時は諸機関・教会が信徒数増加を至上の使命に掲げていた時期であり、多めに見積もっていた可能性もある。

（42）Kemp, op. cit., p. 505.

第5章　ロシア宣教とモンゴル語聖書翻訳

荒井幸康

1　ロシアにおけるモンゴル系諸民族への聖書翻訳と東洋学

はじめに

一八一五年、モンゴル系諸民族の言語に聖書を翻訳したI・J・シュミット（Isaac Jacob Schmidt）の研究の足跡は、そのままロシアにおける東洋学研究の始まりだといわれる。一七九八年以降ロシアでの商売の傍ら集めた資料は、一八一二年にモスクワを襲った火事で多くのものが失われたとされるが、その中でこの一八一五年の聖書翻訳が生まれた。一八一九年、商売から身を引き学術研究に従事することで、モンゴル系の言語初の文法書や辞書をもたらした。彼の翻訳の情熱が、対象の理解を促進させ、ロシアにおけるモンゴル学、ひいては東洋学研究の発展を促した。

一八一四年、英国外国聖書協会から派遣されたイギリス人、スウェーデン人たちがロシアのブリヤート地域にやってくる。彼らはブリヤート人への布教や、さらには、国境を越えて、モンゴルでの布教を夢見て、ブリヤートに定住した。ブリヤート語やモンゴル文語、チベット語、満洲語を学びつつ、聖書翻訳へと突き進んだ。

ブリヤート人たちとは、バイカル湖の東西に住むモンゴル系の人々であるが、ロシアには「カルムイク人」と呼ばれるヴォルガ河西岸、カスピ海にも接する地域に住む、地理学上ヨーロッパといわれる地域にいるモンゴル系の人々もいる。

一九一〇年に正教会僧侶であったグーリー（ステパノフ）が残したカルムイク語への翻訳活動をまとめた文書を見る限り、活動は組織立ったものではなかったようである。この頃の翻訳活動は、カルムイクに向き合った宗教者個人の活動として存在し、それゆえ、翻訳の記録は残っているものの、翻訳それ自体が見つからないというものも多くあると記されている。

一九世紀、ロシア正教の組織内で発行されていた雑誌ではカルムイク語翻訳を俯瞰した論文を、他にポズネエフ、ボブロブニコフといった僧侶あるいは研究者たちが著している。翻訳にあたってそれぞれの理想を持っており、その見地から互いの訳の批判ばかりをしている。学問的な視点に立ってみるなら、結局は最後まで、翻訳の蓄積や、質の向上が見られなかったといえる。

一方、グーリーはモンゴル語系の民族に対するキリスト教布教の歴史を残そうとしていた。一九一四年に、二冊一〇〇〇ページにわたるカルムイク編を出版しているが、続編が出版されることはなかった。一九一七年、ロシア革命がおこったことで出版が止まってしまったと考えられるが、グーリーの集めたその他の地域の資料は世に出なかった。

本章では、ロシア革命に至るまでの時代、ロシア地域にいたモンゴル系諸民族、カルムイク人、ブリヤート人たちへの宣教（その活動の先に他地域のモンゴル系への宣教も見える）のため、どのような活動が行われたのかを概観することにしたい。

2　ブリヤートとカルムイクの民族、言語的特徴について

まず、ブリヤート人についての話から始めよう。一七世紀の初めにロシア人と接触し、その後徐々にロシアの版図に編入されていった。最終的にバイカル湖周辺のロシア領内にいるモンゴル系の民族をまとめて名付けた名前で、実際は一つの集団の体をなしていなかったようである。

ブリヤート全体を一つの総体として書かれた歴史書は一九二六年M・ボグダノフの『ブリヤート・モンゴル民族略史』まで存在しない。この本自体も体系的な体裁はとられておらず、様々な論文から構成されているものであるので、厳密にはやはり総体としてのブリヤートをあらわすものとは言えない。

一八二二年、シベリア総督であったM・スペランスキーによる、シベリアの少数民族に対する抜本的な改革が行われ、この改革によってブリヤート人には「草原議会」なる自治組織を作ることが決定された。ただし、この草原議会は、ブリヤート人たちを一つに統合する組織ではなく、各部族が個別に草原議会を作るという形でまとめられたものであった。

ブリヤート民族を一元的に管理する組織とはならなかったものの、この草原議会により、様々な行政管理にかかわる文書がブリヤート人たちのことばで作成されることになった。バイカル湖東部においてはモンゴル文字によってモンゴル語で記録されたものが蓄積され、一八六〇年代にホリ・ブリヤート、バルグジン・ブリヤートなどにおいては、それ以前のものを含めて歴史を編纂した文献が数多くつくられることになった。

一方、バイカル湖西部のブリヤートにおいてはどのような形で記録されたかの手掛かりがない。西ブリヤート人たちの歴史をまとめた本、『ウスチ・オル・ブリヤート自治管区の歴史』(1)などで言及されていない。公文書の大部分を収めた文書館が一九世紀に頻繁に焼失していることが原因だが、ロシア語で記録がなされた可能性も考えられる。

歴史書の話から話を始めたのは、ロシアからの名付けというくくりがなければ、ブリヤートが一つの民族という意識がなかったのではないかと考えるからで、その経緯を説明すべきと考えたからである。このことは、ロシアにおける宣教の議論を考えるうえで、対象をどうとらえるかの非常に重要な前提となっている。

一方のカルムイクにおいては、部族的な集団の違いはより明確であり、それぞれが政治体、軍事集団としての機能を持っていたものの、最盛期の一七世紀末から一八世紀前半のアユーキ・ハーンの時代には、一つにまとまった組織になっており、主体的に動く政治的な単位と考えられた。ブリヤートは、南のモンゴルからロシア側に切り取られるようにして成立した地域であり、またその民族的にも、バイカル湖東部にいたホリと呼ばれる人々や、西から来たオイラト系、南のモンゴルから漸進的に北上してきたハルハ系など多様な起源をもつ人々から構成されている。

ブリヤートにおける方言の差異という意味で、まず抑えておきたいのは、ブリヤート語の方言分布である。大きく分けて三つの地域に分かれる。一つがバイカル湖の西、特に一八五三年の「ラマ教団法規」がニコライ一世に採決されることによって、仏教の布教が禁止されたバラガンスク、イダ、クダ、ヴェルホレンスク、オリホンといった西ブリヤートの地域である。[2] このほか、イルクーツクからイルクート川をさかのぼった南に位置するトゥンカ地域は一八五〇年代にブリヤート人の多くがキリスト教徒となった地域であった。現在はブリヤート共和国の西端となっているが、このような経緯から見て西モンゴルに分類してよかろう。

二つ目の地域が、ブリヤートのバイカル湖東の地域である。多くはホリ・ブリヤートと呼ばれ、その中には現在のザバイカル地方のアガと呼ばれる地域に住む人々も含まれる。なお、バルグジンと呼ばれる地域のブリヤート人は、モンゴルの西からバイカル湖を越えて東側に移っていた人々である。現在の内モンゴル、ホロンバイル地域の新バルガ、陳バルガとの関係があるのではないかともいわれている。

三つ目の地域が、現在のモンゴル国境付近にモンゴルから移住してきたセレンゲ・ブリヤートの人々の住む地域である。その方言的特徴も現在のモンゴル国の中心支族であるハルハ・モンゴルに近い。セレンゲとホリのブリヤート人たちはモンゴル文字も使っているが、西ブリヤート地域ではロシア革命前、ほとんど使われていなかった。西ブリヤート人地域にはイルクーツクには、一九世紀後半よりロシア人の農民が移住しており、ロシアの影響を強く受けて農耕をし始めたブリヤート人もいた。

現在、ブリヤート人たちのことばはモンゴル語からは切り離されて、ブリヤート語としてホリ・ブリヤート方言を基準に標準化されている。一九三六年まではモンゴル文字が使用され続けておりモンゴル語との結びつきがあったが、書かれた文書はブリヤート的な特徴が存在したとされている。

いずれにせよ、一九三六年までは、文字の共通性によってブリヤートで作られた書籍は、ブリヤートに止まらず、北京やイフ・フレー（現モンゴル国ウランバートル）といった地のモンゴル語を理解する地域でも読むことができた。広くモンゴル語の言語市場の範囲に流通を期待することができたということもできる。

一方、カルムイク地域を含めた現在の新疆や青海省などに分布する西モンゴル系の人々の間では、一七世紀後半から、「トド文字」と呼ばれる、文字と音韻の関係がモンゴル文字より明確になるようにアレンジが加えられた文字が使われていた。

このような両民族に対してどのような聖書翻訳活動がなされたのだろうか、まずはブリヤートにおける聖書翻訳活動の推移を見ていくことにしよう。

３　ブリヤート語への聖書翻訳活動

初期段階　（シュミットとイギリスの宣教師たちの活動）

ブリヤート人とロシア帝国の最初の接触は一七世紀であるが、ブリヤートにおける聖書翻訳は、それほど古い話ではない。

シュミットがカルムイク向けの翻訳を準備していた一八一三年に、ロシア聖書協会設立の際、ブリヤート貴族からの比較的大きな寄付があり、それに基づいてブリヤート語へも翻訳が始められようとしていたのである。

シュミットの行った翻訳活動の一環として、二人のホリ地域出身のブリヤート人バドマ・モリソン（Бадма Мурисун）とノムト・オダイン[3]（Номто Одаин）が呼ばれ、翻訳に従事したのが最初といわれる。アメリカの研究者マレーによれば、ブリヤート人の行った新約聖書の翻訳は「モンゴル語」への翻訳といわれるが、実質は、西モンゴル方言を基礎にトド文字で翻訳されたものを、モンゴル文字（ホダム文字）に移し替えたものだったようである。ただ、単なる文字の移し替えでは、東のモンゴル方言話者に理解できる翻訳にならないと感じたのか、一八二六年以降の新約聖書の翻訳に至っては教会スラブ語から直接翻訳を試みている。[4]このようないきさつでブリヤート人に対して一八二〇―二一年ごろに出版されたのが、四福音書と『使徒言行録』であり、さらに一八二七年ごろに出されたのが教理問答集である。イルクーツクの研究者ティワネンコによれば新約聖書は二〇〇〇部印刷され、バイカル湖周辺地域にも配布されたという。[5]

時を前後してイギリスやスウェーデンから一八一七年、宣教師たちがペテルブルグにやってくる。彼らは、一八一九年、東ブリヤート地域のセレンギンスクに落ち着いた。

宣教師たちがこの地を選んだのは、まず、西ブリヤート地域よりも、モンゴルに近い地域であり、文字伝統がよりしっかりと根付いている地域だからであった。[6]

その後、より良い宣教環境を求めてホリ・ブリヤート地域に移り、最終的には三人の宣教師が三つの場所（ホリ・ブリヤート人地域二か所とセレンギンスク）に分かれて住むことになる。アレクサンドル一世の治世下で始まった計画であるが、続くニコライ一世の下では正教と違う宗派の布教がきらわれ、徐々に排除の圧力が強まり、一八四〇年に完全に宣教活動を終えることとなる。それまでの足跡を追ってゆくのが初期段階となる。ティワネンコは、この地域においてモンゴル語の翻訳を完成させることによって、南のモンゴルへの宣教の道を開くことを目的の一つとしていたと指摘する。

一八二九年には、E・ストリブラス（Edward Stallybrass）、W・スワン（William Swan）、R・ユイル（Robert Yuille）の三人は、すでに新約聖書をほぼすべて翻訳しており、ロシア語モンゴル語、モンゴル語ロシア語の辞書、教会の運営する学校用の数学、幾何、三角関数、その他の教科書を準備し終えていた。調査旅行中にセレンギンスクで彼ら三人に会ったカザン大学のモンゴル学者O・M・コワレフスキーは、彼らの活動を高く評価しつつ、そう書き残している。(7)

C・R・ボーデン（Charles R. Bawden）は、ストリブラスとスワンの業績を重視しているが、ティワネンコは、もう一人、スコットランドから宣教師として赴任していたユイルの役割に注目し、彼らがブリヤートにいる一八四〇年に出版にまでたどり着いた旧約聖書はユイルによる精力的な活動の成果であったことをあきらかにしている。

また、ユイルはモンゴル語のみならず、チベット語を学んでいた。慎重だが学術肌でなかったストリブラスと年少のスワンに比べて、ユイルの才能は認められなかった。最終的に、ユイルはシベリアの宣教団からは一八三九年に追放される。(8)

この宣教師たちも一八四一年に、ロシアにおけるナショナリズムの高まりと正教による他宗派の排除の方針により国外追放が決まり、宣教活動が停止される。

ストリブラスとスワンは、その後も聖書翻訳の作業を非常に慎重に進め、一八四六年、満洲文字の活字を使い、ロンドンで新約聖書を出版した。どのような経緯で、満洲文字の活字を得て、ロンドンで出版したのか、その詳しいことはよくわかっていない。

イギリスの宣教師たちの追放後

その後、ブリヤートに対する宣教活動と聖書翻訳は、口語に重きを置く傾向が強まり、さらにロシア人との混住地域である西ブリヤート、トゥンカで一八五〇年代に多くの信者を獲得した「成功」を踏まえて、西部での活動が重視されていく。ここでは少しさかのぼり一八世紀終わり、政教分離がなされる以前の学校教育から検討してゆく。

学校教育

ロシアにおいて、学校教育は一八世紀の後半になってから現れるが、ブリヤート人の住んでいた地域での最初の国民学校は一七八九年イルクーツクにできたものだった[9]。

一九世紀の初め、東部シベリアの農村やブリヤート人集落にロシア人やブリヤート人の農民などの出費で維持された最初の学校が出現し始める[10]。

一八〇四年、ロシア人教師ガブリール・ナデジディンなどを迎えて開校された西ブリヤートのバラガンスク地域最初のブリヤート人学校ではロシア語、モンゴル文語、算数、道徳、教会史、教理門答、神の法（закон божи）などが教えられていた。これがブリヤート人への体系的な宣教の初めということができるかもしれないが、この時使われた教科書などは現存していない。そのため、教科書が何語のもので、どのような文字が使われたのかははっきりしない。ともあれ、西ブリヤートには、モンゴル文字がそれほど広まっていないことから、生徒たちが理解できるよう、教授言語としてはブリヤートの方言が使われたことが推測される。

このバラガンスクの学校は七年間存続したが資金不足が原因で閉校となる。一八一八年学校は再開されるが、一八二五年「学費徴収の不足により」再度、閉校された[11]。

一八二〇年時点では、イルクーック監督庁には二五の学校と八六二人の就学者があったことが分かっているが、資金が続かず、五年後には半数が閉校になっている。それらの学校に毎年五六五ルーブルという高い維持費がかかり、かつ村の教会管轄下に、必ずしもブリヤート人向けではないが、宗教学校が存在するので「不必要である」と地方当局が判断したことなども閉鎖の理由だったという[12]。ここで挙げられた学校は、キリスト教関係の科目はあるにせよ、あくまで世俗学校のものであり、かつまた教会の学校のデータは把握できていないというのが現状である。

なお世俗学校に関して、東部においても、一八〇六年、ホリ管轄区の中心地オナでオナ・ブリヤート学校が創設されており、一八一六年にはイダ（ボハン）およびトゥンカ、一八一八年には南部のセレンゲ、一八三〇年にはアラルに学校がそれぞれ建てられている。このような学校はその後、草原議会の管轄下にあり、これらのブリヤート人学校では「教会学校用の科目とモンゴル語文法」を教えていたという。セレンゲ・ブリヤート学校の学事報告書に「全就学者が一学級に集められ、読み方、書き方算術の初歩を教わり、その際、教理問答、宗教史を聴き、同時に聖典の一部の読み方およびモンゴル語文法も教えられる」と報じられていることから、仏教と浸透した東ブリヤートにおいても、世俗学校という名で運営されていたものの、キリスト教的な教科が教えられたと考えられている[13]。

いずれにせよ東西ブリヤートいずれにおいても、学校教育は予算の関係で長続きしなかった。アメリカの研究者モントゴメリーによれば、ブリヤート語で授業を教えられる教師は二〇世紀に至っても不足していたという。たとえ、ロシア人でその教員不足を補ったとしても、一九世紀においてはロシア人教師の八五パーセントはブリヤート語を知らなかった。彼らの多くは通訳を雇い、物まねやジェスチャーによって授業をしなければならなかったが、中にはブリヤート語が流暢にできたものもいた[14]。なお、極端な例ではあるが、ブリヤート語での教育の無理解と不信感から、キリスト教の洗礼を受けたブリヤート人教師の中にはブリヤート語をなるべく使わせないようにするためにわざとロシア人学校へ赴任させられたこともあったという[15]。

キリル文字の採用

シュミットがカルムイク語への翻訳を行った際、トド文字で選択したのは、階層的に上層である識字者を宣教のターゲットとし、そこからカルムイク社会への浸透を狙ったからであった。最初期のブリヤート語の翻訳も同様にモンゴル文字を採用した。のちにやってくるイギリスの宣教師たちのように、国境を越えモンゴルへの宣教をも視野に入れていた可能性も考えられる。

だが、ロシア人との混住地域においては、ロシア語と同じキリル文字がブリヤート人たちにとって読み書きのできる唯一の文字となっており、日常の覚え書きもキリル文字で書かれていた。そのため、キリル文字を使った地域の口語に基づいたブリヤート語での翻訳を作ろうという試みが現れてくる。

一八二五年に至るまで、西ブリヤートにおいてキリスト教改宗の試みはほとんどなされなかった。しかし、同時期のイギリスの宣教師たちの活動に刺激を受けてか、イルクーツク県庁ならびに、イルクーツク正教監督管内の伝道団は西ブリヤートのトゥンカ・ブリヤート教区においてロシア正教の布教を始めた[16]。

イルクーツクの司祭が聖務会院に報告した記録に、一八三四年に礼拝の言葉が「モンゴル語」に翻訳されたとの記録が残っているが、この報告と同時に、司祭アレクサンドル・ボブロブニコフによる朝と夕の礼拝の祈禱、礼拝の言葉を地域の人々が分かりやすい言葉に翻訳するようにとの命令が残されている[17]。この「モンゴル語」で表現されたことばは、ブリヤートとモンゴル共通で使われていたモンゴル文字をベースにしたモンゴル文語を指していたかもしれないし、ブリヤートの諸方言のうちの一つを採用したものを指していた可能性もある。ただ、少なくとも、語り掛ける言葉は現地の人々の話す言葉を使えという指示がなされていたことを意味している。また、その口語を記録する手段としては、その後の展開も鑑みると、キリル文字が選ばれていたのではないかと推測される。

同時期に、先ほどから何度か名前が挙がったバラガンスク管轄区の学校においてもキリル文字でブリヤート語を書く試みがなされる。一八四三年、バラガンスク管轄に住むブリヤート人教師ヤコフ・ボルドノフ（一八〇八—一八四九）はキリスト教徒であったが、彼は最初モンゴル文字で「民族学校の生徒規則」を出版したが、西ブリヤートではあまり支持を得られなかったのか、その後は、文字をキリル文字に切り替えることにしたようである。一八四七年にブリヤート語訳した祈禱書を出版した際に使ったのはキリル文字であった。さらに、子供用の読み書き読本もキリル文字で出版を予定していたが、一八四九年の彼の死によって中断された[18]。

この活動は彼の甥にあたるN・S・ボルドノフ[19]（一八三三—一八九九）によって引き継がれ、彼はP・スヴェンコの『宇宙について』という初等読本を一八六三年に訳した（一八六五年説もある）[20]。サンクトペテルブルグで一八六六年に出版されるロシア語ブリヤート語辞典の編纂にも参加している。この二つの作品ではブリヤート語を表す文字としてキリル文字が使われている[21]。

これらの本の翻訳は東シベリア政府の高職にあったエウゲーニー・ジューコフスキーによって依頼されたものであった。翻訳する際に、どの方言を基礎にしてどの文字を使って書くかが問題になったが、議論の結果、彼らはセレンゲ、ホリ、イルクーツクの方言の中からイルクーツク方言つまり西ブリヤートの方言を選択し、キリル文字を「何の特別な記号を加えることなく」用いることに決定した。ロシア文字は印刷が容易であったし、西ブリヤートではモンゴル文字による読み書きができるものより、ロシア語による読み書きができるものの方が多かったからである[22]。

ニルとドルジーエフによるブリヤート語翻訳

一八五〇年代、イルクーツクの大主教ニルと、仏教僧から転じてキリスト教の聖職者となった彼の部下N・N・ドルジーエフによる、一連のブリヤート口語への翻訳は、先述の司祭アレクサンドル・ボブロブニコフらの活動を継承し見直す形でなされた。その際、（一）口語として使われないモンゴル語の語彙は使わない、（二）オリジナルに忠実である、しかし、(三)耳障りで繰り返しになる言葉は使わないという三つに注意した翻訳がなされたといわれる[23]。

ニルとドルジーエフが目指したものはキリル文字による標準語となるようなブリヤート語がない時期に、新たな創造性や柔軟性をもって用いることができる言葉を探ることであった。それは、すでにあるモンゴル文字による語彙では、翻訳に困難を感じたキリスト教の語彙を新たに作成するということを意味した。

とはいえ、一八五八年に最初に出版された二冊の祈禱書『モンゴル語による祈禱書』および『キリスト教の教えの初歩』[24]の翻訳には、この翻訳が「モンゴル語」であると記されており、一八六九年に出版された『三歌斎経』では「ブリヤート・モンゴル語」と記されていたという[25]。

この二冊の祈禱書が世に出ることによって、ブリヤート語が十分に話せないロシア人司祭たちも、ブリヤート人たちの前で彼らに分かることばで礼拝を行うことができるはずであった。しかし、ペテルブルグで出版されると、この本に対する批判が沸き起こる。ニル自身十分なブリヤート語の訓練を受けたはずであったが、最終的なチェックを請け負う資質が問われたのである。先述の通り、もう一人の翻訳者ドルジーエフは元チベット仏教僧であった。元仏教僧であることから、日常の語彙とはかけ離れたチベット語や文語的なモンゴル語を使って翻訳されていることが問われ、さらに、逆にキリスト教理解が十分にできていない（仏教的な理解にひきつけた理解をしている）ことへも疑問が持たれた。

単に「自分以外の誰かが、中央に認められペテルブルグで出版したことが気に入らない」というだけなのかもしれないが、ブリヤート語の多様性に対し、ひとつの標準語を作って対処することへの無理解、つまり、様々な地方に散った宣教師たちが、「自分の知っているブリヤート人の言葉と違う」ということにかこつけて口々に批判したということも考えられなくもない。

カルムイク語への翻訳の活動においても議論されることになるが、専門的な語彙へのこだわりから、宣教師同士、少しの違いも許すことができず、ブリヤートの事例と同様に、お互いがお互いの翻訳をけなしあっていた。ブリヤート人全体を包括する政治や経済の中心地が存在せず、そのため、標準としてまとめられる抜きんでた方言がない社会言語的状況においてはどうしてもでてくる批判であり、やむことのない議論であった。

その後、ニルは一八五三年にはヤロスラブ教区の主教に昇進し、ドルジーエフはペテルブルグ大学東洋学部で働き始めた。一時期、ドルジーエフはニルに呼ばれ、ヤロスラブで働くという生活を一八六七年まで送った。ニルは、上級職に昇進した身であるので、批判をすることはあまり許されなかったが、その分、その部下のドルジーエフに批判が集中したということかもしれない。ドルジーエフは一八六七年から一八六八年まで再度イルクーツクに呼ばれ、激しい非難を浴び、その後、トゥンカに送られるが、そこではほぼ何の活動もできなかったという。

イルクーツク教区の翻訳委員会とその翻訳活動

一八六三年、イルクーツク教区において翻訳委員会が新しく立ち上がった。そこでも、イルクーツクのブリヤート人たちの話し言葉を表記することを確認している[26]。

ここで中心的に翻訳者として活躍したのは東ブリヤートのアガ出身のブリヤート人、ヤコーブ・チストヒンである。彼は、父親がキリスト教徒で、キリスト教徒として育った人物であった。西ブリヤート地域の言葉の母語話者でない彼が、西ブリヤート地域の中で最も頼りにしたのは、正教徒たちの多かったトゥンカ地域であり、そこで収集した民話やなぞなぞを発表もしている。高い教育を受けた現地住民が、仲介となり、翻訳資料を残すという現代的な「植民地的研究」の手法からすれば、その先駆けだったともいえよう。

教会関係の翻訳活動の成果としては他に、一八七八年カザンで出版された『旧約聖書と新約聖書の神聖なる歴史』（Священная История Ветхого и Нового Завета）などが知られる。同じ一八七八年にイルクーツクの司祭であったアレクサンドル・オルロフが作った『ブリヤート・モンゴル口語文法』には、チストヒンの記録が多く引用されている。

しかし、このオルロフの著したこの文法書は、ロシア中央で認められることはなかった。ペテルブルグにおいて正教の翻訳活動にかかわっていたポズネエフの意向が関わっていたといわれているが、オルロフ自体は中央に出戻ったドルジエフが邪魔していると考えていたようである[27]。

ここで言及されたポズネエフは、ロンドンとかかわりを持ち、一八八四年、九〇歳で亡くなる前のストリブラスが行った一八七九年の新約聖書の翻訳にも協力した人物である。チストヒンは一八七〇年代、一八八〇年代に活躍するがその後は消えてしまう。二〇世紀の初めに至って、正教徒のブリヤート人、ポッドゴルブンスキーが一九〇九年に編纂した『ロシア語ブリヤート・モンゴル語辞書』が出版される。

とまれ、この辞書は聖職者としての職務と切り離した形でなされた著作であり、彼は翻訳活動などには従事しなかった模様である[28]。

その後さらにV・フロレンソフ（Василий Флоренсов）という人物が新たな翻訳プロジェクトを立ち上げ、若干翻訳を行ったようだが、実際、イルクーツクにおいて、どのような翻訳を行おうとしていたか、革命により資料が散逸してしまい、彼が何を行おうとしていたのか再構成が不可能であるとマレーは述べている[29]。

なお、このフロレンソフには、『イルクーツク教区における翻訳活動の歴史より[30]』という著作がある。この著作は、イルクーツク教区での翻訳活動史概略である。一八―二〇世紀初めまでの翻訳活動の中には、国境外の日本語や満洲語、国内のツングース語とブリヤート語が含まれる。最も多いのはブリヤート語。モラヴィア兄弟団や英国外国聖書協会の宣教師からの刺激を受け、一九世紀中盤から翻訳に本腰を入れており、特に一八六〇年代には、キリル文字を使って異民族の母語で布教活動をしていくシステム、いわゆる、イリミンスキー・システムの影響を受けてキリル文字での翻訳が多く本が出された[31]。同時期、異民族言語教育推進派に呼応して同化主義者の運動も活発になっていく。ブリヤートにおいては、一八七〇年代には、ブリヤート人たちの多くはすでにロシア語を知っているので必要ないと主張するものも現れる。こうした翻訳不要論を唱える同化派が主流派になると翻訳活動はしばしば停滞した。その後、紆余曲折をへて、フロレンソフは、新規に翻訳活動を展開しようと考え、過去の活動を確認するために、このような概略をまとめたものと思われるが、それが実現することはなく、ロシア革命を迎える。

4　カルムイクにおける翻訳活動

民族史は総じて、その中核となる人々の活動や出来事が記される。3節で扱ったブリヤート人は、ロシアのシベリア征服とともに、ロシアに帰属していった民族であるが、カルムイク人は一六〇九年、オムスクでロシア人と始めて接触し、ロシア臣民としてではなく、当初は、現在の新疆ウイグル自治区北部にいた西モンゴル系の人々が良好な牧草地を求めて西進していった結果、ロシアと接触を持った人々であった。彼らとロシアの間には単純な支配・被支配では割り切れない微妙な関係が存在した。

カルムイク人たちはロシアの制止を振り切って西進し、一六三〇年代から一六四〇年代に、北コーカサス、ヴォルガ河畔に落ち着いた。当時この地域はロシア人が征服してからまだ間がなく、支配がそれほど確立されていない地域であった。ドン河流域にはコサックがおり、ロシアはアゾフ海への入り口を確保できていない時期であったが、このコサックとあわせ、カルムイク人たちはロシアとコーカサスの諸民族の間の「防波堤」としての役割を期待されることになる。

また、仏教徒であったこと、つまり、ロシア人たちが信仰するキリスト教（ロシア正教）と敵対する、多くの北コーカサスの諸民族が信仰するイスラームとは異質な宗教を信仰する人々であったことも、彼らがロシアと同盟関係を作ることができた理由の一つとして付け加えられるかもしれない。

カルムイクは、アユーカ・ハン（一六四二―一七二四、在位一六七〇―一七二四）の時代にカルムイク・ハン国として最盛期を向かえた。その後は、内部抗争を繰り返して弱体化し、ロシアとの関係も同盟に近い関係からほぼ支配・被支配に近い関係に変化して行った。支配関係に耐えられなくなったカルムイク人は、一七七一年一月、意を決し、ヴォルガ河畔を離れ、新疆へと去る。カルムイク・ハン国は事実上崩壊し、残された人々は、ロシア臣民となり、居住地域は内地化されて、二〇世紀に至る。

ヴォルガ河下流域に住むカルムイク人たちへの宣教活動はどのようなものだっただろうか。その全体像はなかなか見えてこないが、その中で、Ｋ・Ｖ・オルロヴァの『カルムイク人キリスト教化の歴史』[32]は一七世紀の半ばから二〇世紀の初めまで、ヴォルガ河下流域などに広がって活動したカルムイク人たちのキリスト教化の歴史を扱った数少ない作品の一つである。カルムイクの仏教に関する研究は数多く存在するが、カルムイク人のキリスト教に関する研究は、ロシア政府のカルムイクにおける宗教政策を研究した歴史家ドルジエヴァの『カルムイクにおける仏教とキリスト教』[33]を含めきわめて少ない。

ここでは上述オルロヴァの著書の他、僧侶グーリーの「カルムイク語への翻訳活動――カルムイク語への典礼と宗教・道徳関係文献翻訳」、バヤノフ、サンジエフの「カルムイク語での正教出版――オイラト書籍の伝統的な形式のもの」などを元にロシア革命前のロシア正教のカルムイク語（ロシア文字あるいはトド文字）への翻訳活動を振り返る。[34]

カルムイク人に対する布教活動概観

カルムイク人が初めてロシア政府の記録に現れるのは一六〇九年である。そこから、一七七一年に、大部分がもともといた故地へ帰還するまでの時期と、それ以降ではカルムイク人に対するロシア政府の扱い方が大きく違うことがわかっている。以下は、上述のオルロヴァの著作の第二章、第三章をまとめたものである。

オムスクでロシア政府と初めて接触した後、カルムイク人は、一六三〇年から一六四〇年ごろ、ヴォルガ河周辺に落ち着く。そこで、一八世紀初め、アユーカ・ハンの時代にカルムイク・ハン国は絶頂を迎えたが、そんな時期でも、内部では抗争が生じ、周辺に逃れざるを得なくなったカルムイク人たちがいた。東に位置する同系のジュンガルに逃れた人々もいたであろうが、北あるいは西に逃れ、ロシアを頼った人々もいた。ロシアを頼った人々の中にはキリスト教徒となった人々もいたことが記録されている。一番早いものは一六三九年ドン河付近のチュグエフへ逃げてきた一団の記録で、ヴォルガ河畔にたどり着いてから一〇年もたたないうちにすでに内紛があったということになる。

一七七一年までの時期で、ロシアを頼った人物の中で最も重要と思われるのはバクサダイ・ドルジである。彼は先述のアユーカ・ハンの息子の一人であり、ロシアを後ろ盾に、カルムイク・ハン国の後継者の地位を得ようと考えた。キリスト教徒になる意思を示し、サンクトペテルブルグにやってきた彼は、一七二四年一一月一五日、ピョートル一世参列の下、洗礼を受けた。その際、「父親」（代父）となったのはピョートル大帝であり、彼自身も洗礼後ピョートル・タイシンを名乗った。しかし、ロシアの後ろ盾をもってしても、後継者になることかなわず、カルムイク・ハン国領域外に追いやられたまま生涯を終えた。

この出来事が象徴するように、カルムイク・ハン国の支配階級のほとんどが去る一七七一年まで、ロシアはカルムイク人たちに介入することができず、当然、カルムイク人への布教などはもってのほかといった状況だったようである。

ロシアにとって南から来るイスラーム教徒の脅威に対する防波堤でありさえすればいいカルムイク人が、強大になり、自分たちに牙を向く危険性を常に警戒していた。カルムイク内部の結束が固かった時期において、力を殺ぐためにロシアのできることは、この時期避難してくる人々を保護することだけであった。キリスト教の布教は主に、このように保護を求めてくる人々に対して行われたようである。といっても強制力を伴わず、また、しばしば、カルムイク側から、逃亡した領民を返還するように要求された。ロシア側はキリスト教徒になった人々を保護すべきだと思いつつも、時によってはその圧力に負け、返還の要求に応じることもあった。いずれにしても、こうして、カルムイク・ハン国の力の及ばない領域にもカルムイク人が移住することがあったということになる。ドン河流域やその周辺、オレンブルグ、テレグ河流域のコサック人地域などにも、この頃、カルムイク人たちが散発的にやってきている。特にオレンブルグは、多くのキリスト教徒が住んでいることが知られており、一九二〇年にソビエト連邦においてカルムイク人が自治を認められた際に、現在のカルムイク共和国への移住が呼び掛ける革命家が派遣されていた。

一八世紀になるとロシア南部にも要塞がつぎつぎと建てられ、防衛網が整備されていった。これにより、ロシアが自力でこの地域を支配できる体制がかためられていく。さらにロシアの内地やドイツからの移民がやってくると、次第にカルムイク人たちの移動が制限され、困窮する人々が多くあらわれた。一七七一年一月のカルムイク人たちは新疆への「帰還」はこのような状況の中敢行されたのである。

軍事力の巨大な真空地帯ができたことで、プガチョフの乱が起きてしまうなど、この地域の情勢が大きく変化した。残ったカルムイク人は、組織内部での統一的な統制が取れず混乱した。一八世紀末から一九世紀前半に至るまで、カルムイク人たちの管理に関するロシア政府による多くの法令が出され、カルムイク人は内地へと組み込まれてゆく。特に一八二五年、それまで外務省の管轄にあったカルムイク人が内務省へと移されるのは、それを象徴した出来事といえるだろう。

これを好機と考えたロシアのキリスト教組織はカルムイク人地域に宣教師を送っていく。同時に、カルムイク人地域にロシアやウクライナから移民していく農民の宗教上の日常生活を支えるため、キリスト教の教会や宣教師の臨時宿泊施設などが設けられていく。とはいえ残されたカルムイク人たちは、仏教組織を立て直し、仏教徒としての生活は維持したようである。これまでとは違い、法律を含め日常生活にも介入できるようになったロシア政府は、キリスト教への強制改宗は行わなかったものの、仏教僧の数を制限することで、その影響を削ごうと試みている。

結局は、布教活動は一定の成果を挙げたものの、安定した組織が維持できなかった。場合によっては、布教に成功した地域の人々がまた仏教に逆戻りするケースも見られた。その原因に関して、宣教師たちは仏教組織の根強い抵抗が存在したことを強く主張している。

まとめるなら、一七七一年まで、カルムイク・ハン国周辺の地域に逃げてきたカルムイク人に対する布教であったのに対して、一七七一年以降はかつてカルムイク・ハン国であった領域へ踏み込んでの活動であったということになる。ただ、カルムイク・ハン国解体以降、カルムイク人たちはアストラハン、ドン、スタブロポリと三つの領域に分割され支配を受けていた。このため、布教活動もカルムイク人が帰属する領域ごとに分断され、ひとつのまとまりをもてなかったようである。

翻訳活動

「主の祈り」「イエスへの祈り」「十戒」などを翻訳してカルムイク人に提供する試みはすでに一七二四年にあったようである。グーリーによれば、翻訳活動は、「カルムイク語翻訳活動の始まりはニコディム・レンケーヴィッチを首班とするカルムイク人に向けた特別宣教団創設時から」である。彼以前にも、初めの祈禱書や「十戒」や「使徒信条」がカルムイク語に翻訳されていた。受洗カルムイク人として少なからず参加したバクーニンが翻訳活動を行った時期である。さらにさかのぼると、サレプタ兄弟団の宣教団による「主の祈り」のラテン文字で転写された形での翻訳もあったという記録がある。

一八一五年、現存する最古の『マタイ福音書』がトド文字で出版された。この章の冒頭でのべたシュミットの訳で、表紙には「カルムイク─モンゴル語で」(In Linguam Calmucco-Mongolicam)とラテン語で書かれていた。一八一四年出版のロシア聖書協会の報告書にもその一部がサンプルとともに報告されている。[35]その後、ルカ、ヨハネ福音書、使徒行伝の翻訳も出されたが、いずれの翻訳に関しても、グーリーは「不自然な単語」やモンゴル的な表現が残っていると指摘している。また、その原因をブリヤート人の二人の助手に帰している。

一八四〇年代にはディリゲンスキー、ペリメン・スミルノフ、アレクセイ・ボブロブニコフ、そして、カルムイク人のロマノフとニコノフといった宣教師が次々と翻訳を試みていた。一八六〇年代にはデオニシイ・アレクセーエフやニコラエフといった僧侶たち、一八八〇年代にはマトベイ・マンジエフやポズネエフといった人々が現れて翻訳活動を行っている。なお、ポズネエフはカルムイク、ブリヤートにまたがって活躍した稀有な人物の一人であるが、彼の翻訳した『新約聖書』はブリヤートに対するものと評価されている。

これらの宣教師たちがカルムイク人を対象として翻訳したものは、どれも組織的に行われたものでなく、他の宣教師や僧侶からは、いずれも正確に訳されていないとの評価が残っている。おたがいを非難するような傾向は最後まで変わらず、一九世紀半ば、カザン大学教授ボブロブニコフ（父親は先述の司祭アレクサンドル・ボブロブニコフ、母親がブリヤート人だったといわれる）による宣教師の翻訳の評価は、特に非常に厳しいものであった。二〇世紀初めのポズネエフに対する匿名の「П・К」なる人物による評価も芳しいものとはいえない。なお、最初期の翻訳に関しては「訳されたという記録があるだけで、実際の書物が残っていない」との記載がグーリーの論文にもあり、すでに革命以前の段階で存在しなかったことが窺える。

グーリーによれば彼のいた時期まで残っていた最初の聖書翻訳は、一八四〇年代初め、具体的にはあまりよく経歴が知られていないエブゲニャによるものとあるが、やはりその訳語に関して厳しい評価を下している。

なお、教育・啓蒙活動を伴った翻訳活動に関しても、各地で散発的に行われ、学校などが建てられても数年で休止状態になることの繰り返しであったことがオルロヴァの著書に詳細に語られている。この点はブリヤートと同様である。グーリーによれば、「主の祈り」の翻訳などの翻訳を行い、『ロシア語・カルムイク語辞典』を一八五七年に編纂した人としても知られるＰ・スミルノフはアストラハンで宣教活動に積極的に関わり、カルムイク人に対する説教をカルムイク語で行い、多くのカルムイク人を魅了したとある。ただし、これも個人的な活動に留まり、他の宣教師によって継承されることはなかった。

スミルノフを初めとする大規模なキリスト教団体による教育・啓蒙活動はロシア人たちの世俗教育も進んだ一九世紀の終わりごろに行われるのだが、それも、教会が最初に建てても、途中で世俗学校に転換したり、あるいはその逆に世俗学校が途中から教会が経営するものに変わったりするといった不安定な状況であった。

さらに、宣教師を養成する学校の設立も各地で試みられているが、無事教育課程を修了しても宣教師になるものはほとんどいなかったとグーリーは記している。宣教師になったカルムイク人の例がオルロヴァの著作で紹介されているが、それはロシア人地域へ赴任させられたものであった。その原因は語っていないが、ブリヤートでも見られたとおり馴れ合いをさけるという意味であったかもしれないし、あるいはその信仰の誠実さをロシア人たちから疑われていたということかもしれない。なお、オルロヴァの著作でみる限りでは、翻訳に関わった人物のリストには、カルムイク人とわかる名前が二例しか載せられていない。ブリヤート同様、カルムイク人によって翻訳されたものは、しっかりした信仰や知識に基づかないものと評価され、信用されなかったのではないかと考えられる。一方で、ここまで挙げたロシア人たちのカルムイク語の能力に対する他の宣教師からの評価は、翻訳ができるほどの高度なものではないという批難ばかりであった。

なお、グーリーの「カルムイク語への翻訳活動」では冒頭で、翻訳自体に反対している宣教師たちがいることにも言及している。根拠は、すでにカルムイク人たちは十分ロシア化しているので、翻訳する必要がないというものであったが、グーリー自身は「凡そ正しく組織された布教（宣教）は蒙昧な異民族の人々に神聖な教えを広め、蒙を啓く目的を持っているとしても、自然な形で、彼らの知的水準でもわかり、到達できるぐらいに展開させた形で啓蒙することに努めなければならない。このようなことから、彼らの母語で布教する必要性が生まれ、さらにここから、典礼や宗教道徳に関する翻訳の必要性も生まれてくる」とロシア語のみに頼る布教活動を否定的に評価している。

キリル文字による異民族への布教活動であるイリミンスキー・システムは母語での宣教の有効性を強調したものであったが、グーリーの論文を見る限り、基本的にグーリーはこの方式には賛成であったと推測される。とはいえ、キリル文字ではなく、あえてトド文字で教育することを正しいと考えていた。また、カザンではブリヤートやモンゴルに対する布教活動・翻訳活動も行っていたが、カルムイクを対象とするものは、ブリヤートやモンゴルとは分けて考えるべきだというのがグーリーの考え方であった。

5 まとめとして

ブリヤートは、ロシア側、ひいてはヨーロッパ側からモンゴルへアプローチをする、中国とは別の絶好の地域であった。そのためか、イギリスの宣教師たちはモンゴルにほど近いブリヤート地域を選択して移り住んだ。そのなかでも、より実際的な宣教の可能性を求め、ホリ・ブリヤート地域に移り住んだ。そこで教化されたものの子弟には、ブリヤートで最初に博士号を得ることになる、シャマニズム研究者としても著名なドルジ・バンザロフ（一八二二―一八五五）がいた。宣教には成功しなかったが、彼らの啓蒙活動は一定の成果を残したといえるだろう。

イギリスの宣教師たちが去った後は、さらなる宣教の可能性を求め、ロシア正教の宣教師たちは、ロシア人混仕地域である西ブリヤートに注目した。文字伝統の弱いこの地域に向けての宣教は、当初、モンゴル文字で行っていたものから次第に、キリル文字へと表記もシフトしていく。

なお、イギリスの宣教師たちはヘブライ語からの翻訳を行おうとしたが、シュミットも、それ以降の正教の宣教師も教会スラブ語からの翻訳を行っている[36]。

一八五〇年、一時は、一部トゥンカなどで成功したかに見えた正教の布教活動であったが、一九〇五年、一度キリスト教を受け入れた者も、別の宗教を受け入れてよいとする勅令が出たのち、多くの地域で棄教が行われて信者が激減した。

これらの棄教の原因は諸説あるが、キリスト教の典礼その他で使われたブリヤート語が、ブリヤート人によくわからなかったことがそのひとつとして挙げられる。すでに述べたように、ブリヤート人を翻訳から排除したことも一因と考えられる。

一方のカルムイクに関しては、対照的に対象民族の統一がほぼ取れていた。それがゆえに、結束力が固いコミュニティへの浸透は難しく、違った状況が作り上げられていた。キリスト教地域との接触が多くあったにもかかわらず、宣教師の入り込める隙は、一八世紀半ばまで、ほとんど存在しなかった。

また、多くのカルムイク人が新疆へと帰還した後も、自治組織において仏教の力は強く、宣教師たちも組織的でなく、翻訳活動も散発的に終始しただけであり、その知識が蓄積されることなくロシア革命を迎えることになった。

ポストコロニアル地域研究において、宣教師には、民族学者とともに植民地化の尖兵としての役割が担わされたといわれる。ブリヤートにおいてはそれがある程度実現した。しかし、逆にブリヤートを総体として扱う態度が、ブリヤート人自身の意識にも反映し、後々、ブリヤート人たちが、その言語的な多様性にもかかわらず、統一した民族として自分たちの共同体を「想像」するのに貢献したと考えられる。

カルムイクに関しては、当初から基本的にはロシアと友好的な関係を保ったために、宣教とともに植民地化の両輪のもうひとつと評価される民族学の分野においては、ロシアに研究のアプローチや方法論など多くのものを提供したといわれる。しかし、宣教に関しては、それほど大きな影響を残すことはなかったと考えられる。

ロシア革命によって成立したソビエト連邦が存在した七〇年ほどの間で、ロシアの少数民族言語への翻訳の意味が大きく変わってしまった。

特に最初期の二〇年間、すべての少数民族を含め、民衆の政治参加を目的として、すべての人に、その人々の言語で教育を与えるという高邁な目的で言語政策が始められた。今で言うマイノリティを優遇し社会的格差の是正を目指すアファーマティブアクション的な民族・言語政策であり、一五〇以上あった民族言語で教育を施そうとしたが、一九三〇年代末に至って大きく減退する。教育費用がかさむといった経済的な理由に加え、当初は少数民族に対して融和的であったソビエト政府が、迫りくる戦争を予感させる時代において政権維持のため、ロシア中心主義、さらにはロシア語再評価に舵を切ったことが理由としてあげられる。さらに、一九三八年からロシア語を義務化し、広く普及させる政策をとった。このため、これ以降、ほぼすべての国民がロシア語が分かる状況ができると同時に、社会的に劣位に立たされた民族言語の使用が減退する状況が進行していった。

一九八〇年代半ばから始まったペレストロイカによって、宗教に対する締め付けが緩くなった時代に再び現れ始めた新しい民族言語への聖書の翻訳は、誰のための翻訳かが分からなくなってしまってもいる。というのも、子供のころは民族語だけの環境にいたとしても、学齢期にはロシア語を覚え、卒業するころにはほぼ全員がロシア語が読め、逆に自分の民族語の読み書きがおぼつかなくなっている状況になっているからである。

翻訳とは誰のためのものなのだろうか。アイデンティティを満たすための取り組みなのか、あるいはより実践的な理由として、宗教という言語の使用領域でヘブライ語が二千年生き延びたように、ハワイ語が消滅の危機から復活したように、言語維持も目指しながら少数言語を使うことを目指すということなのだろうか。

注

（１）История усть-ордынского, История усть-ордынского бурятского автономного округа, Иркутск, 1995.

（２）クドリヤフツエフ『ブリヤート蒙古民族史』蒙古研究所訳、アジア学叢書、紀元社、一九四三年、三八〇―三八一頁。

（３）Murray の著作では Morciunayin, Morgunaev と Nomtu Uutayin という名で記載されている。Murray, Jesse D., *Building empire among the Buryats: Conversion encounters in Russia Baikal Region, 1860s-1917*. [Doctoral dissertation, University of Illinois], 2012, p. 227.

（４）ibid., p. 223.

（５）Тиваненко, А.В., История Английской духовной Миссии в Забайкалье (Начало XIX столетия), Улан-Удэ, 2009, p. 165.

（６）Там же., p. 43; Murray, op. cit., p. 228.

（７）Тиваненко, op. cit., p. 70.

（８）追放により宣教師と認められなかったため、ユイル自体は一八四六年までセレンギンスクに滞在した。

（９）Елаев, Н.К., Бурятская школа. Истории, проблемы и опыт национализации. Улан-Удэ, 1994, p. 3.

（10）Там же., p. 4.

（11）Первая, Первая национальная школа Бурят. Улан-Удэ, 1996, p. 7.

（12）クドリヤフツエフ、前掲書、三八七頁。

（13）同、三八六頁、Елаев, Указ. соч., p. 6.

（14）Montgomery, Robert W., *Late tsarist and early Soviet nationality and cultural policy: the Buryats and their language*. Edwin Mellen Press, 2005, p. 115.

(15) ibid., p. 115; Елаев, Указ. соч., pp. 26-27.

(16) Forsyth, James, *A history of the people of Siberia*, Cambridge, 1992, p. 170.

(17) Murray, op. cit., pp. 231-232.

(18) Бутуханов, Д.Б., 50 просветителей Бурятии. Улан-Удэ, 1998, pp. 7-8; Елаев, op. cit., pp. 43-44.

(19) Montgomery, op. cit., p. 115.

(20) Бутуханов, Указ. соч.

(21) ibid., p. 44-45; История усть-ордынского, История усть-ордынского бурятского автономного округа, Иркутск, 1995, p. 324.

(22) Montgomery, op. cit., pp. 141-142; История усть-ордынского, op. cit., p. 324.

(23) Murray, op. cit., pp. 233-234.

(24) Служебник на Монгольском языке. Санкт-Петербург: Синодальная типография, 1858; Начатки Христианского учения. Санкт Петербург: Синодальная типография, 1858.

(25) Murray, op. cit., pp. 234-235.

(26) ibid., pp. 234-235.

(27) ibid., p. 249.

(28) История усть-ордынского, Указ. соч., p. 325.

(29) Murray, op. cit., pp. 233-234.

(30) Флоренсов, Василий, Из истории переводческого дела в Иркутской епархии. Иркутск: Типография А. А. Сизых, 1908.

(31) Tuna, Mustafa Özgür, Gaspıralı vs Iliminskii: Two Identity Projects for the Muslim of the Russian Empire,

Nationalities Papers 30(2), 2002, pp. 265-289. なお、当時同じカザンでは、トルコ系のバシキール人に対する布教活動が行われており、その布教方式は組織的な布教活動を指揮したイリミンスキーの名を冠して「イリミンスキー方式」と名づけられ広く知られている。具体的にはイスラーム教を象徴するアラビア文字を廃止、ロシア正教のキリル文字を使って、その民族の母語で布教するというものであるが、この方式は、ある程度の成功を収め、他の地域にも適応することが求められた。

(32) Орлова, К.В., «История Христианизации Калмыков середина XVII - начало XXв», Москва, 2006.

(33) Дорджиева, Г.Ш., «Буддизм и Христианство в Калмыкии » Элиста, 1995.

(34) Гурий (Степанов), О переводческой деятельности на Калмыцком языке – Богослужебные и религионо - нравственные переводы на калмыцкий язык, «Православный собеседник» второе полугодие, Астрахань, 1910, сс. 209-224; А. Т. Баянова, Ч.А. Санджиев, Православные издания на калмыцком языке. Традиционная форма Ойратской книги, «Сборник конференциий НИЦ социосфера», Прага, 2012, pp. 43-47.

(35) Комитета Российского Библейского общества, «Вторый отчет Комитета Российского Библейского общества» Санктпетербург, 1814, p. 90.

(36) Murray, op. cit., pp. 233-234.

第6章　一九五二年香港版『新約聖書』とその翻訳に関わったモンゴル人たち

都馬バイカル

1　はじめに

一九五〇年前後、中国共産党が支配する大陸から脱出して、香港に辿り着いたスウェーデン人宣教師とモンゴル人信徒たちは、約二年間の時間を費やして、一九五二年九月モンゴル語訳『新約聖書』を香港で出版した。この『新約聖書』は、スウェーデン・モンゴル・ミッション（以下、SMMと略）の約半世紀にわたる、モンゴルにおける宣教活動の一つの成果であると同時に、キリスト教に関する文献の翻訳事業の総括であったと言っても過言ではない。

また、この翻訳事業は、モンゴル聖書翻訳史のなかでも様々な点で特別な意味をもっている。第一に、以前に翻訳されたモンゴル語聖書は、同時に行われた宣教活動がほとんど成功を収めていなかったために、実際に礼拝で用いられる機会がほとんどなかったが、SMMの宣教活動は特に内モンゴル地域である程度の成功を収めたため、それによって実質的には初めて多くのモンゴル人信徒の手にするものとなった。そのため、彼らの翻訳したものは聖書に限らず、教義を分かりやすく記したトラクト（宣教のしおり）や讃美歌集にまで及んだのである。

このことによって、多くのモンゴル人信徒の反応が翻訳自体にフィードバックされ、よりモンゴル人にとって身近な聖書になっていったことが考えられる。

第二に、ＳＭＭの聖書翻訳事業には、これまでの聖書翻訳に比べるとはるかに多くのモンゴル人たちが主体的に関わっていた。そのなかには、改宗者もいたが、信徒ではない知識人や仏教僧侶も含まれていた。本章で扱うように、彼らは後に多くの分野でその足跡を残すことになる。つまり、この聖書翻訳事業自体がモンゴル社会に大きな影響を与える文化事業になったということである。

第三に、これまでのモンゴル語聖書はカルムイクやブリヤートなどロシア領内を中心に行われることが多かったが、この翻訳は内モンゴルや香港などで行われたこともあり、中国語聖書との影響関係が認められることである。また、このことと関連するかもしれないが、聖書のなかの多くの重要な概念について従来とは異なる言葉が選ばれている。例えば、「愛」はそれまでの翻訳では「イナッグラル」（ᠢᠨᠠᠭᠯᠠᠯ）という語が用いられていたが、ＳＭＭの翻訳では「ハイラ」（ᠬᠠᠶᠢᠷ᠎ᠠ）が選ばれ、それが現在にいたるまで一般的な訳語となっている。また、「天国」の訳語に、「天」を表す「テンゲル」（ᠲᠩᠷᠢ）という語が含まれるようになったのも、彼らの翻訳からである。それまでは「虚空」を表す「オッグタルグイン・オロン」（ᠣᠭᠲᠠᠷᠭᠤᠢ ᠶᠢᠨ ᠣᠷᠣᠨ）という語が用いられていた。

第四に、このような一九五二年の翻訳は、用語選択の問題を含め、二〇世紀末以降に次々に翻訳された聖書にもっとも直接的に影響を与えていると言えるであろう。

このような彼らの聖書翻訳は、彼らの半世紀にわたる宣教活動のひとつの大きな成果であった。ＳＭＭが、モンゴル地域で宣教活動を始めたのは、一八九八年にさかのぼる。そこで、彼らは、さまざまな障害と困難を乗り越え、モンゴル地域で医療、教育、社会福祉などの活動をしながら宣教活動を行ってきていた。彼らは、宣教活動を通じて、モンゴル語で書かれたキリスト教に関する基礎知識や物語、トラクトの必要性を実感し、モンゴル語への翻訳事業を開始したのであった[1]。

そして、その翻訳事業には、ゲンデン、エンヘビリグ、ダシジャブ、リンチンドルジ、ワンチンドルジ、ハルトド・マタイ、ロブサンダシ[2]らのモンゴル人が関わってきたことが確認されている。彼らはキリスト教のみならず、モンゴルの社会と文化にさまざまな形で重要な功績を残した。

本章では、なかでもゲンデン、ダシジャブ、リンチンドルジ、ワンチンドルジ、ハルトド・マタイの五人にしぼって彼らの足跡をたどってみたい。

2　最初の翻訳者ゲンデン

ゲンデン（生年不明―一九四〇）は、内モンゴルのイヘジョー盟ハンギン旗（現内モンゴル自治区オルドス市ハンギン旗）出身のモンゴル人である（写真1）。彼はボッグト（包頭）のキリスト教宣教所パーズボラン宣教所に勤めていた。この間に、チャハルのフブート・シャル・ウヘルチンスルグ（鑲黄牛群）旗のナンジェーと結婚したと思われる。後に、ゲンデン夫妻はＳＭＭのハローンオス（内モンゴルのチャハル・シャンド・アドーチン旗ハローンオス、現内モンゴル自治区ウランチャブ盟化徳県朝陽郷新囲子村）の宣教所に移ったが、その地の一人の宣教師の死去にともない、キリスト教を信仰するようになり、洗礼を受けた。以下にその経緯を紹介する。

一九〇〇年、中国全土で起こった義和団事件により三名の宣教師が殺害され、ＳＭＭの宣教活動は挫折を余儀なくされた。その後、再び宣教師を派遣したのは、一九〇五年のことであった。

宣教師Ｅ・カーレン（Edvin Karlen, 一九〇五年九月モンゴルへ派遣）とＨ・リンドブロム（Hanna lindblom, 一九〇六年八月モンゴルへ派遣）は、張家口を拠点としてモンゴル地域に行く準備をしていた。一九〇七年夏、このふたりは、内モンゴルのチャハル・シャンド・アドーチン旗タブンオーラ（現内モンゴル自治区ウランチャブ盟化徳県土城子郷特布烏拉村）でテントに住みながら、医療活動を続けていたが、一九〇七年一一月、張家口で結婚し

写真１　ゲンデンとナンジェー（ウプサラ大学図書館蔵）

た。

一九〇八年夏、エドウィンとハンナ夫妻は、張家口とイヘー・クレー（現ウランバートル）を結ぶ道路沿線でモンゴル人地域の一番南端の地であるハローンオスで土レンガの建物を造り、「チャハル・シャンド・アドーチン旗ハローンオスのイエズス会」（ᠴᠠᠬᠠᠷ ᠱᠠᠩᠳᠤ ᠠᠳᠠᠭᠤᠴᠢᠨ ᠬᠣᠰᠢᠭᠤᠨ ᠤ ᠬᠠᠯᠠᠭᠤᠨ ᠤᠰᠤᠨ ᠤ ᠶᠧᠰᠦ ᠶᠢᠨ ᠨᠡᠶᠢᠭᠡᠮᠯᠢᠭ）と名付けた。これがいわゆるＳＭＭのモンゴル地域に設置した最初の宣教所となった(3)。

モンゴル語で「あたたかい水」という意味を持つこの地は、ＳＭＭにとっては「つめたい」地であったが、宣教師たちはこの「つめたい」地から神の愛の「あたたかい風」を内外モンゴル地域に送る基地とした。

ふたりはこの建物を主に診療所として使用していた。そして、診療所に来られない重病の患者や急病の患者を治療するため、往診も厭わなかった。凍える寒さの中、遊牧民のテントに泊まったり、凶暴な野生動物が出没する恐怖に襲われたりするなか、一睡もできずに夜の明けるのを待つこともあったという。

ふたりの献身的な診療活動は、遊牧民に高く評価されていた。だが、一九〇九年三月五日、ハンナは流産し、それが原因で自分の三四歳の誕生日である四月四日に病死した。彼女の活動と病気及び死亡に衝撃を受けたゲンデンは、妻ナンジェーと共に洗礼を受け、ＳＭＭの最初のモンゴル人キリスト教徒となった。それは、ハンナが病死した一週間後、即ち一九〇九年四月一一日のことであった。[4]

キリスト教徒となったゲンデンは、中国語『聖書』と『讃美歌』およびトラクト等をモンゴル語に翻訳したという記録[5]があるが、詳細は不明である。しかしながら、一九一九年、ハローンオス宣教所で活字印刷によって出版されたモンゴル語の『新約聖書要義』『旧約聖書要義』『讃美歌』などの書籍が、ゲンデンの翻訳である可能性は非常に高い。

ゲンデンは、キリスト教の書籍を近代モンゴル語に翻訳する事業の開拓者のひとりと言えるだろう。

3　優れた翻訳家ダシジャブ

ダシジャブ（ᠳᠠᠰᠢᠵᠠᠪ 生没年不明）は、張家口とウルガ（現ウランバートル）を結ぶ隊商道の第四駅と第五駅の間にあるダーチン・タラ[6]（大青谷。現河北省尚義県）出身のモンゴル人で、ハローンオス宣教所とドヨン宣教所でスウェーデン語・モンゴル語の通訳と翻訳の仕事をしていた。当時、宣教所で出版された書物に翻訳者の名前を明記しないのが慣例であったが、一九二五年に出版された『罪悪に打ち克つ解説の書』[7]（[illegible]）と『祝福された将軍の伝記』[8]（[illegible]）および一九二六年に出版された『苦難の源』[9]（[illegible]）の三冊には、翻訳者として彼の名前が明記されている。

これらの翻訳書は、現在、スウェーデン民俗博物館とアメリカのインディアナ大学附属図書館および中国国家図書館でそれぞれ保管されている。ＳＭＭのハローンオス宣教所とハダンスム宣教所の印刷所からは、四〇以上の出版物を刊行したが、翻訳者の名前が記されているのは、ダシジャブのみである。リンチンドルジらほかの翻訳者は、個人の名前を記載することにこだわりを持たなかったのか、あるいは好まなかったのであろうか、現在のところ、その詳細は不明である。

一九三五年、Ｊ・エリクソン（Joel Eriksson）は、英国外国聖書協会から四つの『福音書』を修正・重訳の依頼書を受けた[10]。一九三七年、張家口でダシジャブは彼と一緒に[11]、『新約聖書』の翻訳事業を開始したが、一九三八年、エリクソンの帰国によりこの事業は一時中断された。

ダシジャブは有能な学者であった。一九三〇年代、宣教師Ｓ・スカルスジョ（Sven Skallsjö）の『モンゴル語スウェーデン語辞書』の編集に協力したこともあった。

また、ダシジャブは、キリスト教関係の書物（『聖書』も含む）をモンゴル語に翻訳する事業に多大な貢献をした人物であるが、彼の生涯については不明な点が多い。ただ、「酒癖が悪い人だった」とスカルスジョの娘たち[12]はよく覚えていて、かなり鮮烈な印象を残したようである。

4　教会に育成された近代文化人リンチンドルジ

リンチンドルジ（ᠷᠢᠨᠴᠢᠨᠳᠣᠷᠵᠢ 中国語名 傅恩慶、一九一二―一九五二）は、内モンゴルのチャハル・シャンド・アドーチン旗出身のモンゴル人で、『新約聖書』のモンゴル語訳と出版に尽力した人物である（写真２）。

少年時代のリンチンドルジは、眼病を患い失明寸前となったが、宣教師の治療により視力を回復した。そのことによって、彼はキリスト教を信仰するようになった。また教会の設立した学校に入学し、キリスト教の知識以外に、モンゴル語、英語、数学、修身（道徳）、歴史、地理などの科目を学習した。彼はＳＭＭが育成した最初の近代文化人のひとりであった。

写真2　左から J. エリクソン、A. マーティンソン、ダシジャブ、リンチンドルジ、G. オレン（1938年頃、張家口、ウプサラ大学図書館蔵）

一九三六年、日本軍の支援で徳王が張北県でチャハル盟立モンゴル青年学校を設立すると、リンチンドルジは、教師として着任した。彼は校長と共に地域をまわり、学生の募集活動などにも協力をした。彼はこの青年学校で主にモンゴル語を教えていたが、後に女子部が増設されると、女子部の教員ともなり[13]、チャハル地域の女子教育事業に力を注いだ。

一九四四年三月、リンチンドルジは徳王の指示により、アドーチン旗で女学校の設立事業の中心的な役割を果たした。彼は常務（事務長兼）副校長として、日常的な教務と事務を統括しながら、モンゴル語とモンゴル史も教えていたが、ここで終戦を迎えた。

一九四八年、エリクソンは張家口で『新約聖書』の翻訳事業を再開する際、モンゴル語、英語と中国語が堪能であり、キリスト教に関する書物を翻訳した経験があるリンチンドルジに協力を求めた。この翻訳事業には、SMMの宣教師G・オレン（Gerda Ollén）、A・W・マーティンソン

（Anders W. Marthinson）とアメリカ人宣教師S・J・グンゼル（Stuart J. Gunzel）らも参加した⑭。

しかし、中国の内戦が激しさを増してきて、リンチンドルジはSMMの宣教師と一緒に西方のモンゴル地域へ移動を余儀なくされた。先ず、ボッグドを経由し、モーミンガンに至り、そこで医療活動と宣教活動をしながら、『聖書』の翻訳を続けた⑮。

一九四九年八月、リンチンドルジは藍州と広州を経由し、最後に香港に辿り着き、そこで、同僚たちと一緒に『新約聖書』の翻訳と出版に専念した。一九五二年九月二二日、ついに香港商務印書館からモンゴル語『新約聖書』が出版された。リンチンドルジは過労により病に倒れ、出版されたばかりのモンゴル語『新約聖書』を手にすると、わずか二日後の九月二四日に死去した⑯。

リンチンドルジはチャハル盟立モンゴル青年学校在任中、若者の民族意識を蘇らせるために積極的に行動していた。彼は日本の占領軍と地方政府の許可を得て、「モンゴル青年党」（ᠮᠣᠩᠭᠣᠯ ᠵᠠᠯᠠᠭᠤᠰ ᠤᠨ ᠨᠠᠮ 中国語名 蒙古青年同盟⑰）という学生組織をつくった。このモンゴル青年党は政治組織ではなく、主に文化活動を行う学生組織であった。その活動範囲は伝統風習の革新、特にモンゴル人女性の重い頭飾りの簡素・軽量化、モンゴル文字の普及、自由恋愛の啓蒙、アヘン使用の禁止など多岐にわたり、『モンゴル青年』という機関誌も刊行していた。また、リンチンドルジは「モンゴル青年党歌」をつくり、モンゴル語と日本語で歌っていた。歌詞は以下の通りである。

夜明けの光が輝き
恐怖の夜の闇を追い払い
自治政権を建てる我がモンゴル
根となる青年党を結成した

偉大な英雄チンギスの精神を蘇らせ
現代の新しい潮流を受け入れ
我が赤心の若者達は団結し
母なるモンゴル民族を復興させよ

アジアの堅固な壁である我がモンゴル
聖なるチンギス・ハーンの子孫と自覚し
兄弟のような我がモンゴルの若者達は
広大なモンゴル国を建設せよ

なお、リンチンドルジは内モンゴルの現代文学の礎を築いた著名な詩人、教育者、翻訳家であるサイチンガの恩師であり、サイチンガに多大な影響を与えた人物としても知られている。

5　仏教徒ワンチンドルジ

ワンチンドルジ（ᠸᠠᠩᠴᠢᠨᠳᠣᠷᠵᠢ　生年不明―一九七〇）は、チャハル・シャンド・アドーチン旗出身のモンゴル人で、少年時代に出家して僧侶となり、寺院でチベット語を学習した。同旗の副旗長であった彼の伯父ムンへは、後継となる子供がいないため、ワンチンドルジを養子にして、還俗させ、結婚させた。

一九四四年、同旗が女子学校を設立したとき、ワンチンドルジは、校長に任命されたが、学校に赴任せず、校務をリンチンドルジにすべて任せていた[18]。

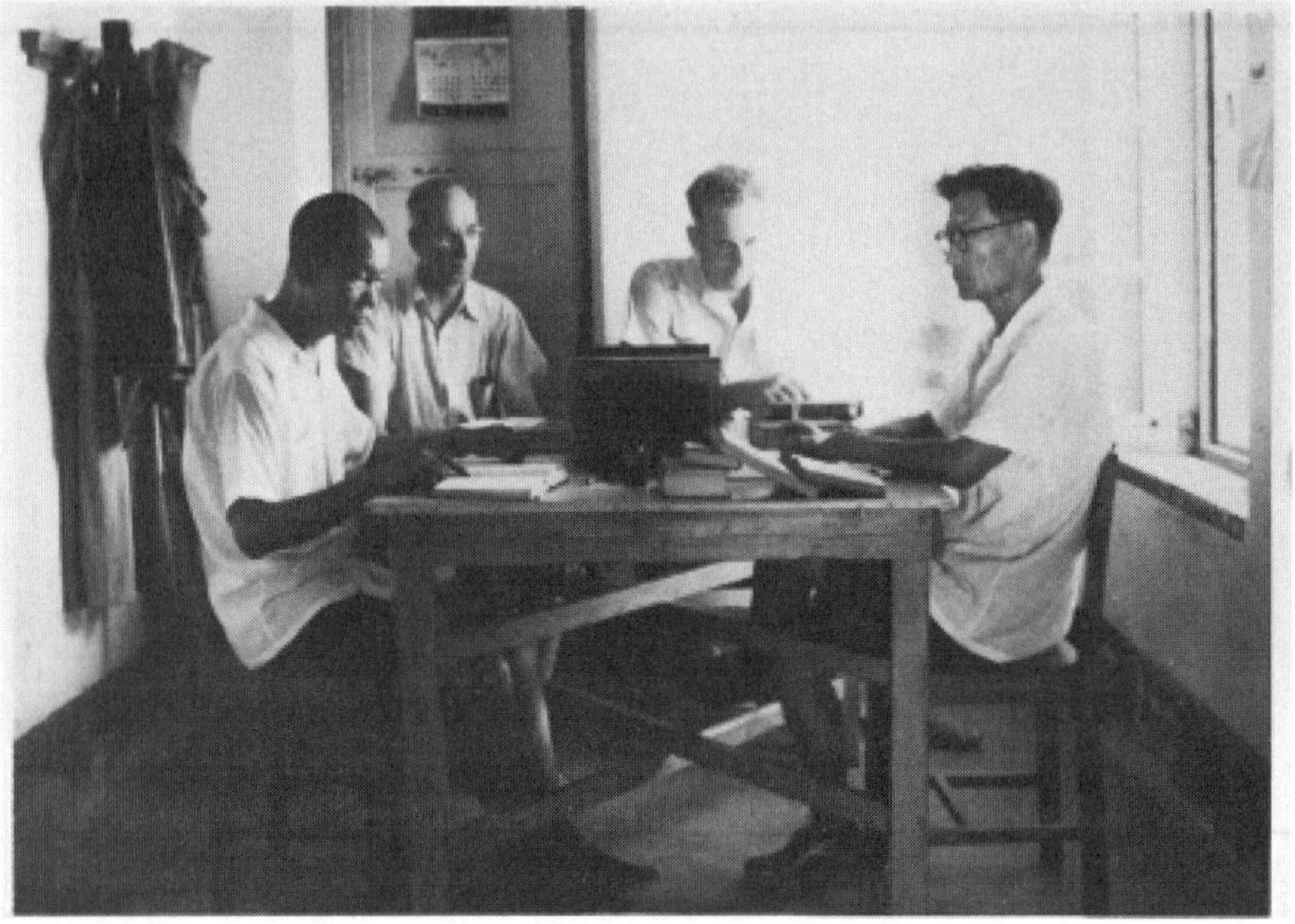

写真3　左からワンチンドルジ、S．J．グンゼル、A．マーティンソン、リンチンドルジ
（1950-52年頃、香港、ウプサラ大学図書館蔵）

一九四七年、ワンチンドルジは張家口を経由して北京に赴き、白塔寺に滞在し、一九五〇年香港に脱出した。香港では、『新約聖書』のモンゴル語訳事業に加わり、一九五二年モンゴル語訳『新約聖書』が出版された後、引き続き『モンゴル語・英語辞書』の編纂に参加し（写真3）、一九五三年にこの事業を完成させ、一九五四年台湾に移住し、国大代表（国会議員）となった。

ワンチンドルジは、モンゴル語、チベット語以外に中国語にも堪能で、特に中国語辞書一冊をすべて暗記したという逸話がある。彼は『モンゴル語・チベット語・中国語辞書』の編纂事業に関わっていたというが、まだ出版されていないようである。また『モンゴルの社会』というモンゴルの社会、風俗、習慣について書かれた書物があり、その一部をリンチンドルジが執筆したということである。

写真4　ハルトド・マタイ（1960年代、ボン大学中央アジア言語文化研究所、テレングト・アイトル提供）

6　元日本留学生ハルトド・マタイ

ハルトド・マタイ（ᠬᠠᠯᠲᠤᠳ ᠮᠠᠲᠠᠢ　一九一七—一九七八）、チャハル・ショローン・フフ旗出身のモンゴル人で、モンゴル語と英語辞書の編集に貢献した辞書学者、モンゴルと西洋との橋渡しのパイオニアである（写真4）。

彼は、父親からモンゴル語、私塾の先生から満洲語と中国語、兄からチベット語をそれぞれ学習した。一九三六年、チャハル盟立モンゴル青年学校に入り、日本語を勉強し、一九三七年サイチンガと共に日本に留学した。東京の善隣高等商業学校特設予科と研数専門学校などで日本語、英語、数学などを学習し、一九三九年頃帰国、地元のグルフフ旗のホロショー（協同組合）の副主任をつとめた。一九四六年春、ドヨン宣教所に移管された元青年学校の施設管理員となった。

一九四九年秋、中国を脱出し、香港に逃れ、そこで『新約聖書』のモンゴル語訳事業と『モンゴル語・英語辞書』の編集に取り組んだ。

彼がキリスト教徒になった時期は不明である。しかし、「神」について自分なりの考えを持っていた。従来の「ボルハン」（ᠪᠤᠷᠬᠠᠨ）と訳すことに賛成できず、そのことでリンチンドルジとワンチンドルジの二人と激しく議論したが、「二人の年寄りに勝てなかった」と悔し涙を流していたという[19]。彼は、「ボルハン」と訳さないことによって、モンゴル人に仏教の「仏」と誤解を与えないようにしたかったのかもしれない。

一九五三年、アメリカのカリフォルニア大学に赴き、Ｆ・Ｄ・レッシング（Ferdinand D. Lessing）の『モンゴル語英語辞書』の編纂に協力した。その後、日本の東京大学の言語学者・服部四郎のところで共同研究を行い、一九五九年ドイツのボン大学の教員となった[20]。彼はボン大学に勤めるかたわら、イギリス・ロンドン大学のＣ・Ｒ・ボーデン（Charles Roskelly Bawden）の『モンゴル語英語辞書』（一九九七年）の編纂にも協力している。

ハルトド・マタイは、モンゴルの地図に関する研究を行い、『モンゴル地名索引』を編集し、ドイツで出版した。当時を知る社会言語学者の田中克彦氏は、「ハルトド・マタイは自ら、モンゴル語と英語の辞書を編集するために、膨大な単語カードを作成していた」と証言しているが、一九七八年、ハルトド・マタイは脳梗塞で急死したため、編集していた辞書は出版されなかっただけではなく、カードも行方不明となってしまった。

7　おわりに

『新約聖書』をモンゴル語に翻訳し、出版する事業は一九五二年香港で完成した。その翻訳に関わったのは、ＳＭＭのＧ・オレンとＡ・Ｗ・マーティンソン、アメリカ人宣教師グンゼルであり、モンゴル側からは、リンチンドルジ、ワンチンドルジ、ハルトド・マタイ、ロブサンダシらであった。エリクソンは、健康上の理由で、一九四八年スウェーデンに帰国したが、マーティンソンらと常に手紙でやりとりしながら、翻訳に協力していた。

この一九五二年に出版されたモンゴル語訳『新約聖書』は、ＳＭＭの宣教師達の約半世紀にわたる宣教実践と

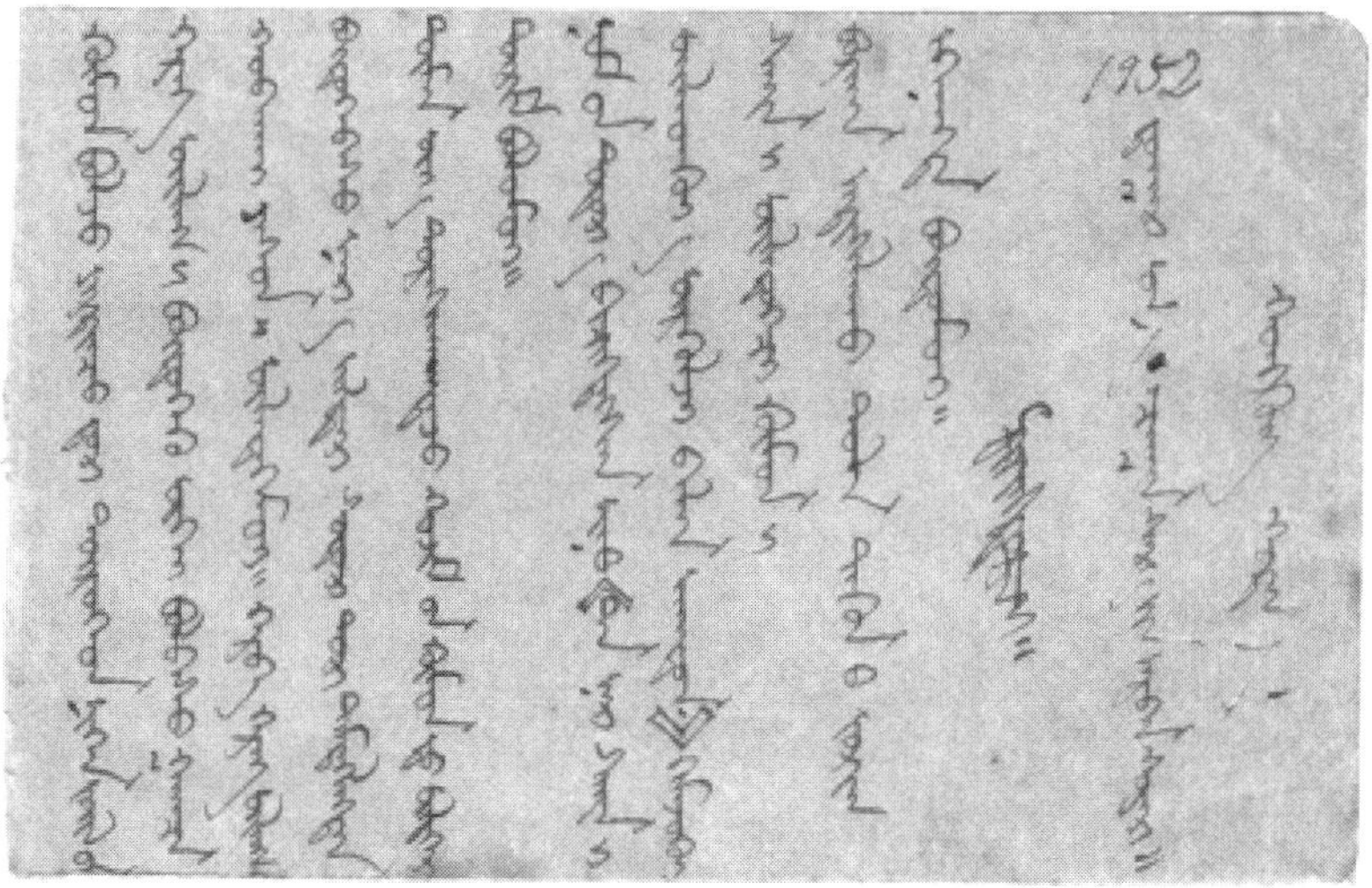

写真5　リンチンドルジ手跡（1952年、香港、トブシンバヤル提供）

経験により完成したものである。なかでも、モンゴルで二〇年以上生活し、モンゴル語に熟達したSMMの宣教師エリクソンとオレンの貢献は特筆されるべきである。また、当然ながらそこに関わったモンゴル人たちの貢献も無視することはできない。本章を閉じるにあたり、リンチンドルジの手跡から彼の詩を紹介しよう（写真5）。

人としてこの世に生まれ、何も成し遂げないならば、
ただ白骨を残すだけ
何か成し遂げたなら、名を書に刻み、永久に後世の範
となる
聖書に「汝ら、良き行いをなすのに、常に備えあれ」
とあるように
良き行いをなす者を神は祝福する、故にその意志を
きっと貫徹しよう

リンチンドルジ
一九五二年正月一二日、香港

注

（1）Bland Stäppens Folk: År ur Svenska Mongolmissionens historia, *Evangeliska Östasienmissionen*, nr 6 (juni/juli), Årg 6, 1987, 28-45（ソブダによる中国語私訳『瑞典蒙古宣教史――在草原人民中的歳月』二〇〇四年を参照）。

（2）ロブサンダシ（Kereyid Lobsangdasi，一九一七―二〇〇九）。チャハル・シャンド・アドーチン旗出身のモンゴル人。一九三七年三月、チャハル盟立モンゴル青年学校の第二期生として入学。徳王政権の最高学府・蒙疆学院へ進学、卒業後は同学院の院長秘書兼軍事教官、蒙疆銀行副総裁の秘書となる。一九四四年三月、恩師リンチンドルジと故郷のシャンド・アドーチン旗に戻り、旗立女学校の設立に携わった。一九四五年八月終戦の際、徳王一行に従って北京へ行くが、一九五〇年四月、家族と親族のワンチンドルジと共に香港へ逃れることになる。仏教徒であったが、リンチンドルジとともに、マーティンソンらの新約聖書翻訳出版事業に参加。聖書に触れ、リンチンドルジの言動や説教により、キリスト教へ改宗。一九五二年『新約聖書』完成後、一九五三年に台湾へ行き、屏東基督教醫院の建設に尽力。一九七四年、第一回世界福音宣教大會（スイス・ローザンヌ）に参加。帰台後、家庭集会を開始し新店行道會教會を設立した。一九八六年、アメリカへ移住。一九八八年にハンギン・ゴンボジャブ（John Gombojab Hangin）博士、モンゴル人僧侶チョルジ・ラマ（Tsorj Lama）らと協力し、ニュージャージー州で「在米モンゴル人文化協会」（Mongol American Cultural Association）を設立、一九九二年から一九九八年まで会長を勤めた。また、一九九二年頃から民主化したモンゴルで支援活動と宣教活動を展開するも、二〇〇九年、アメリカ・ロサンゼルスの自宅で永眠（享年九二歳）。

（3）ibid., p. 31.

（4）ibid., p. 32.

（5）ibid., p. 34.

(6) Sh・ブリンチョグト（ᠱᠠ ᠪᠦᠷᠢᠨᠴᠣᠭᠲᠤ）（八五歳）へのインタビュー（内モンゴル自治区シリンゴル盟、二〇一九年八月一一日）。
(7) スウェーデン民族誌博物館蔵。
(8) スウェーデン民族誌博物館とアメリカインディアナ大学付属図書館で各一部保管している。
(9) スウェーデン民族誌博物館とウプサラ大学図書館、アメリカインディアナ大学付属図書館、北京首都図書館で各一部保管している。
(10) Bland Stäppens Folk, op. cit., p. 42.
(11) ibid., p. 39.
(12) S・ウッラ氏（九〇歳）とB・N・アンナ氏（九二歳）への筆者によるインタビュー（ストックホルム市、二〇一八年五月一八日）。
(13) ロブサンダシ「回想録」モンゴル語手書き草稿（三〇頁、二〇〇〇年）三頁。
(14) Bland Stäppens Folk, op. cit., p. 42.
(15) E・マーティンソン（八六歳）へのインタビュー（ストックホルム市、二〇一八年三月三〇日）。
(16) トブシンバヤル（ᠲᠥᠪᠰᠢᠨᠪᠠᠶᠠᠷ 七九歳）へのインタビュー（台湾台中市、二〇一八年一二月二五日）。
(17) 都馬バイカル『サイチンガ研究――内モンゴル現代文学の礎を築いた詩人・教育者・翻訳家』論創社、二〇一八年、一六八頁。
(18) ロブサンダシ、前掲書、四頁。
(19) ロブサンダシへのインタビュー（ロサンゼルス市、二〇〇〇年五月一三日）。
(20) ᠵᠢᠷᠡᠮ ᠵᠢᠭᠮᠢᠳᠳᠣᠷᠵᠢ ᠨᠠᠷ ᠨᠠᠶᠢᠷᠠᠭᠤᠯᠪᠠ《ᠴᠠᠬᠠᠷ ᠰᠢᠯᠤᠭᠤᠨ ᠬᠥᠬᠡ ᠬᠣᠰᠢᠭᠤ》᠂ ᠠᠯᠤᠰ ᠤᠨ ᠪᠣᠯᠤᠩ ᠤᠨ ᠬᠡᠪᠯᠡᠯ ᠦᠨ ᠬᠣᠷᠢᠶ᠎ᠠ᠂ 2006 ᠣᠨ 573-576 ᠨᠢᠭᠤᠷ（ジレム・ジグミットドルジ他編『チャハル・ショローン・フフ旗』遠方出版社、二〇〇六年）。

第3部　聖書の比較翻訳実践論

第7章　現代モンゴル語聖書翻訳における諸問題

ガラムツェレンギーン・バヤルジャルガル

本章では、最初に一九九〇年以降のモンゴル国において翻訳・公刊された聖書の翻訳の歴史を概説する。そして、後半では、モンゴル国で現在用いられている二つの系統の聖書を比較しながら、そこで用いられる固有名詞、基本的な用語、概念の違いについて、具体的な例を取り上げつつ、聖書翻訳について考察する。

1　様々な現代モンゴル語聖書

モンゴル聖書協会（ジョン・ギベンス）訳

イギリス人のJ・ギベンスは、一九七二年モンゴル語を学ぶためにモンゴル国立大学に留学し、そこでまず「マルコによる福音書」を翻訳している。イギリスへの帰国後も、彼は新約聖書の翻訳活動を継続し、このキリル文字によるまったく新たなモンゴル語『新約聖書』は一九八九年に翻訳が終了し、一九九〇年香港で出版された。それは、ちょうどモンゴルで民主化革命が起こり、出版と信仰の自由が確立して、人々が真実を探し求め始めた時期であった。そのような時期に、モンゴル人たちが創造主について知るようになったことには、ギベンス訳が果たした役割は極めて大きいと言えるだろう。この翻訳は理解しやすく、平易な言葉で書かれており、まさに福音に対する知識をもたない社会主義体制崩壊直後のモンゴルの人々に向けられたものであった。

しかし、この翻訳はテクスト中に過度の説明や補足が加えられ、しばしば意味が曲げられていることがまもなく多くの人々の注意を引き、批判がよせられた。同時に、この翻訳では、「ボルハン」（神）「ザルビラル」（祈り）など、キリスト教の儀礼に対して以前から用いられてきたものとは別の言葉が使われていた。特に、もっとも問題視されたのは「神」の訳語だった。ギベンスの翻訳より前に出版されたモンゴル語聖書で用いられてきたのは〔「仏」に対して用いられる〕「ボルハン」という言葉だったのに対して、彼が用いたのは「ユルトゥンツィーン・エゼン」（世界の主）という、これまで使われたことのないまったく新たな言葉だった。

ギベンスはその後も翻訳を進め、二〇一五年には旧約・新約を含めた全書を『ビブリ』の書名で出版している。

モンゴル聖書翻訳グループ（北村彰秀）訳

北村彰秀は、一九八〇年代から聖書翻訳の活動をはじめた。彼の翻訳は意訳的な傾向がある。一九九八年に新約聖書を、二〇〇五年にその修正版を出版している。また、旧約聖書についても、いくつかの書を個別に出版した後、二〇一六年には新約聖書と合わせた全書を『ビブリ——新たな翻訳』という名で出版している。

モンゴル聖書翻訳委員会訳／アリオン・ビチェース協会訳

一九九三年から、ギベンス訳とは異なる新たな翻訳についての議論が始まった。このグループには、アメリカ人、日本人、韓国人、スウェーデン人が参加し、逐語訳的な翻訳の方針をとり、かつての聖書翻訳で使われてきた用語を採用することを決めた。そして、一九九五年に『ヨハネによる福音書』と『マルコによる福音書』、一九九六年に『新約聖書』を出版した。まもなく、この翻訳は普及し、キリスト教徒たちは「ボルハン」（神）「ザルビラル」（祈り）といった伝統的な用語を使い始めたのであった。英語から翻訳された聖書全書訳がモンゴル聖書翻訳委員会から二〇〇〇年に『アリオン・ビブリ』という名で出版され、今日キリスト教会とキリスト教信徒たちのあいだでもっとも広く用いられているバージョンとなっている。二〇〇三年には、モンゴルにおける聖書翻訳と出版、頒布に従事するための機関として、モンゴル人が主体となってNGO「アリオン・ビチェース協会」（Ариун Бичээс Нийгэмлэг）を設立し、『アリオン・ビブリ』の公式な版権を引き継ぐことになった。この協会より、二〇〇〇年のバージョンに単語などの修正を加えたものが二〇〇四年に出版されたのち、全面的な改訂版が二〇一三年に完成し、二〇一四年に公刊された。

V・ドゥゲルマー訳

聖書翻訳者のドゥゲルマーも、聖書のいくつかの書を翻訳出版している。そこには、箴言、雅歌、哀歌などが含まれる。

「標準モンゴル語訳」プロジェクト

アリオン・ビチェース協会による『アリオン・ビブリ』を、ヘブライ語やギリシャ語の原典にもとづき改訂し、モンゴルの読者にも分かりやすく、かつ聞きやすく、モンゴル語の文法や言い回しの特徴に沿った真正な新訳を出版するため、「標準モンゴル語訳」プロジェクトが二〇一四年から始められている。この翻訳は、モンゴルのキリスト教信徒自身による母語への翻訳であり、聖書翻訳の国際的な実践手順、要請に則って進められている。このプロジェクトは、一〇年あまりの時間をかけて、複数の共同プロジェクトを通して築き上げられた様々なネットワークを土台とし、協会が二〇一六年に正式な会員となった聖書協会世界連盟（United Bible Societies）と共同で進められている。

2　用語および文体上の問題

用語について

ここで、モンゴル国で現在主に用いられている二つの系統の聖書、つまり「モンゴル聖書協会（ギベンス）訳」と『アリオン・ビブリ』（モンゴル聖書翻訳委員会／アリオン・ビチェース協会訳）を比較しながら、そこで用いられる固有名詞、基本的な用語、概念の違いについて、具体的な例を取り上げながら考えてみたい。

まず、固有名詞の綴り方については、モンゴル聖書協会は固有名詞をその起源となる言語からモンゴル語にそのまま転写（音声転写）しているが、細かい発音や筆記に適したものとなっていない。一方で、『アリオン・ビブリ』の固有名詞は英語からの翻字（文字転写）であるため、書き方や発音にところどころ誤りが見られる。「標準モンゴル語訳」プロジェクトでは、聖書原典の言語であるヘブライ語、アラム語、ギリシャ語から①発音、②文字の綴りの双方を参考にした上で、モンゴル語の正書法に則った新たな綴り方を考案している。（表1「固有名詞の対照表」、表2「主要な用語の対照表」参照）

文体について

『アリオン・ビブリ』では、原則として逐語訳が行われている。つまり、ひとつの英語の単語に対して、できる限り少ないモンゴル語を当てるように努められている。底本は『新アメリカ標準訳聖書』（*New Amerian Standard Bible*, 1963）である。

それに対して、一九九〇年の『新約聖書』（モンゴル聖書協会）では、先述したように意訳というよりも、さらに説明的な翻訳が行われている。原典からの翻訳であるとされるものの、補足的な説明が加えられている。
このふたつの翻訳における文体の相違をいくつかの例を通して見てみよう（表3「文体の対照表」参照）。

3　新たな聖書翻訳へ向けて

私たちは現在、「標準モンゴル語訳」のプロジェクトに従事している。そこで私たちが意識しているのは、言語には文化による違いというものがあるが、もともとの原典における文化をモンゴル人の精神においてどのように理解し、それを翻訳を通していかに表現するかということである。例えば、旧約聖書を記した人々は遊牧民だったが、我々モンゴル人も同じ遊牧を生業としていることを考えれば、両者の類似は自ずから明らかとなるだろう。しかし、あいだにヨーロッパの文化を介せば、それによってヨーロッパのものに変化してしまう部分もあるかもしれない。つまり、モンゴル人であれば、ヨーロッパの文化を介さず、旧約聖書の原典を直接自らの文化に当てはめて理解することができ、それゆえモンゴル語として自然な翻訳となる場合がある。

ひとつ例をあげると、遊牧民は、家畜の呼び方を年齢によって使い分けるということがあるが、まさに聖書の原典ではそのような使い分けが存在する。それはまさに生活様式の近似性に由来する言葉の近似性と言えるだろう。また、別の例をあげると、英語の聖書の“valley”という表現［ことば］から、我々は広い谷をイメージしてしまうが、実際にその描写の場所に行ってみたら、かなり小さな川だったということがある。そのようなニュアンスをヘブライ語から直接モンゴル語に訳すことで適切に表現できる場合もある。原典から翻訳することで、英語を介することで失われてしまう、そのような表現の豊かさというものを活かすことができるのではないだろうか。

また、もし聖書をひとつの本とするなら、それはさまざまなジャンルをあわせもつ本ととらえるべきである。そこには歴史書も含まれていて、それは系譜を記したものの場合もあれば、公式の歴史書の体裁のものもある。そして詩もあり、そこには恋愛の詩も含まれている。さらには、たとえ話や手紙もある。一〇〇〇年以上の経験を継承するこの書物は、まさにあらゆるジャンルの文学の宝庫と言えるだろう。その点に配慮するなら、当然、詩は詩として翻訳すべきであり、他の形に翻訳するわけにはいかない。同様に、散文の形で書かれた歴史に関しては散文の形で書くべきある。

それゆえ、聖書に関しては、それを逐語訳すべきか、意訳すべきかという問題もその書の性格に左右されるのである。例えば、詩に関して言えば、ヘブライ語の詩はモンゴル語の詩と同様、語頭を合わせる頭韻の形をとるので、当然モンゴル語でもそれを意識して翻訳すべきである。さらに、ヘブライ語の詩にはアクロスタという形式があり、語頭をアルファベットの順番に合わせて並べるという形式もある。また、音節をとらえることで、リズムを合わせる形式もある。このような形式をどのようにモンゴル語訳反映させるのかは、非常に重要な課題である。逐語訳をとるか意訳をとるかという問題も、まさにそのような問題として議論されるべきなのである。

（本章は二〇一六年一一月五日に開催したシンポジウム「モンゴル語訳聖書とアジアのキリスト教文化」での発表とその後のディスカッションを再構成したものである。モンゴル語、編者訳）

表1　固有名詞の対照表

ヘブライ語／ギリシャ語	ローマ字音写	アリオン・ビチェース協会訳（2013）	ギベンス訳（2015）	標準モンゴル語訳	日本語新共同訳（1987）
עֶזְרָא	ezra:	Езра	Эзээр	Эзраа	エズラ
נְחֶמְיָה	neḥemya	Нехемиа	Нийхмайх	Нэхэмиа	ネヘミヤ
יוֹנָה	yona:	Иона	Ионаах	Ионаа	ヨナ
מִיכָא	miḥa:	Мика	Михаах	Михаа	ミカ
יְשַׁעְיָהוּ	yeshayahu	Исаиа	Яашяах	Иэшаяахү	イザヤ
יְהוֹשֻׁעַ	yehoshua	Иошуа	Ишуугаа	Иэхошүа	ヨシュア
יִרְמְיָה	yirmeya	Иеремиа	Яйрмайх	Иэрмэяа	エレミヤ
חִזְקִיָּהוּ	ḥizkiyahu	Езекиел	Яахизхийл	Хизкияахү	エゼキエル
הוֹשֵׁעַ	hoshe:a	Хосеа	Хүшээ	Хошэа	ホセア
יוֹאֵל	yoe:l	Иоел	Юүгээл	Иоэль	ヨエル
עֹבַדְיָה	ovadya	Обадиа	Увадяах	Овадиа	オバデヤ
Ἀγρίππας	agri:ppas	Агрийп	Агрип	Агриип	アグリッパ
Γαλάτης	gala:teis	Галат	Галат	Галаат	ガラテヤ

（左から2欄目のコロン（：）は長音を意味する）

表2　主要な用語の対照表（1）

ヘブライ語／ギリシャ語	英語	アリオン・ビチェース協会訳（2013）	ギベンス訳（2015）	日本語新共同訳（1987）
אֱלֹהִים Θεός	God	Бурхан	Ертөнцийн Эзэн	神
יְהוָה	LORD	ЭЗЭН	Мөнхийн Эзэн	主
יְהוָה אֱלֹהִים	LORD God	ЭЗЭН Бурхан	Мөнхийн Эзэн, Ертөнцийн Эзэн	主なる神
התפלל προσεύχομαι	pray	залбирах	Ертөнцийн Эзэнтэй ярих	祈る
הִשתחוה προσκυνέω	worship	мөргөх	хүндэтгэх	礼拝する、拝する、拝む
ζωή	life	амь	амьдрал	命
ζωὴ αἰώνιον	eternal life	мөнх амь	мөнхийн амьдрал	永遠の命
κόσμος	world	дэлхий, ертөнц	хүн төрөлхтөн	世、世界
שָׁמַיִם	heaven(s)	тэнгэр, тэнгэр огторгуй	тэнгэр, тэнгэр огторгуй, огторгуй	天
ἡ βασιλεία τῶν οὐρανῶν	kingdom of heaven	тэнгэрийн хаанчлал	мөнхийн улс	天の国
ἡ βασιλεία τοῦ θεοῦ	kingdom of God	Бурханы хаанчлал	Ертөнцийн Эзэний мөнхийн улс	神の国
τοῦ πατρὸς ὑμῶν τοῦ ἐν οὐρανοῖς	your Father who is in heaven (Mat 5:45)	тэнгэр дэх Эцэг	ер бусын ертөнцөд буй Эцэг	天の父
πνεῦμα	Spirit, spirit	сүнс	сүнс	霊
πνευματικός	spiritual	сүнслэг	ер бусын	霊の、霊的な

表2　主要な用語の対照表（2）

ヘブライ語／ギリシャ語	英語	アリオン・ビチェース協会訳（2013）	ギベンス訳（2015）	日本語新共同訳（1987）
ἄγγελος	angel	тэнгэрэлч	ер бусын элч	天使
σατάν, σατανᾶς	Satan	Сатан	адгийн муу ёрын сүнс	サタン
διάβολος	devil	диавол	адгийн муу ёрын сүнс	悪霊
γέεννα	hell	там	мөнхийн зовлон	地獄
ἀπόστολος	apostle	элч	төлөөлөгч	使徒
μαθητής	disciple	шавь	дагалдагч	弟子
ὁ ἐθνικὸς	gentile	харь, харьтан	Ертөнцийн Эзэнийг үл мэдэх хүн, еврей бус үндэстэн	異邦人
נָבִיא *προφητής*	prophet	эш үзүүлэгч	зарлага	預言者
	prophecy	эш үзүүлэх	зөгнөх, үг дамжуулах	預言
βαπτισμός	baptism	баптисм	усаар угаа(х)	洗礼
ὁ λόγος	the Word	Үг	амьд тунхаг	言
τὸ εὐαγγέλιον	gospel	сайнмэдээ	авралын тунхаг	福音
περιτομή	circumcision	хозлол	хөвч хөндөх ёслол	割礼
τό ἀρνίον	lamb	хурга	төлөг	子羊

対照表

	ギベンス訳（2015）	日本語新共同訳（1987）
	Шанган шумбагч амьд биетээр уснууд цалгилтугай	生き物が水の中に群がれ。
	Одоо манайхныг дууриалган, өөртэйгээ төстэй хүн төрөлхтөнийг бүтээе.	我々にかたどり、我々に似せて、人を造ろう。
	Ертөнцийн Эзэн долоодахь өдрөө бүтээж байсан бүх ажлаа зогсоон амарсан учраас тэр өдрийг ерөөн, өөрийнхөө ариун өдөр болгожээ.	この日に神はすべての創造の仕事を離れ、安息なさったので、第七の日を神は祝福し、聖別された。
	Тэгээл Мөнхийн Эзэн, Ертөнцийн Эзэн хөрс шорооны бичил бодисоор хүнийг бүтээн, амьдрал өгөгч сүнсээрээ хамар руу нь үлээхэд хүн амьтай болов.	主なる神は、土（アダマ）の塵で人（アダム）を形づくり、その鼻に命の息を吹き入れられた。人はこうして生きる者となった。
	амийн мод	命の木
	Чи энэ цэцэрлэгийн аль ч модноос дуртай цагтаа жимс авч идэж болно. Харин «Сайн, мууг таниулах мод»ноос хэзээ ч бүү жимс авч ид.	園のすべての木から取って食べなさい。ただし、善悪の知識の木からは、決して食べてはならない。
	(1) Тэрхүү амьд тунхаг нь орчлон ертөнц бий болж, оршин тогтнохоос ч өмнө байжээ. Тэрхүү амьд тунхаг нь Ертөнцийн Эзэнтэй үргэлж хамт байсан бөгөөд үнэндээ тэрхүү амьд тунхаг нь Ертөнцийн Эзэн өөрөө мөн болой. (2) Тэрхүү амьд тунхаг нь орчлон ертөнц бий болохоос ч өмнө Ертөнцийн Эзэнтэй хамт байсан юм. (3) Орчлон ертөнц болон тэнд оршин тогтнож буй бүх юмыг Ертөнцийн Эзэн түүгээр бүтээлгэсэн билээ. Тиймээс Ертөнцийн Эзэн түүний оролцоогүйгээр юу ч бүтээгээгүй болой.	初めに言があった。言は神と共にあった。言は神であった。この言は、初めに神と共にあった。万物は言によって成った。成ったもので、言によらずに成ったものは何一つなかった。
	“Мөнхийн амьдралын зам” (1990) Есүс хариуд нь, - Би өөрөө тэр зам мөн болой. Би өөрөө тэр замаар явах цорын ганц үнэн болой. Би өөрөө тийш очих цорын ганц амьдрал болой. Хэн ч Ертөнцийн Эзэн - Эцэгтэй минь өөр аргаар холбоо тогтоож чадахгүй. Хүн зөвхөн надаар дамжин түүн рүү очиж болно.	イエスは言われた。「わたしは道であり、真理であり、命である。わたしを通らなければ、だれも父のもとに行くことができない。
	... түүнийг болон итгэл нэгт нөхрөө хайрлах сэтгэлтэй болсон хүн л түүнтэй нэгдмэл болж, Ертөнцийн Эзэн өөрөө бас тэр хүнтэй нэгдмэл болдог.	愛にとどまる人は、神の内にとどまり、神もその人の内にとどまってくださいます。

表3　文体の

	ヘブライ語／ギリシャ語	アリオン・ビチェース協会訳（2013）
創世記 1:20	יִשְׁרְצוּ הַמַּיִם שֶׁרֶץ נֶפֶשׁ חַיָּה	Далай тэнгисийн уснаас амьд амьтад сүрэг, сүргээрээ бий болсугай!
創世記 1:26	נַעֲשֶׂה אָדָם בְּצַלְמֵנוּ כִּדְמוּתֵנוּ	Бид дүр төрхийнхөө дагуу бидэнтэй адилхан хүнийг буй болгоё.
創世記 2:3	וַיְבָרֶךְ אֱלֹהִים אֶת־יוֹם הַשְּׁבִיעִי וַיְקַדֵּשׁ אֹתוֹ כִּי בוֹ שָׁבַת מִכָּל־מְלַאכְתּוֹ אֲשֶׁר־ בָּרָא אֱלֹהִים לַעֲשׂוֹת׃	Бүтээж байсан бүх ажлаасаа энэ өдөр амарсан тул Бурхан долоо дахь өдрийг ерөөж ариун болгов.
創世記 2:7	וַיִּיצֶר יְהוָה אֱלֹהִים אֶת־הָאָדָם עָפָר מִן־ הָאֲדָמָה וַיִּפַּח בְּאַפָּיו נִשְׁמַת חַיִּים וַיְהִי הָאָדָם לְנֶפֶשׁ חַיָּה׃	Тэгэхэд ЭЗЭН Бурхан газрын шороооноос хүнийг урлаад, амин амьсгалыг хамраар нь үлээж, оруулахад хүн амьд биет болжээ.
創世記 2:9	עֵץ הַחַיִּים	«Амьдрал өгөх мод»
創世記 2:16	מִכֹּל עֵץ־הַגָּן אָכֹל תֹּאכֵל׃ וּמֵעֵץ הַדַּעַת טוֹב וָרָע לֹא תֹאכַל מִמֶּנּוּ	Чи энэ цэцэрлэгийн аль ч модны жимсийг идэж болно. Харин сайн мууг мэдүүлэгч модны жимснээс идэж болохгүй.
ヨハネ 福音書 1:1-3	(1) Εν *ἀρχῇ ἦν ὁ λόγος, καὶ ὁ λόγος ἦν πρὸς τὸν θεόν, καὶ θεὸς ἦν ὁ λόγος.* (2) *οὗτος ἦν ἐν ἀρχῇ πρὸς τὸν θεόν.* (3) *πάντα δι' αὐτοῦ ἐγένετο, καὶ χωρὶς αὐτοῦ ἐγένετο οὐδὲ ἕν ὃ γέγονεν*	(1) Эхэнд Үг байсан ба Үг Бурхантай хамт байсан агаад Үг нь Бурхан байв. (2) Тэрбээр эхэнд Бурхантай хамт байсан. (3) Бүх юм Түүгээр буй болсон. Буй болсон юмсаас Түүнгүйгээр буй болсон юмс гэж нэг ч үгүй.
ヨハネ 福音書 14:6	*λέγει αὐτῷ* [*ὁ*] *Ἰησοῦς, ἐγώ εἰμι ἡ ὁδὸς καὶ ἡ ἀλήθεια καὶ ἡ ζωή· οὐδεὶς ἔρχεται πρὸς τὸν πατέρα εἰ μὴ δι' ἐμοῦ.*	Есүс -Зам, үнэн, амь бол Би байгаа юм. Хэн ч Надаар дамжилгүйгээр Эцэгт хүрэхгүй.
1ヨハネ手紙 4:16	*ὁ μένων ἐν τῇ ἀγάπῃ ἐν τῷ θεῷ μένει καὶ ὁ θεὸς ἐν αὐτῷ μένει.*	Хайр дотор байгч нь Бурханы дотор байж, Бурхан түүний дотор байна.

第8章　モンゴル語聖書の翻訳と改訳（一九九六―二〇一三年）

ベスド・ヴァンルーギーン・ドゥゲルマー

偉大な翻訳の先達であるB・リンチェン氏は、以下のような興味深い記述を残している。

高僧シラフの知恵の経〔シラ書〕というのは、ビブリという名の乗経のなかの一つの経典の名である。モンゴルでは、その「ビブリ乗」〔Библи хөлгөн〕〔仏教の大乗〔их хөлгөн〕などの呼び方に倣ったものと思われる〕を前世紀からヤコブ・シュミットというドイツの学者が翻訳編纂した、旧い・新しいテスタメントというのがそれである。テスタメントというのは元来、遺言という意味の語である。ヤコブ・シュミットのもとで実際に翻訳に従事した二人の先達〔バドマとノムトゥ〕は、そのラテン語を遺言という意味であるとまだ理解できず、翻訳せずにそのまま「テスタメント」と音写していた。ロシア語、ポーランド語、ドイツ語などのヨーロッパの言語では、ラテン語が依然として宗教言語として使用されていたため、翻訳者たちは「大衆の言葉」として翻訳する発想には至らなかったようである。すでに一三世紀に、ケレイトのワン・カン〔トオリル〔トグリル〕〕が、聖書をモンゴル語に翻訳した書物をもっていたと言われている。それはラテン語から翻訳されたものであるので、「テスタメント」のままではなく何らかのモンゴル語に翻訳していた可能性がある。ラテン語を知る者であれば、それをまさに「遺言」と翻訳したはずだ。

現存する最古の翻訳はシュミットによるものであるが、ワン・カン（トグリル）がモンゴル語聖書をもっていたというのは、とても興味深い情報である。このように、モンゴルの聖書の翻訳と編集には長い歴史があるが、一般的にはスワンとストリブラス、つまり英国外国聖書協会による一八四〇年（旧約聖書）と一八四六年（新約聖書）の翻訳が、一九五二年に香港で出版された新約聖書に至るまでの多くの改訂の基礎になったとされている。

一九九六年の『新約聖書』は、既存の翻訳を参考にしつつ、聖書翻訳委員会によって現代モンゴル語に訳出されたものである。二〇〇〇年には、新たに翻訳された旧約を合わせた『アリオン・ビブリ』が出版され、キリル文字で書かれた現代モンゴル語による初めての旧新約全書となった。その後、外国人宣教師が主導した聖書翻訳委員会は解散し、修正と改訳の作業がモンゴル人を中心とするプロジェクト・組織へと引き継がれた。

まずは、正書法に準拠した文字表記への変更と明らかな誤訳・誤植の修正を行うための八か月間のプロジェクトが立ち上げられた。そのために設立されたアリオン・ビブリ翻訳委員会に、ウールディーン・ゲゲー教会のオトゴンジャルガル氏と私が参加した。延べ二〇〇〇か所の修正を施し、二〇〇四年に暫定的な改訳版が出版されることになる。

その後、委員会は「アリオン・ビチェース協会」（Ариун Бичээс Нийгэмлэг）と正式に改名し、二〇〇四年版を改めて調査するため、パートタイム・フルタイムの従事者とボランティアが国内外から合計三〇人ほど参加、さらに多国籍の評議員も加わった。また、聖書協会世界連盟（United Bible Societies）と国際ＳＩＬ（SIL International）が共同開発した「パラテキスト」のプログラムを主に利用して、できるかぎり原典・原語を土台とする作業を行った。

この作業を始める契機となったのは、第一に、キリスト教がモンゴルにおいて力強く発展し、その中から聖書を学び、研究し、国内外の学校を卒業して、ヘブライ語やギリシャ語を身につけた者も現れてきたことがある。他方で、モンゴル語の分野においても、かつてはツェベルによる一九六六年出版の辞書しかなかったのであるが、二〇〇〇年代に入って科学アカデミーによるツェベルの辞書の改訂版に加えて、ダンヴァジャブやバヤルサイハンなどによる多くの辞書が出版されている。それらによって語義を広げて新たな術語、語句を採用し、利用できるようになった。

そもそも、偉大なる主の生ける言葉は我々の母語だけで表し尽くせるものではなく、我々の豊かな母語はこの身だけで表し尽くせるものではないことを、考慮して語るべきであろう。

二〇一三年版の改訂については、第一に聖書のいくつかの書名を修正したことが挙げられる。しかし、これについては今後も検討の余地がある。例えば、モーセ五書のうちの第二の書を「エジプトから出たこと」(Египетээс Гарсан нь) から「出国」(Гэтгэл) とした。原典には「エジプト」という語はない。一方で、中国語版や我々が目にしたアフリカのある言語のものでは「エジプト」の語を含んでいる。今後、他のいくつかの書名についても検討すべきと考えるが、ある特定の案を採用する段階にはまだない。例えば、「教えの言葉」(Сургаалт үгс) あるいは「金言」(Эрдэнэ үгс) と呼ばれていたものに対して、「箴言」(Зүйр мэргэн үгс) とする案があったが、これは内モンゴルで出版された聖書『アリオン・ノム』の改訳においても用いられたものである。

聖書の原典およびその話者の民族において継承されてきた慣用句や概念、名前、呼称が存在するが、それらをどうしてもモンゴル語に翻訳できない場合には、音写した上で、それによって呼び習わす必要があるだろう。

原典に、ただ一箇所だけ、あるいはわずかな箇所にだけ登場する単語は、可能であれば頻出する他の単語と重複することなく、一貫した語を当てて翻訳すべきである。この点については近年特に努めてきたが、すべてを統一するには至っていない。個人的には、計七年にわたってプロジェクトにフルタイムあるいはパートタイムの形で関わってきたので、正誤のいずれにも責任を負うべき立場にある。現在も探究と検討を続けているところである。

聖書翻訳は、いまや、たった一つの単語や文字に変更を加えることにも、しばしば慎重にならなければならなくなった。我々も、この点には以前より注意して修正を行ってきた。原典の言語と翻訳先の言語の文法の相違にもとづく誤訳というのがあり得る。例えば、「クシュ人」あるいは「クーシュ人」というのを「クシュト」（кушит）人としてしまうような場合である。我々が、〝Mongolian〟というのを「モンゴリアン人」ではなく「モンゴル人」、〝Russian〟というのを「ロシアン人」ではなく「ロシア人」とするのと同様に「クシュ」（куш）人とすべきであろう。また、モンゴル語のブリタニカ百科事典を見ると、「アラメイ人」、「アラメイ語」のような記載がある。アラム語がロシア語で「アラメイスキー」（Арамэйский）語、英語で「アラマイク」（Aramaic）語だからといって、モンゴル語でも「アラメイスキー」語あるいは「アラマイク」語とするわけにはいかない。「アラム」（Арам）語あるいは「アラーム」（Араам）語とすべきなのである。さらに、「アラム」とは本来モンゴル語では、武器の一種（九つの刃先をもつ槍）のことを指す。それゆえ、「アラーム」とするのが適切である。

また、神によって最初に創造された人間は「アダム」（Адам）と広く呼び習わされている。しかし、モンゴルで「アダム」という語は、「迅速な」あるいは「軽快な」という意味をもっているため、原語での発音も勘案して「アダーム」（Адаам）とすべきではないだろうか。しかし、この度の改訂では、そのように修正してはいない。

聖書に頻出する「アリオン〔聖なる〕」という語は、個人や人々、あるいは天使や神に対しても用いられる。これらは、モンゴルではこれまで「聖なる唯一者」、「聖なる人々」、「聖なる者たち」のように翻訳されていた。『アリオン・ビブリ』を翻訳する際、それを原語および他の言語において慣例化しているように「アリオンタン」あるいは「アリオタン」〔いずれも「聖・者」のような形の複合語〕のように訳すべきかという考えも浮かんだが、断固として反対する人もいたため見送った。元来、モンゴル語には「オヨータン」〔学生、オヨーン＝知恵〕、「セへーテン」〔知識人、セヘー＝理知〕、「アジルタン」〔従業員、アジル＝仕事〕のように接尾辞を付す用法があり、またそれは形容詞についても同様で、例えば「オラーンタン」〔革命家、オラーン＝赤い〕、「ツァガーンタン」〔ロシア白軍、ツァガーン＝白い〕、「ゲゲーンテン」〔高僧、ゲゲーン＝明るい〕のように使われる。

今後は、聖書翻訳の問題は、ただキリスト教徒や聖書学者だけではなく、研究者や学識者などを含め、様々な観点、信仰をもつ人々が関わるべきであろう。聖書を、ただ「キリスト信仰」（Христитэл）〔著者の言葉遣いでは福音主義を指す〕、「キリスト教」（Христын шашин）〔同カトリックを指す〕だけの書物とする観点からではなく、人類と創造主を再び結びつけ、地獄の審判からの救いの道を指し示すための、すべての民族、すべての人々に関連する根本的な原典であるという観点からも、とらえ直さなければならない。英語の発展には、聖書の翻訳とシェイクスピアの著作が多大なる貢献を果たしたという。これは、実際にはすべての言語に言えるはずである。

M・ツェデンドルジやTs・ツェレンなど我が国を代表する先達の作家、翻訳者達の記すところによると、偉大な翻訳家リンチェン先生にロシア語の語句について尋ねると、常々「聖書を見なさい」と答えていたという。また、リンチェン氏自身も、聖書に関連する語句、名称、史伝を自らの著作のなかで引用している例が少なからず見受けられる。

聖書翻訳というのは、極めて大きな出来事である。社会や文化のあらゆる現象は、当該の国や民族に伝わるとき、それにともなって新たな概念や語句、術語、決まり事が導入されるのは無理もない。仏教伝播にともなって「祭壇」「供物〔仏に対する〕」「福」「落慶」など、また人民革命にともなって「社会的所有」「イデオロギー」「社会主義的生活様式」など、集団化にともなって「ソーリ」〔社会主義時代に制度化された最小の生産単位〕「ブリガード」〔ソーリが集まった生産単位〕「ウルグン・アイルサルト」〔新しい牧畜生産様式の一つ〕「酪農工場」「医療養育センター」など、民主化・市場化にともない「私的所有」「株券」「多元主義」「債券」「ボーナス」などの概念が入ってきた。

	ヘブライ語	『アリオン・ビブリ』(2004)	『アリオン・ビブリ』(2013)	日本語新共同訳(1987)
創 1：2	תְּהוֹם	гүн	оёоргүй гүн	深淵
1：20	נֶפֶשׁ	амьтан	амьд биет	生き物
2：1	צְבָא	бүх юмс	түг түмэн	万物
2：7	נֶפֶשׁ	амьд оршигч	амьд биет	生きる者
6：9	צַדִּיק	зөв шударга	зөвт, зөв	神に従う
6：14	תֵּבָה	хөвөгч авдар	бүхээг	箱舟
6：14	עֲצֵי־גֹפֶר	хуш мод	говор мод	ゴフェルの木
8：19	מִשְׁפָּחָה	төрөл	овог	それぞれ
16：7	מַלְאַךְ	тэнгэр элч	тэнгэрэлч	御使い
17：10	הִמּוֹל	хөвөч хөнгөх ёслол	хозлох, хозлуулах	割礼
30：14	דוּדָאִים	мандарваа	хүндэс	恋なすび
43：11	בָּטְנִים	самар	шударгалигийн самар	ピスタチオ
43：11	שָׁקֵד	алмонд	буйлс	アーモンド

2004年版と2013年版の語句対照表

（Ариун Бичээс Нийгэмлэг. 2015. Ариун Библийн орчуулга засварын тайлбар бичиг. Улаанбаатар: Ариун Бичээс Нийгэмлэг, 9 тал. より訳者作成）

同様に、聖書についても、その翻訳に関連して信仰・信教に関連する様々な語句、教義が導入されるのも当然のことであろう。ゆえに、我々は言語学、翻訳論、修辞学、転写法など多くの下位分野において、さらなる探究を深め、果敢に賢明な歩みを進めていく必要がある。

二〇一三年版で修正を加えた主な語句や術語などについては、我々の冊子『聖書翻訳解説』（Ариун Библийн орчуулга засварын тайлбар бичиг）の九頁以降に表で示してある。そこから一つ例を挙げると、よく尋ねられるのは、割礼を「フブチ・フンドゥフ」から「ホズロフ」へ変更したことである。最近の辞書類やウェブサイト103.mn〔保健医療系ポータルサイト〕を見ると、この「ホズロフ」という語についてはっきりと解説されており、カザフ語モンゴル語辞典にも記されている。もともと、〔イスラーム教徒である〕カザフ人は聖書に記された方法ではなく、男性器の包皮の先（フブチ）を切除する（フンドゥフ）形で行うため、前者のような術語が用いられていたものと思われる。

もう一つの問題は、詩や韻文の翻訳である。モンゴルの詩には、頭韻を踏む一般的な規則がある。そのため、行が改まるときに文章が連続している場合と、切れている場合がある。我々の以前の翻訳においては、詩の行頭を大文字で記すことだけで、頭韻にそこまで配慮していなかった。容易な方法であったが、音の響きに対する配慮が不十分なものだったと言わざるを得ない。また、二段組の場合、行の改行をどうするかも重要な問題である。ところかまわず改行してしまうと、意味が通じなくなることが生じてしまったため、その位置については試行錯誤した。例えば「あの若い獅子のように忍び足で行く」〔詩編一七・一二〕という詩を、「若い」の後で改行してしまうと「あの若者は、獅子のように忍び足で行く」と意味が変わってしまう。ヘブライ語の言葉は短く、行に収まる情報量が多いため、一行に文章全体を収めることができる可能性が高い。しかし、モンゴル語には、熟語が多く、特に韻文の場合には修飾語が多用されるため、文章が二行にわたることが多く、その場合は改行の入れ方について慎重に検討しなければならない。

最後に、「テンゲレルチ」〔天使・テンゲル＝天、エルチ＝使徒〕や「サインメデー」〔福音・サイン＝良い、メデー＝知らせ〕といった複合語について、これは何も新しい方法ではなく、一九九六年に出版された新約聖書ですでに一部用いられている。原語とそれに近い構造をもつ言語のあいだにも見られるものでもある。このように聖書改訳において注意して検討すべきことは、少なからず生じてきており、創造主の言葉を一語も差し引くことなく、また付け加えることなく行うのは簡単なことではない。特に、文法構造、規則がまったく異なる言葉となれば、様々な困難に直面することは避けられないだろう。

〔本章初出　ヴァンルーギーン・ドゥゲルマー Библийн Орчуулга ба Засвар, 滝澤克彦・芝山豊編『聖書を通して見るモンゴル——東北アジア宗教文化交流史の文脈から』東北大学東北アジア研究センター、二〇一七年、三〇―三七頁、モンゴル語、編者訳〕

第9章　モンゴル語仏典における翻訳論について

金岡秀郎

多様な内容を含む仏典は、すべてを併せて『大蔵経』ないし『一切経』と呼ばれる。チベットやモンゴルにおいて大蔵経は、二つに大別される。

第一はブッダ自身の言葉に帰せられる言葉の集成で、これをさらに二つに分ける。ひとつは、ブッダの言行を記した「経」である。経はキリスト教ならば福音書に近い。他は同じくブッダの言葉によって定められた教団や信者の規範で、「律」と呼ぶ。これら経と律を集めた一〇八巻の叢書をチベット語で「(ブッダの)お言葉の集成」を意味する『カンギュル』と呼び、モンゴル語では『ガンジョール』と転訛する。

第二は経と律に対する注釈や解釈の書である。この叢書をチベット語で「解説の集成」を意味する『テンギュル』と呼び、モンゴル語では『ダンジョール』と転訛し、二二六巻を有する。漢訳では「論」に相当する。『テンギュル』はブッダ自身の言葉ではなく、後世の学問僧が経や律に語釈や哲学的な注解を施したものである。シナ[1]やインドでは、この経・律・論を合わせて「三蔵」と呼ぶ。それらすべてを習得した人の称号が「三蔵法師」で、シナでは特に偉大な翻訳家に対して与えられた。鳩摩羅什や玄奘、不空などがその代表である。こうした三区分法に対して、チベットやモンゴルではブッダの言葉か否かを基準に、『カンギュル』『テンギュル』の二区分法を取った。

一四世紀初頭以来四五〇年、モンゴル人は主としてチベット語の経と律を翻訳し続けた。その熱意により『ガンジョール』は完成、康熙年間に木版により出版された。日本は「日域大乗相応の地」（江戸期真宗高田派の良空の言）といわれ、飛鳥時代以来、仏教は根を下ろしてきたが、その日本においてさえ日本語の大蔵経は出版されなかった。日本では僧侶が漢文に精通していたこともあり、儀式上も研究上もほとんど漢文で済ませてきた。それに対してモンゴル人は、チベット伝来の経典のすべてをモンゴル語に訳す努力を続けた。モンゴルでも法要は一部の例外を除きチベット語で読経するが、研究や解釈のためにひたすら訳経を続けた。その結実が『ガンジョール』であった。『ガンジョール』が出版されると、『ダンジョール』も翻訳する機運が生まれ、雍正、乾隆の時代にかけて出版された。

『ガンジョール』は、清朝の財政的なバックアップのもと、多くの人材の努力により出版された。しかしながら、完成に至るまでに多数の訳家（仏典翻訳家）が関わったため、訳語の不統一という不都合が生じた。こうした事態は、仏典や聖書のような宗教書に限らず、複数の翻訳家が関わる翻訳では付き物である。それを改善し訳語を統一するため、『ダンジョール』の訳出に際し、チベットに倣って「決定訳語」の辞書が作成された。それが、一七四二年に編まれたチベット・モンゴル語対訳辞書の『賢者の源泉』（ᠮᠡᠷᠭᠡᠳ ᠭᠠᠷᠬᠤ ᠶᠢᠨ ᠣᠷᠣᠨ 以下、ＭＧＯと略称）である。通常、我々が使う辞書は「語の辞書」とされ、見出し語を引いて対応する訳語を調べる。一方、ＭＧＯの形式は「文の辞書」で、見出し語単位ではなく、散文や韻文の文章が対訳で示される。そのため単語ごとの検索には向かないが、二言語を対照すると語の対応のみならず、動詞の語尾変化の対応などを知ることができる。われわれにとって驚嘆すべきは、モンゴル人の優秀な僧侶がこの辞書を丸暗記していることである。筆者の体験であるが、モンゴル人僧侶にある単語を尋ねたさい、瞬時にＭＧＯのページを示されたことがある。日本の戦後教育で暗記は強制性があるとして軽視・忌避されがちであるが、モンゴルの僧院ではインドやチベットの僧侶養成法に倣い、現代でも徹底した暗記学習が行われている。暗記すべきテクストには数百頁を超える仏典もあり、その能力と努力には敬服せざるを得ない。

ＭＧＯは、「五明《ごみょう》」を解説する辞書とされる。五明とは、インド起源でサンスクリット語（以下、略記 Skt.）の「パンチャ・ヴィドゥヤー」(pañca-vidyā 五つの光）に由来し、「五科目の学問」を意味する。その学問内容は「大きな五明」と「小さな五明」の計一〇科目に分けられる。ＭＧＯは、大きな五明に基づき章立てされている。大きな五明とは、漢訳でいうところの内明《ないみょう》・因明《いんみょう》・声明《しょうみょう》・工巧明《くぎょうみょう》・医方明《いほうみょう》である。それぞれ、仏教学・論理学・言語学・テクノロジーの学問・医薬学に相当する。ＭＧＯにおいては、第一章から第六章までが内明で、アビダルマや律、各宗旨の思想や密教学など、仏教内部の学説を説く。第七章は論理学で、自己の主張を言葉により論理的・合理的に説明する方法を説く。論理学を独自に生んだのはギリシャ人とインド人とされるが、チベット人やモンゴル人はインド論理学を翻訳して受容した。第八章は聲明の章である。日本で聲明というと僧侶が唱える際のお経の節、メロディーとリズムを指すが、広義の聲明は文法論や音声学、韻律学などを含んだ言語全般の研究をいう。第九章は工芸・芸術などの学問・技術を扱う。具体的には、数学や仏像・仏画の技法、天文暦法、寺院建築などである。第一〇章は治療に関する学問で、医学や本草学（薬学）を説く。最後の第一一章は五明とは別に「新旧記号の蔵」と題され、古い言葉と新しい言葉を並べ示している。このようにＭＧＯは、インド伝来の五科目の内容をチベット語とモンゴル語の対訳で示したものと定義できる。

ＭＧＯの形式は、上段に横書きのチベット語、下段に対訳された縦書きのモンゴル語を記す。オリジナルは木版印刷であるが、それに基づいた写本が伝存し、筆者も断簡を所有する。モンゴルの木版の歴史は古く、チベットですら一五世紀まではモンゴルのものが標準的テクストとされ、モンゴルから印刷技術が導入された[2]。文化の高低を論じる際、チベットを上流、モンゴルを下流とする従来の評価は、木版技術に関しては見直すべきであろう。こうした技術に基づき、清代には多くの辞書が木版により出版されており、ＭＧＯはそのモニュメントのひとつとなった。

ＭＧＯの第一章は「波羅蜜の蔵」と題される。漢語の「波羅蜜」は、サンスクリット語「パーラミター」(pāramitā) の音写で、「向こう岸に行くこと」(到彼岸) すなわち「悟りの世界」を指す。ＭＧＯでは、「波羅蜜の蔵」の冒頭部分に「序説」に相当する論文が記されている。序説の内容は「仏教史」と「(仏典) 翻訳論」である。仏教史ではインド仏教史、チベット仏教史、シナ仏教史、モンゴル仏教史が順を追って記述される。ＭＧＯの仏教史は、『蒙古源流』(ᠡᠷᠳᠡᠨᠢ ᠶᠢᠨ ᠲᠣᠪᠴᠢ) や『アルタン・トプチ』(ᠠᠯᠲᠠᠨ ᠲᠣᠪᠴᠢ) などの仏教的歴史観とは異なる視点で書かれている。モンゴルの仏教的歴史観によれば、ブッダの子孫がチベットの国王の先祖となり、さらにその子孫がモンゴルに至ってチンギス・ハーンの先祖となったとする遺伝的系譜を定型とする。[3] 一方、ＭＧＯはそれと異なり、各仏教史が並列的に記述されている。同様の歴史記述法は、この時代のチベット学者にしてＭＧＯの共著者のひとりであったモンゴル人のタイジ・ゴンボジャブの著書にあり、筆者はＭＧＯの仏教史は彼によって書かれたものと考えている。[4]

ＭＧＯの序説では、仏教史に続いて仏典の翻訳論が述べられる。その理論と技術は文献学的にも言語学的にも興味深いテーマであり、以下本論ではその翻訳論を見てみたい。[5]

ＭＧＯ序説の翻訳論は、その内容を以下のごとく項目立てることができる。項目の番号は筆者が便宜上付したものである。

第一は、仏典を翻訳する心構えで、翻訳の宗教的・精神的な意義を説く。

第二以降が翻訳における技術論で、初めに語順の取扱いが述べられる。モンゴル語仏典は原則的にチベット語文献から翻訳されているので、両言語の語順は必ずしも一致しない。ここではその解決法を説く。

第三は「削除と補訳」で、モンゴル語訳で冗長になったり、訳語では原意を訳し足りない場合の対処法が述べられる。

第四は「翻訳すべき語」と「借用（不翻）すべき語」についてで、言語学でいう borrowing もしくは loan word の問題を論ずる。すなわち、チベット語をモンゴル語に翻訳すべきか、それとも原語のまま借用すべきかの基準を定める。

第五は、原典尊重の思想である。ここでは、『ダンジョール』が収蔵する論書を訳出する場合、チベット・モンゴル仏教で基本典籍として重視する『大論書』(Mon. ᠳᠠᠨ ᠵᠤᠤᠷ Tib. བསྟན་ཆེན་མོ) に遡って訳語を選定すべしと述べる。『大論書』は具体的にはゲルク派で根本論とされる『五部大論』を指す。それらは因明・般若・中観・アビダルマ・戒律に亘る典籍である。モンゴル人がインド仏教やチベット仏教をどのように解釈したかを知る指標の一つは、モンゴル語仏典における訳語の研究である。従来、インド仏教の研究者たちからは、モンゴル仏教はチベット仏教のエピゴーネンであり、独自性はないとして省みられることは少なかった。しかしＭＧＯは訳語の規範として『五部大論』を示し、それに基づく正確で統一的な翻訳を心掛けるべきであるとする。今後それらの訳語の研究を進めることにより、モンゴル人の仏教解釈の特色が明らかになろう。

第六は、比喩の翻訳規範である。それによれば、チベット語原典における比喩的表現は比喩のままモンゴル語に訳すべきで、比喩の示す語に置き換えてはならぬとする。例えば、ロバの比喩「良い喉を持てるもの」は逐語訳し、「ロバ」とすべきではないとした。

第七は多義語の問題である。ここでは、学派によって術語の意味が異なる場合、機械的に同一の訳語を用いず、それぞれの学派の定義に則してモンゴル語訳せよとする。

第八は文法の扱いである。チベット語とモンゴル語では時制や完了形など、文法的に相違がある。ここでは動詞の語尾変化などの両言語の対応関係を示す。

第九は新旧の語義の変化への対処を述べる。モンゴル語仏典は長い翻訳期間を経て成立したため、原語の語義も変化した。ここでは実例を示して新旧語義への注意喚起を行う。

第一〇は「偈頌《げじゅ》」すなわち詩の翻訳に関する問題である。偈頌とは音節の長短によって韻律を作るインドのシュローカ（śloka）で、チベット語は異なる音韻体系の言語にも拘わらず母音の長短を設定して翻訳した。モンゴル語訳では、チベット語訳を尊重して韻文とすることを定めている。併せてモンゴルの伝統的な頭韻四行詩も用いよとする。

第一一は、仏教の術語をモンゴル語訳する際は、恣意的な訳語を作らず、常に論書に立ち返る原則に従うべしと規定している。

以上がMGOの規定する仏典翻訳論の概要であるが、本稿では特に四番目の借用語をめぐる問題について論じてみたい。以下は、MGOの該当部分の拙訳である。[6]

一つの名（詞）が多くの意味に当たる（場合）など、（ことばの）前後をよく審《しら》べて一（語に訳語を）決定することができるならば、いずれの（意味）にも至るようなそのような（ことば）に翻訳す（べきで）あり、（訳語を）決定することができず、モンゴル語において二つの意味に当たる名（詞）が見出せなければそのままチベット語で置くべきである。

ここで述べることは以下の通りである。起点言語のチベット語の単語が多義で、対応するモンゴル語の一単語が選択できない場合は、モンゴル語に翻訳せず、チベット語のままにしておけとする。チベット語のままということは、借用せよとの指示である。続けて、

またパンディタ（＝学匠）、得道者および皇帝、大臣をはじめとする名を翻訳すれば理解しがたくまた言いにくくなる。また（もし）推測して翻訳できるとしても、意味はそのようでもあり、（あるいはそうで）な

いかも知れず、〔このような〕諸々の名の始めか終わりのよろしきに従って、〔何々〕パンディタとか〔何々〕皇帝、〔何々〕花などといういずれか言うべき一つの名を加えて、〔その上で原語たる〕インド語かチベット語の名によって〔そのまま固有の語で〕置くべきである。

以上の趣旨は、固有名詞を翻訳すると意味が不明になるので、訳さず借用せよとする。さらに、借用のみで意味が分かりづらい場合には分類辞（classifier）を付けることを指示している。分類辞とは、名詞や固有名詞にそれが示すものを付加する語で、例えばインドの神話的高山の「スメール」（Skt. Sumeru）のモンゴル語音写「スンベル」（ᠰᠦᠮᠪᠦᠷ）に山を意味するモンゴル語「オール」（ᠠᠭᠤᠯᠠ）を加えるようなことをいう。

MGOの翻訳論は、チベットで九世紀の始めに書かれた『二巻本訳語釈』（སྒྲ་སྦྱོར་བམ་པོ་གཉིས་པ་）に同様の記述が見られる。『二巻本訳語釈』は先行するサンスクリット語チベット語辞書『マハーヴュトゥパッティ』（Mahāvyutpatti）の難語釈で、四一三語の語義を解説する辞書である。その序文に述べられた翻訳論に以下のような一節がある。筆者の旧稿では山口瑞鳳の和訳(7)を引いたが、ここでは筆者辱知の石川美恵の明瞭な新訳を引用する(8)。

「〔どれか〕一種類の〔訳語の〕中には、この項目すべて〔の、それぞれの訳語の意味〕を〔すべて収めようにも〕収めることも出来ず、一つに決めようにも、〔それを決める〕大きな根拠が無いものは翻訳せずに、インド語のままにしておきなさい」

「国、衆生、花、植物などの名称〔で、それ〕を翻訳したならば、誤解されたり平易でないもの、或いは大体〔の意味〕としては訳すことも出来るが、意味としては〔本当に〕その様であるのかどうか疑わしいものなどについては、語頭に、「yul」であるとか、「me tog」などの〔ようなものであって、〕何について〔言って〕いるのか〔を示す〕名称を付け加えて〔後は〕インド語の通りにしておきなさい」

次に漢訳仏典における翻訳理論のうち、四大訳家の一人である玄奘が説いたとされる「五種不翻」を見てみよう。玄奘によれば以下の五種類の文物は翻訳せずにインドの言葉のままにせよという。玄奘はこれを「不翻」といい、言語学では借用・音写という。ＭＧＯの翻訳論との系統的関係は証明できないが、類似の思想・技術として刮目したい。これまで玄奘の五種不翻は法雲『翻訳名義集』の「序」に引用されたものが典拠とされてきたが、近年では景霄の『四分律行事鈔簡正記』巻二に見える文章がより早い記録とされる。[9] 両者には順序や実例に相違があるが、紙幅の都合上、旧来の出典のみを引用する。

唐奘法師論五種不翻。一秘密故。如陀羅尼。二含多義故。如薄伽梵具六義。三此無故。如閻浄樹。中夏實無此木。四順古故。如阿耨菩提。非不可翻。而摩騰以来常梵音。五生善故。如般若尊重智慧軽淺。

（『翻訳名義序』『大正大蔵経』巻五四、一〇五五頁上段）

第一に密教の語は、翻訳すべきでないとする。第二は多義語の翻訳の禁止である。例えばサンスクリット語 bhagavat は六義あって一語に翻訳できないので「薄伽梵」と音写せよとする。第三はインドにあってシナにないものは、翻訳すべきでない。例として「閻浄樹」という木が挙げられている。第四は「阿耨菩提」のごとく先例により定着した借用語がある場合はそのまま残すべしとする。第五は宗教的に深い意味を有する語は借用すべしと説く。例えば prajñā を「智慧」と訳せば「浅薄」になってしまうので、「般若」と音写すべしとする。先述のごとく玄奘とＭＧＯの所説との系統的な関係は未詳である。しかしながらＭＧＯの共著者のひとりであり、その序文の著者と目される[10]ゴンボジャブは漢文仏典に通じており、漢訳の理論や技法を学んでいた可能性は否定できない。

次に、モンゴル語仏典における借用語の実例を示しておこう。以下、借用語（モンゴル文字表記、「意味」、原語）のごとく記す。アヨーシ（ᠠᠶᠤᠰᠢ「無量の寿命がある・阿弥陀仏」の意、Skt. āyus)。ボディソン（ᠪᠣᠳᠢᠰᠤᠩ）「悟りを求める者・菩薩」Skt. bodhisattva)。ディヤン（ᠳᠢᠶᠠᠩ「座禅・禅那・静慮」Skt. dhyāna)。ニルヴァン（ᠨᠢᠷᠸᠠᠨ「涅槃」Skt. nirvāna)。ガラブ（ᠭᠠᠯᠠᠪ「途方もなく長い時間・劫」Skt. kalpa`)。ザンボティブ（ᠵᠠᠮᠪᠤᠲᠢᠪ「この世・インド」Skt. jambudvīpa)。サンサル（ᠰᠠᠩᠰᠠᠷ「輪廻」Skt. saṃsāra)。

モンゴル語訳仏典において文献学的に興味深い点は、チベット語仏典ではサンスクリット語をチベット語訳しているにも関わらず、それを原典とするモンゴル語仏典ではサンスクリット語を音写した借用語が見られることである。その理由は、天山ウイグルのウイグル人の翻訳したものがモンゴル語仏典の基層にあり、それが後の翻訳者にも用いられたからとされる[11]。モンゴル語で仏教を指すシャシン（ᠱᠠᠰᠢᠨ）なども、ウイグル語経由でサンスクリット語 śāsana（「教え」）が入った例である。しかし、アミタ（ᠠᠮᠢᠲᠠ）は一説に漢語の「阿弥陀」から入ったともいわれ、モンゴル語仏典における借用語の多様な系統が知られる。

最後に分類辞を付ける例も挙げておこう。ソダダニ・ハーン（ᠰᠤᠳᠤᠳᠠᠨᠢ ᠬᠠᠭᠠᠨ ブッダの父の名、Skt. Śuddhodana)。ザンダン・モド（ᠽᠠᠨᠳᠠᠨ ᠮᠣᠳᠣ 香木の白檀、Skt. candana)。

以上見たように、『賢者の源泉』は、仏典翻訳に供する辞書であるとともに、翻訳に関する理論と技術を示した翻訳者の手引書であった。

注

（1）漢民族とその土地・文化の総称として本章では「シナ」を使用している。

（2）伏見英俊「蔵外文献木版印刷についての一考察」『日本西蔵学会々報』四八、二〇〇二年、五一―六八頁。

（3）金岡秀郎「モンゴル史書におけるインド・チベット的王統譜の成立と展開」『日本とモンゴル』四一（一）、二〇〇六年、八四―一〇八頁。
（4）金岡秀郎「merged Garqu-yin orun（MGO）におけるモンゴルの伝統的歴史観の転換とタイジ・ゴンボジャブ」『内陸アジア史研究』二二、二〇〇七年、二一―三八頁。
（5）その全訳には金岡秀郎「『merged Garqu-yin orun（MGO）』序章所載「モンゴル仏典の翻訳論」和訳と註解――附蒙蔵対訳テクスト」（『日本とモンゴル』四〇（一）、二〇〇五年、六一―七八頁）があり、抄訳とその訳注研究に、金岡秀郎「モンゴル語仏典における借用語許容の規範――『メルゲッド・ガルヒン・オロン』に見える不翻の理論について」（『大倉山論集』二二、一九八七年、一三三―一五二頁）、および同「モンゴル語仏典翻訳の規範――『merged Garqu-yin orun（mGo）』序章に見る翻訳論」（城生佰太郎博士還暦記念論集委員会編『実験音声学と一般言語学』東京堂出版、二〇〇六年、五七〇―五七九頁）がある。
（6）書誌学的データは金岡「『merged Garqu-yin orun（MGO）』序章所載「モンゴル仏典の翻訳論」和訳と註解――附蒙蔵対訳テクスト」（前掲）を参照されたい。
（7）山口瑞鳳「『二巻本訳語釈序』研究」『成田山仏教研究所紀要』四、一九七九年、一―二四頁。
（8）石川美恵訳注『二巻本訳語釈――和訳と注解』（Studia Tibetica No. 28）東洋文庫、一九九三年。
（9）船山徹『仏典はどう漢訳されたのか――スートラが経典になるとき』岩波書店、二〇一三年。
（10）金岡、前掲書（注4）。
（11）庄垣内正弘「〝古代ウイグル語〟におけるインド来源借用語彙の導入経路について」『アジア・アフリカ言語文化研究』一五、一九七八年、七九―一一〇頁。庄垣内正弘「モンゴル語仏典中のウイグル語仏教用語について」『アジアの諸言語と一般言語――西田龍雄教授還暦記念論文集』三省堂、一九九〇年、一五七―一七四頁。

第10章　フランシスコ会訳聖書ならびに教父文書の邦訳刊行に携わって

小高　毅

1　はじめに

一九四三年のことである。当時のローマ教皇ピウス一二世は回勅『ディヴィノ・アッフランテ・スピリトゥ』の中で、直接原文からの聖書の翻訳を勧めた。当時、カトリック教会の公式語はラテン語であって、典礼祭儀はラテン語で行われていた。当然、聖職者の知的養成もラテン語で為されていた。そのような中でこの方針が打ち出されるのは画期的なことであった。但し、これが実際に功を奏するのは、一九六二年から一九六五年にかけて開催された第二バチカン公会議による教会の刷新が打ち出されたことにもよると言わねばならない。それはともあれ、日本のカトリックにおいて、日本語による聖書の翻訳がフランシスコ会に回ってきたのは、香港でフランシスコ会が聖書の中国語への翻訳を行っていたことによる。一九五六年にフランシスコ会聖書研究所が設立され、このプロジェクトは開始された。

2　フランシスコ会聖書研究所の聖書翻訳

最初に挙げたピウス一二世の勧告に応えて、旧新約聖書の各書の原文を批判校訂しつつ注を付したうえで分冊の形で出版する企画が実現され、第一巻として出版されたのは『創世記』で一九五八年のことだった。最終巻の第三七巻にあたる『エレミヤ書』が刊行されたのは二〇〇二年。その間四六年の歳月を要したことになる。これだけの時間がかかった理由は、人材が限られていたこと――中心メンバーは外国人、日本語の堪能な助手との共同作業だった――に、加えて、共同訳・新共同訳の刊行に当研究所のスタッフが加わったことも挙げられる。他方で、この間に『マルコによる福音書』『ヨハネによる福音書』『ルカによる福音書』の三巻の改訂版が出版されている。新約聖書では最初に刊行された『マルコによる福音書』の改訂版（一九七一年、Ⅳ頁）には次のような言葉が記されている。

初版のとき（一九六二年）は、本文批判の注において、ギリシャ語新約聖書ボベル版を底本としましたが、アメリカ、イギリス、スコットランド、オランダ、ドイツの聖書協会共同版が出版されてからは、当所発行の聖書はずっとこれを底本としていますので、本書改訂の際もこれを用いました。

つまり底本が変わったことに加えて、「初版発行後、とみに進んだマルコ研究」の成果を取り入れることがあげられる。また、その後刊行された『マタイによる福音書』（一九六六年）と『ルカによる福音書』（一九六七年）、いわゆる共観福音書の整合性を整える必要もあった。当然、聖書諸書の研究の進展ということを考えると、聖書本文だけでなく、注を付しての刊行を目指したものであれば、他の書も逐次改訂版を出していかなければならないことになる。『ヨハネによる福音書』の場合は別の理由もあった。同書の初版（一九六九年）には「試みとして、地の文における敬語使用をやめてみました」とある。つまり、「イエスは言われた」「イエスは仰せになった」ではなく、「イエスは言った」と表現されている。これはこの当時、他の諸外国にも見られたことである。というよりも諸外国に見られた動きにならったというべきであろう。アメリカでも敬語を用いない翻訳が出版されたが、不評で敬語を用いた改訂版が出されたと聞いている。

現在、これらの分冊は書店に並べられていない。つまり、絶版の状態である。例えば、創世記は一九五八年、レビ記は一九五九年、出エジプト記は一九六一年に刊行されている。つまり既に五〇年以上前ということになる。当然、その後の研究成果を踏まえた解説、注、そして本文の改訂訳が必要になる。更にもう一つの点がある。差別語の問題である。これらのことを踏まえて改訂版を出すとなると未刊の諸書の翻訳出版が滞ることになる。それまでフランシスコ会聖書研究所での翻訳出版一筋に歩んできた担当者は高齢になっており、彼の仕事を継承する人材はいなかった。そのような状況で私が呼び出されることになった。私自身、聖書学を専門に勉強した人間でなかった。フランシスコ会に属しているが、これまで分冊刊行中は聖書研究所とは一切かかわりはなかった。そんな私が合本化の企画の段階で呼び出されたのは、教父、即ち、古代キリスト教において司教として信徒の司牧活動にあたるとともに、教理の土台を固めつつあった人物の著作の翻訳を手がけていたことから、「お前がやれ」ということになったのだと内心思っていた。それ故、その後、ずっと「私でいいのかな」という思いを抱き続けての作業になった。

そもそも私の学徒としての出発点は古代教会の教父オリゲネスの初期の代表作である『諸原理について』との出合いにあったと言えよう。当時の司祭の養成がラテン語の習得から始まったことで、ギリシャ語の原文は残されておらず、古代におけるラテン語訳が現存しているということで、辞書を傍らに、ラテン語を読み始めた。本来ギリシャ語で著作したオリゲネスのギリシャ語原文が残っていたら、敢えてラテン語訳に挑戦するということもなかったであろう。幾つかのラテン語訳の作品を翻訳した後、わずかに残ったギリシャ語原文の作品へと進んで行くことになった。その後は、アタナシオス、ダマスコのヨアンネスといった教父たちの翻訳にも向かうことになる。その流れの集大成となったのは『原典古代キリスト教思想史』（教文館、一九九九―二〇〇一年）の名のもとに刊行された教父文書からのアンソロジー全三巻であった。

分冊で既に刊行されたものを一冊にまとめる。それだけでは簡単な作業と思われるであろう。だが実際に始めてみると、何とか刊行にまでこぎつけたが、非常に苛酷な仕事であった。外から見て、強引な仕事だと思った方もいたと思う。確かに強引で独断的なところがあったと認めねばなるまい。が、そうでもなければ今でも未刊行だったであろうと密かに思っている。何がそんなに大変だったかというと、聖書独特の表現を統一することよりも、ごく普通の文体が問題となるのである。何人かの研究者が分担してそれぞれの書を邦訳するわけである。人それぞれに文体は個性的なものである。分冊の場合は気にならなかったことが一冊にまとめることによって浮き彫りになる。これを敢えて統一することは訳者の意に添わないこともある。そのようなことを無理やり押し通して完了した次第である。何とか一段落したと思った矢先に、修道会の長上から次の仕事を命じられた。これも聖書にも教父にも直接関係するものではなく、会の創立者であるアシジのフランシスコの死（一二二六年）後間もなくして書かれた諸種の伝記の既に邦訳刊行されていたものの改訂訳を作り、これもまた合本として出版するというものであった。これは『アシジの聖フランシスコ伝記資料集』として二〇一五年に刊行された。

このように積極的な意図のもとではなく、仕方なくと言ってもいい状況の中で始めた仕事ではあったが、二〇一一年聖書の合本化と出版の作業に取り組んでみて幾つかのことを考えさせられた。その一つは「どこまで意訳は可能なのか」という点である。もちろん、教父などの著作を翻訳してきた経験から、翻訳は訳者の理解から逃れられない。つまり訳者が理解した範囲のことを日本語に表現するのである、ということを痛感してきた。しかし、何と言っても聖書の特殊性である。聖書はキリストを信じる人々にとっては「命の書」であり、その言葉は神から受けたものとして生活の中に生かすべきものである。しかし、他方から言えば、洗礼を受けたキリスト教徒だけではなく、初めて手にした人の心にも響くものを持っている。ということは、その人にも理解されるものでなければならない。それ故にこそ、翻訳の在り方が問われると言えるであろう。実例をあげて、見てみることにしよう。

3　心の貧しい人

よく知られた例はマタイ福音書の五章三節であろう。「幸福《さいはひ》なるかな、心の貧しき者」と訳した文語訳聖書（一八八七年）以来「心の貧しい人」と訳されてきた。「心が貧しい」。これは決して誉め言葉ではないし、逆説とも取れない。それを鑑みてフランシスコ会聖書研究所訳（以後、フランシスコ会訳と略す）は「自分の貧しさを知る人は幸いである」としてきた。ちなみに岩波書店から出た新約聖書では「幸いだ、乞食の心を持つ者たち」とある。他にも日本の読者に分かる翻訳にするには本文を大胆な意訳とするか、注として説明を加えることが考えられる。この点から見るとカトリックの聖書の翻訳書では注を付すことが勧められていることもあってフランシスコ会訳では、「『自分の貧しさを知る人』は、一般には『心の貧しい人』と訳されているが、直訳では『霊において貧しい人』。人を幸福にするのは、自分の力で手に入れられるこの世の富ではなく、祈りによって与えられる恵みだけである」と注を付している。ちなみに、ラテン語ウルガタ訳の訳者として知られ、カトリック教会では聖書研究の保護聖人とされている古代教会のヒエロニュムスはこの箇所を次のように解釈している――現代の聖書学者は評価しないが。

「霊によって貧しい人々は幸いである」（マタイ五・三）。これは、「霊によって謙遜な者たちを救われるであろう」（詩三三［三四］・一九）と他の箇所で言われているのを我々が読んでいることである。主が説かれたのは必要なものを全く有していないような貧しさであると何人も考えることのないよう、「霊によって」と言い添えられた。それは貧困ではなく謙遜であると理解されるためである。聖霊に従って進んで貧しい者となっている「霊によって貧しい人々が幸い」なのである。それ故、救い主は、このような貧しい人々について、イザヤを通して次のように語られるのである。「主は私に油を注がれた。それによって、私は貧しい人々に福音を伝えるために遣わされたのである」（イザ六一・一）。

（『原典古代キリスト教思想史3ラテン教父』教文館、二〇〇一年、二〇三頁）

もう一つ、フランシスコ会訳でよく指摘されてきた例はパウロの「義」と「エン・クリスト」の翻訳である。「義」は「神との正しい関係」、「エン・クリスト」は「キリストに結ばれ」と訳されている。二〇一一年の合本では、「神との正しい関係」は「義」に訳し変えてある。この訳語に関しては、他の翻訳と同じものになったわけだが、同じ翻訳であればいいのだろうか。これも問題の一つである。

4　独自の解釈に基づく翻訳の実例

この例とは別に、あえて他とは異なる訳を守った箇所もある。ヨハネ福音書二〇章六b―七節がそれである。新共同訳では「彼は墓に入り、亜麻布が置いてあるのを見た。イエスの頭を包んでいた覆いは、亜麻布と同じ所には置いてなく、離れた所に丸めてあった」とある。

フランシスコ会訳合本では「墓の中に入ってよく見ると、亜麻布が平らになっており、イエスの頭を包んでいた布切れが、亜麻布と一緒に平らにはなっておらず、元の所に巻いたままになっていた」とあり、次のような注が付されている。

六b―七節は通常次のように訳出される。「ペトロは墓の中に入り、そこに置いてあった亜麻布と布切れとを見た。この布切れは頭を包んでいたもので、亜麻布から離れた所に丸めて置いてあった」。この訳では、なぜ「もう一人の弟子」（伝統的には「十二人」の中のヨハネとみなされてきた。一八・一五とその注（五）参照）がこれを「見て（イエスの復活を）信じた」（八節）かは理解し難い。ギリシャ語句の微妙な意味をくんだ本訳からは、その弟子が埋葬用の布の状態を見て、イエスが亜麻布と手ぬぐいを抜け出る自由な復活体となったことを悟ったものと推測できる。この推測は、後続の二か所（一九、二六節）で、同じ日の夕方またその八日目のこととして、戸（原文では「戸」は複数）にも鍵がかかっていたにもかかわらず、イエスがそれを通り抜けて家の中に入って来た、と繰り返して述べる著者の意図的と思われる強調からも裏づけられる。「亜麻布」は恐らく長い一枚の布で、頭の所で半分に折り、遺体を包んだものであろう（一九・四〇、マタ二七・五九、マコ一五・四六、ルカ二三・五三参照）。「頭を包んでいた布切れ」は、一一・四四でラザロの蘇りの場合に「顔の周りは手ぬぐいで包まれていた」と記されているように、死に際して自然に開く顎を閉めておくためのものであった。その布が、元の所にイエスの頭を縛った輪の形のまま、平らになった亜麻布の中に残されていた。

もう一つは、ヨハネ福音書二一章七節である。新共同訳では「イエスの愛しておられたあの弟子がペトロに、『主だ』と言った。シモン・ペトロは『主だ』と聞くと、裸同然だったので、上着をまとって湖に飛び込んだ」。フランシスコ会訳合本では、「イエスの愛しておられたあの弟子が、ペトロに『主だ』と言った。シモン・ペトロは『主だ』と聞くと、下には何も着ていなかったので、仕事着の裾《すそ》をからげて、湖に飛び込んだ」。ここにも注が付されている。

「下には何も着ていなかったので、仕事着の裾をからげて」は、従来「裸だったので上着をまとうと」と訳出されてきたもので、裸で主の前に出るのは失礼である、との発想からの解釈であった。しかし、この場合「上着」の原語「エペンデュテース」は、むしろ「労働着」、「仕事着」、「労働用の上っ張り」の意であり、また、「裸だった」は、ほとんど何も着用していないような状態を指すので、「仕事着のみの軽装」の意である。したがって、仕事着のみを着用した状態、つまり、「仕事着の下は裸だった」状態を指している。この解釈に従えば、上に羽織った仕事着を脱ぎ捨てるわけにもいかず、泳ぎやすいように仕事着の裾をたくし上げたと考えられる。「からげて」の原語「ディアゾーンヌユミ」は、一三・四でも「(身に)着けた」と訳した語で「巻きつける」「たくし上げる」意である。なお、下に何か着ていれば、泳ぎやすいように仕事着は脱ぎ捨てて泳いだであろう。本訳は、最も論理的であるこの解釈を取って訳出したものである。なお、「裾」は翻訳上の補充語である。

5　どこまで意訳は可能なのか

このような問題はフランシスコ会訳だけの問題ではない。例えば、カトリック教会で唱えられている聖務日課『教会の祈り』の詩編の訳も多々問題がある。礼拝式での唱え易さ、歌い易さを根幹としている日本カトリック典礼委員会訳『詩編』(一九七三年)は聞いて意味が取りやすい言葉を選んだのであろうか、意訳のためか内容的に三分の二程度になっている。一つだけ例を挙げたいと思う。例えば詩編一四二編八節である。『教会の祈り』では第一主日の「前晩の祈り」に用いられるが、そこでは次のように訳されている。

わたしを捕われの身から救い出してください。
わたしは救いの恵みを感謝し、
あなたに従う人のつどいの中で
あなたの名をたたえる。

新共同訳では

わたしの魂を枷から引き出してください。
あなたの御名に感謝することができますように。
主に従う人々がわたしを冠としますように。
あなたがわたしに報いてくださいますように。

フランシスコ会訳合本では

わたしを獄《ひとや》から助け出し、
あなたの名に感謝させてください。
あなたがわたしを恵まれるので、
正しい者たちがわたしの周りに集まるでしょう。

次のような例もある。

曲が付けられて歌われるので、最近では馴染みになっている詩編一三三編は『教会の祈り』では、第四金曜日の「昼の祈り」で用いられている。その冒頭（五四八頁）は、

兄弟のように　ともに住むのは、美しく、楽しいこと
（新共同訳）

これに対して、他の訳では次のようになっている。

見よ、兄弟が共に座っている。なんという恵み、なんという喜び
（新共同訳）

見よ、兄弟が睦まじく住むのは、何と麗しく、快いことか
（フランシスコ会訳）

もう一つ例を挙げると、『教会の祈り』第四土曜日「朝の祈り」に用いられるエゼキエル書の賛歌（三六・二四―二八）の二六節の訳である（五六一頁）。

わたしは石の心を取り除き、愛の心を　おまえたちに与える

他の訳では、

わたしはお前たちの体から石の心を取り除き、肉の心を与える
（新共同訳）

お前たちの体から石の心を取り除き、肉の心を与える
（フランシスコ会訳、「身体的な清めがもたらす内的刷新を指す」の注あり）

ただし、同じ『教会の祈り』で同じ箇所（三六・二五―二六）が第二主日の「朝の祈り」の「神のことば」で朗読されるが、そこでは、次のようにある（一七九頁）。

あなたがたの　からだから石の心を除き、肉の心を与える

6　古代教会の聖書研究

ここで思い起こされるのが古代教会のオリゲネスである。彼は最初の聖書学者といわれている。彼の聖書研究の基礎的なものとして『ヘクサプラ』（六欄組対照聖書）というものがある。これは当時流布していたギリシャ語訳聖書とヘブライ語版聖書を比較して本文を定める本文批判の最初の試みである。ただし、中心は七十人訳ギリシャ語聖書の本文を確定することにある。なぜ、七十人訳聖書なのかといえば、オリゲネスにとって、それこそが使徒たちから教会が受け継いだものだったからである（この問題に関して言及すると長くなるので、ここでは割愛する）。この本文批判の研究と並んで、聖書の各書の三通りの作品があった。本文を一節一節詳細に解釈する「注解書」、聴衆を前にした連続講話である「ホミリア」、難解な箇所・用語をピックアップして説明する「スコリオン」である。それらの中で、文字通りの意味、道徳的意味、神秘的意味を展開するのであるが、興味深いのは、ほとんどの箇所で何通りもの解釈を提示しており、選択は聴き手に任せていることである。場合によっては、「わたしの後にもっと優れた人が出て、その解釈のほうがふさわしいと思えば、それに従ってください」とまで言うのである。

このようなことを考えた上で、私が辿り着いた一つの結論は、聖書という書物の翻訳の場合、「閉じられた翻

訳」ではなく「開かれた翻訳」の方が良いのではないか、つまり、さまざまな理解の可能性を残した翻訳が望ましいのではないか、というものである。

7　聖書の本文批判と解釈の実例①

次にもっと大きな問題となったのは、本文批判から生じる問題である。つまり、底本を決めて、それを忠実に分かりやすく翻訳するというのではなく、最新の研究成果を踏まえて、敢えて底本とは異なる本文を採用して翻訳をする、すなわち校訂するということである。これは特に、フランシスコ会訳が「原文校訂による口語訳」とうたっていることから生じた課題でもある。その結果、従来慣れ親しんできたのとは違った本文となっている箇所が生じるということである。早くから指摘されていたのが分冊で刊行された『詩編』（一九六八年）であった。たとえば詩編三六編一〇節に「命の泉はみもとにあり、あなたの光のうちに、わたしたちは光を見ます」とある。「世の光」「光からの光」である御子キリストを通して「近づくことのできない光の中に住んでおられる」（Iテモテ六・一六）御父を見ることであると、教父たちが好んで解釈した箇所である。ところが分冊では「いのちの泉はみもとにあり、あなたの野にわれらは光を見る」となっている。ここにも次のような注が付されている。

「野」（神話の理想郷の概念に符合する）は前節の「家」に平行するものである。
「光」は人を至福にする神の顔の輝きをさす。……

前節九節は「あなたの家の　味よきものに満ち足りる。あなたは　喜びの流れを　かれらに飲ませる」と訳されている。

そして、これまた馴染みの「ヒソプをもってわたしをきよめてください。わたしはきよくなるでしょう。わたしを洗ってください。雪より白くなるでしょう」という詩編五一編九節も分冊では「わたしから罪を取り去ってください、わき水よりも清くなるでしょう。わたしを洗ってください。雪より白くなるでしょう」となっている。ここにも次のような注が付されている。

伝統的な訳は、「ヒソプをもってわたしを清めてください。わたしは清くなるでしょう」。本訳では〔ヒソプの〕母音を一字変えて「わき水」と読み、後半の「雪」の平行句と解した。……

ユダヤ教から受け継いだものとして、キリスト教においても詩編は公式な祭儀においても個人的な祈りにおいても用いられてきた。初期の荒れ野に籠った隠遁者たちは一五〇の詩編を毎日唱えていたとも言われる。当時、黙読するのは珍しいことで音読するのが普通であった、ということは、目、口、耳と五感を通して聖書の言葉を受け容れていたのである。エキュメニカルなものとして新共同訳が出た時に、その使用を拒否し、従来のものを用いた共同体があったとも聞いているが、不思議なことではない。五世紀に七十人訳ギリシャ語訳からのラテン語版に代わるものとしてヒエロニュムスによる原文からの翻訳が出た時にアウグスティヌスはそれを拒否したという例もある。また、教理も啓示の書としての聖書に基づくのであるから、聖書の理解と教理の理解とは切り離されないもののはずである。「祈りの原則は教理の原則」（Lex orandi Lex credendi）という格言もこれに関わるものであろう。

8　聖書の本文批判と解釈の実例②

もう一つの例がシラ書である。一九八三年刊行の分冊ではときどき節が欠番になっており、その部分は欄外の注で訳出されている。本書の古代ギリシャ語訳は三〇―三六章の配列がヘブライ語本、およびそれから直接翻訳した古代語訳（旧ラテン語訳、シリア語訳）と異なっている。後者のものこそ元来の配列であると考えるジーグレルの校訂版を底本としたことによっている。

シラ書に関してはもう一つの点が挙げられる。第二正典として取り扱われてきた同書はヘブライ語原本から著者の孫がギリシャ語に翻訳したもので、ヘブライ語原本は失われてしまったと考えられてきた。ところが一八九六年にカイロのユダヤ教会堂の廃本貯蔵室で同書の三分の二を占めるヘブライ語写本が発見され、さらにその後もいくつかの断片が発見された。それらとの比較の結果、ギリシャ語訳はヘブライ語からの直訳というよりはギリシャ語圏の読者に分かりやすいものとなっていること、またかなり不正確な写本を底本とし、誤訳も多々あることがわかってきた。そのため、フランシスコ会訳分冊では、欄外の注にヘブライ語版からの翻訳が載せられている。

詩編とシラ書の邦訳はいずれも最新の研究成果を踏まえたものであった。しかし、詩編に関して述べたことにも通じるものがある。もちろん、聖書を個人的な読み方をしてはならない、教会の教えるとおりに読まなければならない、と言うつもりで問題としているわけではない。これまでずっと読み継がれてきた本文とは全く違ったものを、これこそが元来の表記ですと差しだされた場合、どう対処すべきなのか、という問いかけである。丁度、そのころＤ・ブラウンの『ダ・ヴィンチ・コード』（二〇〇四年）という小説が話題になり、作品の中で「フィリッポによる福音書」とか「マグダラのマリアの福音書」とかがあげられている。これは「ユダの福音書」の翻訳が刊行されたときでもあった。それらが果たして聖書なのか話題にもなった。これらの書はグノーシス派の聖書であるが、いわゆる正統教会では聖書とは認めなかったものである。それにはそれなりの理由もあった。今の私にとってそれらの書は興味深い文献ではあるが、聖書ではない。

9　聖書学者の本文批判と伝統的に共同体で読まれてきた聖書本文

では先ほどの問題はどうなのであろう。一人の聖書研究者の見解がこれまで読み継がれてきた聖書本文に取って代わりうるのであろうか。J・ペリカンによる『聖書は誰のものか?』（二〇〇六年）があったが、聖書は聖書学者のものなのだろうか、それとも教会、信仰共同体のものなのだろうか。教会で読み継がれてきたからこそ聖書なのでないか。新しい発見により解釈の可能性が広がることは喜ばしいことである。歓迎しなければならないだろう。しかし、聖書こそが教会の、ということは私たちの信仰を育んできたものであること、またその信仰は使徒たちの時代から綿々と受け継がれてきたものであり、次の世代に受け渡すものであることも忘れてはならないだろう。決して、個人的に聖書を読んではならない、と言いたいのではない。信仰者として聖書を読むとき、「センスス・フィデイ」（sensus fidei）、信仰の感性をもって読まねばならない、否むしろ、聖書を読むことでセンスス・フィデイは養われるのではなかろうか。

10　カトリック教会における聖書

第二バチカン公会議の後、カトリックにおける聖書の位置づけは大いに変わったと言えよう。歴代の教皇は聖書を読むように勧めている。前の教皇ベネディクト一六世の使徒的勧告『主のことば』（七五頁）には次のように述べられている。

要するに、わたしたちは、たとえ限界はありながらも、歴史的・批判的方法に価値と必要性があることを認めます。しかし、わたしたちは教父から次のことを学びます。釈義は「聖書本文の文章表現の中に、聖書本文が表現する信仰の現実を再発見しようと努め、この現実をわたしたちの時代の信仰者としての経験に結びつけるのでなければ、聖書本文が意図するところに忠実とは言えない」。わたしたちはこのような展望のもとで初めて、神のことばが生きていて、現代の生活の中でわたしたち一人ひとりに語りかけてくるのを見いだすことができます。その意味で、キリスト教信仰に従って理解された、教皇庁聖書委員会の霊的な意味の定義は完全に有効であり続けます。霊的な意味は「聖書本文を聖霊の影響のもとで、キリストの過越の神秘とそこから来る新しいいのちの文脈で読むとき、その本文によって表現されている意味であると定義することができる。この文脈は事実、実在する。新約聖書はそこに聖書の成就を認めている。したがって、聖書は聖霊におけるいのちの文脈でもあるこの新しい文脈の光に照らして読むのが通常である」。

オリゲネスにしても他の教父たちにしても、その著作の大部分は聖書に関するものである。オリゲネスは言う。「聖書は神の霊によって書かれたものであり、一読してすぐわかる意味だけでなく、多くの人の気付かない隠れた意味も有している」。そのために聖書解釈論をも書き上げている。彼と並ぶ偉大な神学者であったアウグスティヌスも『告白』の中でキリストの言葉として述べている。

わたしは大人の食べ物だ、成長してわたしを食べられるようになれ。食べるといっても、肉体の食べ物のように、お前がわたしを自分の体に変えるのではない。逆に、お前がわたしに変わるのだ。

他方で、アシジのフランシスコは「本を読むことよりも祈ることを好んだ」と言われるが、「学問を通して身につけた聖書についての知識は持っていませんでしたが、……聖書の深みを探ることができました」とも言われており、神の言葉が書かれるということから紙切れすら足で踏みつけることのないようにと弟子たちに諭している。み言葉に対するフランシスコの思いが、修道会の活動の一つとして聖書研究に取り組むことになったと言えよう。こう考えてみると、聖書の合本化の仕事は私にとって横道にそれたのではなく、通過点であったと思っている。

11　日本における邦訳聖書の出版

その後新しい共同訳が企画されたことは耳にしたが、そう簡単には出版にまでは至らないと思っていた。ところが、二〇一八年に『聖書――聖書協会共同訳』が出版され、その前年には福音主義に立って訳された『聖書――新改訳二〇一七』といった二つの新訳になる旧新約聖書が刊行された。それ以前の翻訳聖書としては協会訳、そして改訳、新改訳聖書、共同訳（一九七八年）、新共同訳（一九八七年）、新改訳（新約一九六五年、旧約一九七〇年）、バルバロ訳（一九八〇年。聖書学者からは支持されなかったが、カトリック信徒にとっては一時期唯一日本語で読めるものであった）、そして岩波書店版（新約聖書五分冊、一九九五―一九九六年／旧約聖書一五分冊、一九九七―二〇〇四年／新約合冊版、二〇〇四年／旧約合冊版全四巻、二〇〇四―二〇〇五年）があった。個人訳としては、新約聖書に限れば塚本虎二訳、前田護郎訳、本田哲郎訳、近年のものとして田川建三訳、福音書に限られているが山浦玄嗣訳がある。その一方で、文学者の間で今でも根強い支持を得ていることから文語体の聖書が文庫本として復刻されている（岩波文庫『文語訳――新約聖書』二〇一四年、『文語訳――旧約聖書Ⅰ―Ⅳ』二〇一五年）。それだけではない。グノーシス主義のナグハマディ文書のほぼ全巻が翻訳され出版されており、七十人訳ギリシャ語旧約聖書も分冊で翻訳刊行されている。地方の都市でも大きな書店に行けば、宗教書のコーナーがあればその一段を聖書が占めている。キリスト者が人口の一パーセントに満たないこの日本で「聖書は永遠のベストセラーである」ことを実感させられる。その一方で、「日本人にとってキリスト教とは何なのか」と考えさせられる。「キリスト教を知れば世界がわかる」といったうたい文句でキリスト教を解説する本も多々ある。教養としてのキリスト教とでも言ったらよいのだろうか。明治になってのキリシタン禁教令の撤廃の後、第二次宣教期を迎えるが、カトリックもプロテスタントも宣教の対象を知識層に絞ったといえる。ミッションスクールは本来の貧しさ故に学ぶことのできない子らよりも良家の子弟の学び舎と成る。そして、キリスト教徒になることは西洋風メンタリティを受け容れることになっていく。来日した宣教師たちもいつの間にか、かつての迫害の中での宣教を忘れてしまう。道徳的な面から見れば日本人に伝えるものはないといって帰国した宣教師もいたと聞く。キリスト教徒=品行方正な人というイメージが出来上がってきた。それに反旗を翻したのが遠藤周作であったと言える。とはいえ、日本人の側から見れば、人間イエスの魅力には抗しがたいものがあった。「汝の敵を愛せよ」といったイエスの言葉は知らない人の方が少ないほどに流布し受け入れられている。だが、そのイエスを神の子として信じるまでには至らない。消費文化の中にとっぷりと浸り、科学万能を信奉する現代社会はキリスト教に限らず、宗教的なものに対しては関心はない。それは二〇一九年のローマ教皇フランシスコの来日にも表れていたのではあるまいか。来日前後の報道ぶりが思い起こされる。だが、その時の辛口の説教も馬耳東風に終わった感がある。イエスの言葉が耳に響く。

わたしが来たのは、地上に火を投ずるためである。その火が既に燃えていたらと、どんなに願っていることか。

（ルカ一二・四九）

（本章は二〇一五年六月一八日に日本エキュメニカル協会で行った講話を元にしている）

第11章　聖書のケセン語訳から見えてきた日本の翻訳文化

山浦玄嗣

1　はじめに

フランシスコ・ザビエルが日本にキリスト教をもたらしたのは一五四九年。一時は六〇万人とも言われる信者を獲得した。その時代の日本の総人口を一五〇〇万人程度に考えると、総人口の四パーセント、二五人に一人がキリシタンだったことになる。その後キリシタン禁制の迫害が続き、明治になって禁制が解かれたものの現代の日本ではカトリック、プロテスタント合わせて人口の一パーセント弱に過ぎない。長崎県だけは四パーセントと、往時のキリシタン時代の比率を保っているものの、他は微々たるものである。

戦前のキリスト教徒の数は約三〇万人。戦後宣教師が多数日本にやってきて、一時はかなりの影響力があって、一〇〇万人ほどにもなったが、その後は全くの足踏み状態である。キリスト教系の学校、ミッションスクールも数多く、その中のかなりのものが有力な進学校として有名であり、宗教教育も行われているのに、年に五〇万人もの卒業生を送り出しているそのなかで洗礼を受ける数は極めて少ない。

遠藤周作、曽野綾子、三浦綾子などのキリスト教文学も一時盛んであったものの、近年はほとんど鳴りを潜め、知的分野における文化活動が停滞しているように見える。

その理由は何かと多くの人々が考察している。現世利益を説かないからだとか、いろいろ理由が考えられているが、わたしはもっと根本的な原因があると考えている。それはキリスト教そのものに対する理解の未熟である。

キリスト教の教えは何といってもまず聖書によって伝えられる。カトリック教会はその他に、教会の信仰生活における伝統をも信仰の源泉のひとつとして重んじている。一般の日本人は聖書が書かれた古代のヘブライ語やギリシャ語を解することはできないから、翻訳を読んでその心を理解せざるを得ない。ところがその翻訳が日本語の常識からはかけ離れた訳文にあふれており、これを読んだだけですりと理解することは困難である。それどころかしばしば正反対の意味に取られてしまう。この難解な翻訳が、日本におけるキリスト教理解の未熟の大きな原因であるとわたしは考える。

わたしは故郷岩手県気仙地方の友人たちが福音に親しめるようにとの思いから、古代ギリシャ語の原典からケセン語に福音書を翻訳する仕事に着手し、『ケセン語訳新約聖書四福音書』[1]を著し、ついでそれをもとに気仙地方のみならず全国の日本人のために『ガリラヤのイェシュー——日本語訳新約聖書四福音書』[2]を著した。この作業で原則としたのは、①既存の訳からの重訳を避け、ギリシャ語原典から直接訳すこと、②聖書翻訳に特徴的なさまざまの特殊専門用語（その多くは新しく工夫された漢語）を避け、民衆が日常用いている平易な語意、表現を使用することを厳守することとした。

この作業を通じ、これまで生半可な理解のままにしてきた多くの言葉が明快な表現を得、イエスの言わんとすることがよく理解できるようになったと思う。その仕事の一部を述べ、聖書翻訳におけるさまざまの問題点を考察したい。

2　ケセン語の基礎

わたしは昭和一五年に生まれ、幼少期を岩手県気仙郡越喜来村（現大船渡市）で過ごした。当時、村にキリスト教徒は我が家一軒だけで、伝統的にキリシタン邪宗門徒として嫌われ、第二次世界大戦中は外国の神を信じる国賊の扱いを受けた。差別と偏見による不愉快な体験がキリストの教えをふるさとの仲間に正しく伝えたいという強い望みを産んだ。あの時代、標準語は東北人にとっては馴染の薄い言葉で、少し込みいった話になると理解も覚束なく、異質な音韻の発音も至難の業だった。日本語訳聖書を聞かせられても、気仙衆にはピンと来ない。気仙の言葉、すなわちケセン語に翻訳しなければならないと思った。

ところがケセン語には文字がない。文法体系や音調体系の整備も手付かずであった。三五歳の時に始めたケセン語研究は二五年をかけて一応の完成を見、『ケセン語入門』、『ケセン語大辞典』などにまとめられた。ここで、新約聖書四福音書の翻訳に着手し、意味の取りにくい日本語訳聖書から離れ、古代ギリシャ語の原典から直接翻訳することを試みた。これが『ケセン語訳新約聖書四福音書』で、これを改訂し日本中の人々に楽しく読めるような配慮をした『ガリラヤのイェシュー――日本語訳新約聖書四福音書』を発表した。従来の翻訳とはかなり違った表現を採用したので、それを解説する『イエスの言葉――ケセン語訳』、『イチジクの木の下で』（上・下）を発表した。ここではその中のいくつかの例を挙げ、新約聖書を翻訳する際に突き当たった諸問題を紹介する。

3　翻訳語彙の問題

新約聖書は二〇〇〇年前の古代ギリシャ語で書かれ、日本人に馴染のないユダヤ教世界での出来事を記している。当時の社会、宗教上の多岐にわたる用語は日本語の語彙体系では間に合わない。そうした語彙を翻訳する時に、従来日本人は漢語の造語力を利用してきた。表意文字である漢字は造語力にすぐれる。幕末、明治期に西洋文明に接した日本人はその膨大で異質な語彙体系を、漢字を組み合わせて作り出した新語によって翻訳し、吸収する努力をしてきた。こうして作り出した新漢語は漢語の故郷である中国にも逆輸入され、現代中国語は、人民共和国、共産主義、社会主義等々膨大な和製漢語で溢れている。

漢字は見ただけでその意味が概ね理解できる。詳しい意味は後で勉強することにして取り敢えずはおぼろげな理解で間に合わせ、どんどん先に進むことができる。そのため、物事の基本的理解をいい加減にして、一知半解の砂上楼閣を築き上げてしまう危険がある。特に哲学や宗教用語は難しい。「アウフヘーベン」（Aufheben）を「止揚」と訳しても普通の日本人には何のことやら見当もつかない。「定立は反定立の否定を受け、反定立もまた定立によって規定を受ける」という文を理解できる人は千人にひとりもおるまい。これは自分がよほど愚かなのか、教養がないのかと落胆し、ついには学ぶ意欲も失う。

聖書の翻訳に当たってもこのような問題は際限もなく多い(6)。そもそも「神」の概念が多神教の伝統のもとにある日本人のそれと一神教のそれとでは大いに異なる。モンゴル語でも神を「ボルハン」と訳すか、「ユルトゥンツィーン・エゼン」と訳すかは深刻な論争だと聞く。ヨーロッパ語においても同じで、英語の god は日本語の神と同じく、そもそも多神教的概念の語である。だから複数形 gods がある。全く概念の異なる一神教の神を表すために、苦し紛れの工夫で頭文字を大文字にし、God と表記して間に合わせた。一神教の本家古代イスラエル人もモーセ以前は元々多神教徒であり、彼らの言語ヘブライ語で一神教の神を表す語「エロヒーム」は多神教的神概念の「エロアハ」の複数形である。それなのに複数形の「エロヒーム」を主語とする文の術語には単数の活用形を用いることが多い。本家本元でも、一神教の神概念を表すのには苦心したのではあるまいか。

ここから派生してくるさまざまの思想を表わす言葉も、訳すのには相当な工夫が要る。そこで取り敢えず簡便な漢語の造語力を利用し、それらしい新漢語を工夫して訳語に充てるのだが、これが後々大きな問題を生じた。日本語は「いろは四十八文字」だけで足りる単純な音韻体系である。一方の中国語は子音も母音も非常に多く、四声の区別もある。漢和辞典を見るとショウという音の漢字が六八七も収載されている。常用漢字が二一三六、『漢字源』という中型の辞書に収載されている漢字は一七〇〇〇。これらを組み合わせた二字熟語の数は天文学的で、同音異義語がやたらと多くなる。書かれた漢字を目で見ないと理解できないので、日本語は耳の言葉ではなく目の言葉になったと言える。

この弊害は聖書の翻訳においても顕著に見られる。

4　聖書翻訳用特殊漢語

聖書翻訳用の特殊新漢語の例を『聖書　新共同訳』（一九八七年）からいくつか挙げてみよう。なお、ここに引用する新共同訳というのは、現在日本で最も広く用いられているもので、カトリック教会とプロテスタント諸派が協力して作った標準語訳の聖書である。

天の国

これは「バシレイア・トーン・ウーラノーン」（*βασιλεία τῶν οὐρανῶν*）の訳語で、「神の国」（*βασιλεία τοῦ θεοῦ*）とも言う。以前の「ラゲ訳新約聖書」（一九一〇年）の翻訳が「天国」であったので、現在の日本語では「天国」が聖書由来の漢語として流通している。往昔、切支丹はポルトガル語の音訳で「はらいそ」と言っていた。キリスト教は天国に行くことを人生の最終目標に掲げているから、これについて理解することは大切だ。

「バシレイア」の訳語「国」という日本語には、一定の位置と面積を持つ国土の概念がつきまとう。だから

「天の国」と聞けば、天空はるかな雲の上かと空想する。そんな場所は現実にはないから、これは死後の異次元世界のことだろう。だが、これはイエスの真意とは違うらしい。

ルカ福音書一七章二〇―二一節でイエスは「神の国は、見える形では来ない。『ここにある』『あそこにある』と言えるものでもない。実に、神の国はあなた方の間にあるのだ」（新共同訳）と言っている。場所とは無関係で、人と人との交わりの中にあるという。それならこれは実体のある「もの」ではなく、ある状態を指している。「国」は実体であって状態ではない。ここでバシレイアを「国」と訳すのはおかしい。

岩隈直『増補改訂新約ギリシヤ語辞典』（増訂六版、二〇〇〇年）には「バシレイア＝①王たる事、王位（王権）、支配、統治。②王国」とある。バシレイア・トーン・ウーラノーンは「神（天）の支配（統治）」あるいは「神（天）の王国」であり、「支配と王国との厳密な区別は困難だが、前者が主要な観念」だという。国土という実体概念を伴わない以上、これは「神の統治」と理解するほうが、イエスの言葉を正しく表わす。ただし、支配とか統治などの漢語は気仙の民衆の日常語彙ではない。耳で聞いただけでスルリとわかるように「神さまのお取り仕切り」と訳した。

伝道の書（コヘレトの言葉）八章九節に「今は、人間が人間を支配して苦しみをもたらすような時だ」とある。聖書によれば、人が人を支配することから来る不幸が繰り返し糾弾されている。そんなことはもうおしまいにしようと、イエスは言う。神さまは人がまことの幸せに至るように取り仕切ってくださる。スッパリと気持ちを切り替え、神さまのお取り仕切りに身を委ねよう。人間の救いはそこにある。これは、死後の世界のことではない。今生きている「お前さんたち互いの間」のことである。

洗　礼

キリスト教に入信するときの儀式「洗礼」は「バプティスマ」（*βάπτισμα*）の訳である。イエスが活動を始める少し前に、洗礼者ヨハネという人物がヨルダン川の岸に現われて、人々に洗礼を授ける運動を始めた。そのやり方はこうである。

まず志願者を川の深みに導き、全身を水に沈める。当然、息ができない。苦しい。鼻や口からブクブクと息が漏れていく。それとともに自分はこれまでの生き方と別れる。ザバッと水から顔を出すと新鮮な空気が窒息寸前の肺の中に吸いこまれる。今新たな命を得、新たな自分になるのだと念じる。

後世、これは簡略化された。額に水を注ぎ、それで洗礼だとする。キリスト教のいくつかの派では今でも全身を水槽の中に沈める儀式を行っていて、こっちは浸礼とも訳されている。

バプティスマに相当する言葉は日本語にもケセン語にもない。「お水くぐり」とした。「くぐる」は身をかがめて物の下や狭いところを通り抜けること、この場合は水面下を通り抜けることだ。水の中に沈み潜って、今までの生き方に別れて、新たな生き方へとくぐり抜ける。ここにバプティスマの意味がある。

聖霊

新約聖書にはギリシャ語「プネウマ」（*πνεῦμα*）、ヘブライ語「ルーアッハ」の訳として「霊」が多出する。その意味は「風、息、呼吸、生命力、心、霊、魂」。これに「ハギオス」（*ἅγιος* = 聖なる）という形容詞をつけた「聖霊」は神さまの霊のことになる。

たった一つの単語がこんなにも違った多くの意味を合わせ持つのは不思議である。「心は風ではない」という文をギリシャ語にしたら「プネウマはプネウマではない」となるのだろうか。古代人は、風は神さまの息で、神さまが御機嫌のよいときにはやさしいそよ風が吹き、お怒りになると猛烈な大風になると考えた。だから風と息とは同じものだった。神さまが泥人形を作り、鼻孔に息を吹きこむと生きるものとなり、人祖アダムになった。神さまの息には物を生かす力、命があり、その息が鼻から出入りするので動物は生きている。息をして生きているものは心を持つ。心は考える力であるから、魂であり霊でもある。これらは区別なくプネウマであった。マルコ福音書一章一〇節にこうある。

καὶ εὐθὺς ἀναβαίνων ἐκ τοῦ ὕδατος εἶδεν σχιζομένους τοὺς οὐρανοὺς καὶ τὸ πνεῦμα ὡς περιστερὰν καταβαῖνον εἰς αὐτόν.

（イエスが）水の中から上がるとすぐ、天が裂けて〝霊〟が鳩のように御自分に降《くだ》って来るのを、御覧になった。

（新共同訳）

この《霊》プネウマは風、息吹、霊……。目には見えない。目に見えないものを「御覧になった＝見た」はずがない。「見る」と訳されている動詞「ホラオー」（ὁράω）には「体験する」意味もあり、ここではこの意味だ。また「鳩のように」は、動詞「カタバイノー」（καταβαίνω＝降《おり》くだる）を修飾する副詞句で、優しく、温かく、よいことの形容だ。だからここは次のように訳せる。

イエシューさまが水から上がったそのとき、天が割れて、そこから神さまの息がソヨソヨと、まるで鳩の舞うがごとくにやさしく、おのが頭《こうべ》の上へ吹き下ろしてくるのを感じなさった。

（ガリラヤのイエシュー）

「神さまの息＝聖なるプネウマ」は「聖霊」と訳さる。こんな漢語は気仙衆には理解できないし、同音異義語も多すぎる。「霊」という語感も薄気味悪い。プネウマを「神さまの息」と訳すと、言葉が活き活きと身体性を帯びて感じられる。優しい神さまが顔を寄せて語りかけてくださる。その香ばしい息がわたしの頰にかかり、体中を包みこむ。神さまの熱い思いを運ぶその息を胸いっぱいに吸いこむと、神さまの心がわたしの中に入りこみ、神さまの命がわたしの命と一つになる。神さまは「慈しみ」そのもの。その「胸の思い」を運ぶ「神さまの息」。この原初的な感動は、三つ子の心も動かそう。

地　獄

地獄と聞いてまず思い出すのは仏教の地獄だ。人は死ぬと別の生に輪廻転生する。生前の行いの善悪に応じて、六道すなわち地獄、餓鬼、修羅、畜生、人間、天上に生まれ変わる。最悪の世界が地獄で、地の底にある。

新約聖書に出てくる死者の世界には、まずヘブライ語で「シェオール」、ギリシャ語で「ハデス」（ᾅδης）と呼ばれるものがある。地下深くにある闇の世界で、新共同訳では「黄泉」。暗く寂しく穢れた場所だ。当初は懲罰的意味はなかったが、後世ゾロアスター教の影響で懲罰の場と理解されたという。

もう一つは悪人が投げ捨てられ、消えない火で焼かれる「ゲエンナ」（γέεννα）。「地獄」と訳される。イエスはよく邪な人間に対して「そんな奴はゲエンナの火に投げこまれるぞ」と脅かしている。これはエルサレム南城壁外の谷間の名、ヘブライ語「ゲー・ヒンノム」（ヒンノム谷）のギリシャ語への音写である。

かつて古代イスラエル人が彼らの神さまを棄てて、異教の神々を信仰した時代があった。ヒンノム谷に設えた祭壇の前で歌と踊りに宗教的狂乱状態になり、泣き叫ぶ我が子を生贄として火に投じた。この狂信の時代に多くの預言者が立ちあがり、愚かしく虚しい信仰から人々の心を彼らの神さまのもとに命がけで引き戻した。

迷妄の目が覚めれば、我が子を捧げて仰ぎ見た聖なるヒンノム谷はおぞましい罪に穢れた地である。我が手で焼き殺した子らの悲鳴のいかにしても消せない記憶に悶えて、生きながらの地獄を味わったに違いない。かくてヒンノム谷は最も神聖な場所に隣接する最も穢れた場所となり、エルサレムの街から排泄される汚物の捨て場になった。あらゆる汚物が、この谷に向かう「糞の門」を通ってここに棄てられ、焼却された。病死した家畜や罪人の死体もここに捨てられ、焼かれた。天刑病と呼ばれたハンセン病の患者もここに追放された。ヒンノム谷には腐った汚物に集る蛆が尽きず、消えることのないおぞましい火が燃え、悪臭に満ちた煙が漂っていたのだ。

「そんな奴はヒンノム谷の焼き場に投げこむぞ！」

イエスのこの言葉は、極めて具体的な、凄まじい迫力に溢れた叱責なのであった。中世の迷信や、怪奇な空想によって捏《こ》ねあげられた「地獄」ではない。

愛

キリスト教は愛の宗教だといわれる。福音書でも「アガペー」（ἀγάπη＝愛）は大活躍し、「あなたの敵を愛しなさい」とか「主なる神を愛しなさい」など耳に胼胝《たこ》ができるほど聞かされる。しかし「愛する」と言われて心に浮かぶのは、まず男女の恋愛感情だ。

「織田信長は森蘭丸を愛した」と言い、「主君は臣下を愛する」とは言うが、「森蘭丸が主君織田信長公を愛した」とは言わない。臣下は主君を「お慕いする」のであって、「臣下が主君を愛する」という言い方はない。『日本国語大辞典』（小学館）に「愛」について「対象となるのは人・動植物・物事などさまざまであるが、対象への自己本位的な感情や好意を表すことが多く、……人に対して使う場合は目上から目下へ、強者から弱者へという傾向が著しかった」とある。

聖書の「愛」は明治中期以後の翻訳語だ。しかも、目上から目下へ向かう言葉だったものを逆転させて無礼にも神さまに対してまで濫用した。

「あなたの敵を愛しなさい」と新共同訳のイエスは言う。「愛する」には「好き」という自己本位的感情が必要だ。一方「敵」とは、殺したいほどの、これも自己本位的憎悪感情の対象である。ある感情が湧くのは自然現象であり、制御できないから、これは矛盾だ。

一五九二年刊行のキリシタン文書『どちりいな・きりしたん』では「アガパオー」（ἀγαπάω）を「大切」と訳した。「大切／大事にする」は「愛する」に似るが、違う。好き嫌いの感情とも上下関係とも無縁で、相手本位の行動を言う。これは意志的な「行為」で、「感情」とは無関係である。重要なのはこの点である。「敵を愛せ」は無理難題でも、「憎い敵《かたき》であっても大事にしろ」と言われれば「ああ、敵に塩を送るの精神だな！」と納得も実行も可能である。

天国、地獄、聖霊、愛……と、ここに挙げたのはそのほんの数例に過ぎない。その他にもキリスト教理解に枢要な位置を占める多くの聖書翻訳用の、難解な漢語が目白押しだ。これらをしっかりと吟味していかないと、日本人の心に響く翻訳にはならない。

5　奇妙な和語もどきの表現

一見普通の日本語のように見えて、その心の伝わらない訳も多く、読者を困惑させている。

心の貧しい人

マタイ五章三節に有名なイエスの言葉がある。

Μακάριοι οἱ πτωχοὶ τῷ πνεύματι, ὅτι αὐτῶν ἐστιν ἡ βασιλεία τῶν οὐρανῶν.

心の貧しい人々は幸いである、天の国はその人たちのものである。（新共同訳）

日本語で「心の貧しい人」というのは「高貴な精神が欠如し、他人の痛みなど理解しようともせず、自己中心的なさもしい奴」のことである。そんな人物がどうして「天の国＝神さまのお取り仕切り」に優先的に招かれるのか。奇妙な話である。

「心の貧しい人」はギリシャ語の「プネウマに関して弱り切っている人々」（*οἱ πτωχοὶ τῷ πνεύματι*）の訳である。「プトホイ」（*πτωχοί*）は弱り切っている人、貧乏人、乞食、病人、哀れな境涯の者のこと。「プネウマ」（*πνεῦμα*＝風・息吹・呼吸・生命・心・霊魂）に「心」の意味がある以上、「心の貧しい人」という訳は可能だ。しかし、「心が貧しい」という日本語の慣用句の意味はギリシャ語原文の意味からは著しく離れる。

プネウマに関して弱り切っている人とは、具体的には「鼻息の弱い人」のことだ。金もなく、力もなく、地位もなく、健康にも恵まれず、貧乏に打ちひしがれ、望みもなく、頼るものとてなく、吐くため息も弱々しい、そういう人のことだ。だからわたしはこう訳した。

　頼りなく、望みなく、心細い人は幸せだ。
　神さまの懐にシッカリと抱《いだ》かれるのはその人たちだ。
（ガリラヤのイェシュー）

わたしは復活である

ヨハネ福音書一四章六節
Ἐγώ εἰμι ἡ ὁδὸς καὶ ἡ ἀλήθεια καὶ ἡ ζωή…
わたしは道、真理、命である。
（新共同訳）

ヨハネ福音書一一章二五節

Ἐγώ εἰμι ἡ ἀνάστασις …

わたしは復活である。（新共同訳）

「わたし＝イエス」は一箇の人間で、実体のある〈もの〉だ。一方「真理」は頭で考えた〈こと〉、概念であり、五感で感知できる実体はない。真理とは「ある物事に対して例外なく当てはまり、それ以外には考えられないとされる知識や判断」（新明解国語辞典）のことで、見ることも触れることもできない。そういう〈こと〉と「わたし」という〈もの〉とが「である」で結ばれる同質同類の存在のはずがない。筋の通らない文である。「わたしは命である」、「わたしは復活である」という文も同じだ。命はものを生かす力のことで、見、聞き、触れることのできない〈こと〉、復活は死人が生き返ること、すなわち〈こと〉で、そういう出来事が「わたし」という人間と同じだとは非論理的だ。意味を成さない。

日本語の名詞は実体のある存在を示す〈もの名詞〉と、出来事や概念を示す〈こと名詞〉に分類できる。「AはBである」という文の、AとBにいろいろなものを入れてみる実験をした。

AとBが同質のもの同士、〈もの＝もの〉、〈こと＝こと〉の組み合わせは意味が通じる。

わたしは男である。男は船乗りだ。その船乗りは漁師だ。

真理は独善である。正義は権力だ。悪徳はときに美徳だ。

一方互いに異質な〈もの＝こと〉、〈こと＝もの〉の組み合わせは理解困難である。

わたしは勇気である。山は理想だ。海は絶望である。
空想はミミズだ。愛は糠味噌です。憎しみは竿竹だ。

現代詩の詩人はよくこのような隠喩を弄ぶ。憶測を逞しくすることは出来ても、意味は特定できない非論理的な文である。

以上のことから、日本語における「AはBである」という文では、AとBとは共に〈もの〉であるか、あるいは共に〈こと〉であるという同質の名詞同士の組み合わせの時に意味のあるものとして成立し、異質の名詞同士の組み合わせでは意味のある文にはならない。この法則を「ものごと調和の法則」と名づける。

ヨハネ福音書には、「ものごと調和の法則」に違反する文が多い。ギリシャ語を含む西洋語は〈もの〉と〈こと〉との区別が曖昧かつ未分化で、この点日本語と大きく違う。

ギリシャ哲学の理解では、主語はそれが参照するものの存在を措定する。一方、主語を規定する主格補語の名詞は主語の属性を表わし、それ自体は存在を措定されない。

一方日本語では、名詞は常に「存在するものごと」を表わす。「ものごと調和の法則」を破って、「わたしという実体的存在は、真理という概念的存在である」と言ったら、意味の通らない文になる。

日本語では、名詞は常に存在者（物）としての認識から離れられない。ゆえに、ギリシャ語文の主格補語名詞を日本語の名詞で翻訳してはいけない。主格補語名詞の表わす内容を、日本語では主語の属性を表わす言葉（動詞、形容詞、形容動詞）で表わさなければならない。

「わたしは真理である」という文で、「真理」とは「ある物事に対して例外なく当てはまり、それ以外には考えられないとされる知識や判断」であり、聖書の文脈から「ある物事」とは「人が本当の意味で幸せになること」と考えられるので、「わたしは、誰でもが幸せになれる、なり方を知っている」と訳した。

同様に「わたしは命である」は「わたしは人を活き活きと生かす」と、「わたしは復活である」は「わたしは（ぶっ倒れている人を）また立ち上がらせる」と訳した。これを「意訳」とか「超訳」などと呼ぶ向きもあるが、名詞というものの持つ機能の違いから来る必然的な訳し方である。

木の良し悪し

マタイ福音書一二章三三節

Ἢ ποιήσατε τὸ δένδρον καλὸν καὶ τὸν καρπὸν αὐτοῦ καλόν, ἢ ποιήσατε τὸ δένδρον σαπρὸν καὶ τὸν καρπὸν αὐτοῦ σαπρόν· ἐκ γὰρ τοῦ καρποῦ τὸ δένδρον γινώσκεται.

木が良ければその実も良いとし、木が悪ければその実も悪いとしなさい。木の良し悪しはその結ぶ実でわかる。

（新共同訳）

「良いとしろ」とは、そのものの実際の価値についての誠実な判断はせず、とにかく「良い」としておけという乱暴な押しつけである。「あれは良い家柄の出だ。本人の人格が実際はどうであれ、良い人だとしろ。あいつは家柄が悪い。本人が実際は良い人であろうとも、悪い奴だということにしておけ」というのと同じである。こう言いながら、「木の良し悪しはその結ぶ実でわかる」という結論が来るので、この文章は論理が逆転している。

ここで「～と（判断）しろ」と訳されているのは動詞「ポイエオー」（ποιέω ＝作る）の命令形だ。その目的語は「良い木を」である。つまり「お前たちは（丹精こめて果樹を育てて）良い木を作れ。そして（その結果としてその木に）良い実を（作れ）。お前たちは悪い木を作れ。そして（その結果として）悪い実を（作れ）」である。木の良し悪しはなる実でわかるというのは、この論旨の進め方ならわかる。この箇所は新共同訳の誤訳であろう。

6　福音書は誰のためのものか

以上、聖書翻訳に当たって従来の日本語訳では理解困難だった多くの箇所に関して、ごく一部の例を挙げて新しい翻訳の試みを述べてみた。詳しくは拙著『イチジクの木の下で』（上・下）を御覧いただきたい。異なる言語間の翻訳作業では、特にそれが全く系統の違う言語の間での仕事であれば当然多くの困難に行き当たる。単純な単語間の問題から、逐語的理解では理解の及ばぬ慣用表現による誤解、文法事象の差違による困難など、実に多くの問題を孕んでいる。

原典についての日本の聖書学者の研究、知識量は十分にすばらしい水準に達しているのだが、肝腎の日本語についての考察が不十分だと思われてならない。これが聖書の心を日本人にしっかり伝えられない大きな理由だと思う。

聖書学は既に多くの国々でよく研究され、発達している。これからも進歩するであろう。それについては新たに聖書を翻訳する言語とその文化についてしっかり考察しないといけない。東北地方の一方言ケセン語という、これまで聖書と接触の機会がなかった言語に聖書を翻訳しようとして、このことを痛感した。

本書は聖書から見るアジアの翻訳文化に関し、比較文化論の視点でこれを論ずる目的で編纂されている。アジアの極東に位置し、さらに岩手県気仙地方という日本の中央から隔絶された周縁にあって、庶民の使う日常語だけを用いて聖書の翻訳を試みたときに見えてきた多くの問題点の一端を紹介した。

ガモス *γάμος*

わたしの患者さんの中に、風邪を引くと顔を出すホテルの大番頭さんがいる。市内で一番大きなホテルで、当然ながら結婚披露宴はこの商売では目玉商品だ。ある時、たまたま診察室が暇だった時に、鼻水を啜りながらやって来た彼にこんなことを訊ねた。

「コンエンて、何のことか知っていますか?」

「さて、知りませんね」

「よく考えて御覧なさい。あなたのお商売に関係がありますよ」

「聞いたこともありませんね。何のことです?」

いくら考えても思いつかないという。「婚宴」という漢字を書いてみせて、やっとそれが結婚披露宴のことらしいとわかってもらえた。しかし、そのような言葉は彼の業界にあっても一度も聞いたことがなく、耳で聞いただけでは全くわからないという。

「こんえん」を新共同訳、口語訳では「婚宴」、ラゲ訳では「婚筵」と書く。試しに手元の国語辞典にあたってみた。『新明解国語辞典』(六万二〇〇〇語収載)には載っていなかった。『言泉』(一五万語)にもない。『日本語大辞典』(一七万五〇〇〇語)にもない。『漢字源』という漢和辞典にもなかった。古語辞典にもなかった。『大言海』(三万九〇〇〇語)には「渾圓=こんゑん」という語が載っていたが、音は同じでもこれは字が違い、「まるい」という意味で、全く違う語だ。世界最大の日本語の辞典『日本国語大辞典』(五〇万語)でやっと見付けた。意味は「婚礼の席、婚礼の宴」とあり、出典は『新約聖書』とあった。

とすると、新約聖書を翻訳した聖書学者は、「ガモス」(γάμος=結婚披露宴)という語を訳すためにこれまでの日本語では——たぶん、ほとんど——使われたことのない新しい漢語を発明したのだろうか。と、自分の無学を棚に上げて恨めしい気分になる。しかし福音は誰のためのものか。主の婚筵に招かれても、意味もわからぬ無知な庶民は途方に暮れるだけだ。せっかくのガモスの美酒もまずくなる。

注

（1）山浦玄嗣『ケセン語訳新約聖書——マタイによる福音書』『ケセン語訳新約聖書——マルコによる福音書』『ケセン語訳新約聖書——ルカによる福音書』『ケセン語訳新約聖書——ヨハネによる福音書』イー・ピックス、二〇一三年。
（2）山浦玄嗣『ガリラヤのイェシュー——日本語訳新約聖書四福音書』イー・ピックス、二〇一一年。
（3）Aland, B., et al., eds., *The Greek New Testament.* (4th reviesd edition) Stuttgart: Deutsche Bibelgesellschaft, United Bible Societies, 1998.
（4）山浦玄嗣『イエスの言葉——ケセン語訳』文春新書839、二〇一一年。
（5）山浦玄嗣『イチジクの木の下で』（上・下）イー・ピックス、二〇一五年。
（6）上智大学キリスト教文化研究所編『日本における聖書翻訳の歩み』リトン、二〇一三年。

第4部　モンゴル語聖書の翻訳文化論

第12章　モンゴル語聖書における「神」の翻訳とコンテクスチュアリゼーション

滝澤克彦

1　はじめに

聖書翻訳の歴史において、おそらく「神」という言葉ほど、翻訳者の頭を悩ませてきたものはない。その代表例が一九世紀の中国において起こった、いわゆる「用語論争」(Term Question)である。そこでは、“God”の訳語を「神」とするか「上帝」とするかをめぐって対立が起き、いまだその決着はついていない。そのため、中国語聖書ではカトリックの「天主」と合わせると三種類の“God”が競合しているのである。柳父章によれば、「上帝」の支持者は「神」という単語そのもの(テクスト)の語義の不適切さを強調したのに対して、「神」の擁護者は単語そのものよりそれが置かれる文脈(コンテクスト)を優先し、その文脈のなかで従来の言葉に新しい意味を付加しようとしたという[1]。このような論争の存在は、「神」という唯一絶対の存在を、異教的な文化の言葉に置き換えることの難しさを表している。

さて、モンゴルにおいても同様の問題と論争は繰り返されてきた。モンゴルの場合、超越的存在を包括的に指し示す言葉が存在しなかったこと、および、神に似た概念、例えば「テンゲル」(シャマニズムを中心とする土着的信仰の崇拝対象、「天」に当たる）や「ボルハン」（仏教の「仏」に対して用いられる）が強い異教的ニュアンスをもっていたことが、翻訳者を悩ませることになった。実際には、モンゴル語聖書の多くの版で、「ボルハン」という言葉が用いられてきたが、そのことがしばしば議論を引き起こした。この問題には、単語重視の立場と文脈重視の立場の違いも関係しているが、他方で、神学的解釈や翻訳者の民族意識など翻訳の方法論にとどまらない様々な要因が絡み合っている。本章では、どのような要因がモンゴル語聖書の翻訳者たちによる「神」の訳語の決定に関わってきたかを辿ってみることにしよう。

2　「神」の訳語としての「ボルハン」の成立

第七章でも触れられるように、現代でも、「神」という概念をモンゴル語のどのような語に訳すべきかについては議論があり、結果として複数の訳語が用いられている。先述したように、この議論の多くは「ボルハン」という語が仏教の「仏」を指してきたものであることを許容できるかどうか、という点に関わっている。このことは、すでに一九世紀初頭のモンゴル語聖書翻訳においても問題視されていた。例えば、現存する最古のモンゴル語聖書の翻訳事業に従事したI・J・シュミット（Isaac Jacob Schmidt）は、仏教の崇拝対象に対して用いられている「ボルハン」という単語が超越的な崇拝対象を指す数少ないモンゴル語であったにもかかわらず、それをキリスト教の神に当てはめることをためらった。結果として、彼は崇拝対象を指す言葉としてあまり一般的ではない「上」を意味する「デードゥ」（ᠳᠡᠭᠡᠳᠦ）を採用するが、それは「ボルハン」以外に適当な言葉がなかったための苦肉の策と言えるだろう。

しかし、E・ストリブラス（Edward Stallybrass）とW・スワン（William Swan）により一八四〇年に翻訳出版された『旧約聖書』および一八四六年の『新約聖書』以降、冷戦期にいたるまで、モンゴル語聖書では、「神」

の訳語として「ボルハン」が一貫して用いられてきた。「ボルハン」以外の訳語が再び登場するのは、一九九〇年に出版されたJ・ギベンス（John Gibbens）による翻訳からである（第四章、第七章参照）。では、「ボルハン」という語を最初に採用したストリブラスとスワンは、いったいなぜその語を選んだのだろうか。

もともと、ストリブラスとスワンは、シュミットの翻訳に対しては、「神」の訳語以外の点でも様々な不満を感じていた。特に、彼らはシュミット訳が解釈や意訳を過剰に含んでいる点を問題視しており、それに対して、彼ら自身はできるだけ逐語訳に近い翻訳を行おうと努めている。一八三三年一〇月に英国外国聖書協会へ宛てたスワンの書簡には、彼らの『旧約聖書』翻訳の基本方針として、ヘブライ語原典からの翻訳、モンゴル語母語話者による校閲、ビジネス文語体の使用の三点があげられている。[2] この一点目について、英語からの重訳によって意味にずれが生じないようにヘブライ語原典からの直接の翻訳にこだわることと、[3] 特定の解釈への偏重や翻訳における臆測を避けるために、できるだけ忠実に原典を辿ることの必要性が強調されている。そして、翻訳に伴うある程度の限界を認めつつも、「語句の意訳を避け」、同じ言葉に対しては「同じ表現を用いて均一性を保持するように努め」たとしている。

このような方針によって、ストリブラスとスワンの翻訳は逐語訳的なものとなり、それゆえにひとつひとつの単語に関して起点言語と目標言語のあいだの一対一の対応が要求されたのである。彼らは、そのような適切な対応関係のために清代の辞書『ハーニー・トリ・ビチグ』[4]（ᠬᠠᠨ ᠤ ᠲᠣᠯᠢ ᠪᠢᠴᠢᠭ）を参照したという。また、この点に関連して、二人がもっとも困難を感じていたのが博物学的（natural history）な知識に関するものであり、それは「ブリヤート人が科学的段階まで引き上げられない限り」解決されないと断じている。彼らは『満洲語フランス語辞典』[5]（*Dictionnaire Tartare-Mantchou François*）を参照するが、そこには『ハーニー・トリ・ビチグ』以上の説明はなく、「しばしば曖昧で、それが意味するものについて確かな結論を全く得られない」ことに不満を抱いていた。この点からも、二人が聖書に登場するあらゆる事物について、両言語のあいだだけではなく事物そのものを含めた「正しい」対応関係を翻訳において築こうとしていたことが分かる。彼らにとっては、意訳はそのような対応関係をごまかす行為とみなされたであろう。

そのような考え方に立つ二人にとって、もっとも重要な言葉が「神」であったことは言うまでもない。スワンは、この問題についてシュミットに宛てた書簡のなかで次のように述べている。

> あなた〔シュミット〕は、彼〔ストリブラス〕がGodに対してボルハン（ᠪᠤᠷᠬᠠᠨ）という語を用いていることに気づくでしょう。概して、これが我々の用いることのできる最良の語であると思われます。この語はキリスト教徒の真実の神について語るときにブリヤート人が用いた語でした。それは、正教会の信徒となった人々がボグ（Bor＝ロシア語の神）の同義語として常に用いる語です。ご存じの通り、歴史的事実として、テオス（Theos）、デウス（Deus）、ゴット（Gott）、ボグ（Bor）、ゴッド（God）は、それらの語が属する各言語において、彼らがキリスト教に改宗する前に崇拝していた偽りの神々に対して用いてきた言葉です。私が前回あなたにお会いしたとき、そのことについて少しお話ししました。あなたはむしろボルハンの使用に異議を唱えておられるようでしたが、この語が我々の翻訳においてそのまま用いられることをあなたがお認めくださるよう再検討いただけましたら、光栄に存じます。

ストリブラスとスワンは、聖書の翻訳史にことよせながら、「ボルハン」という言葉を「神」の訳語として採用することを主張する。彼らは、「ボルハン」という語が仮に異教的なものであったとしても、これまでの西洋における翻訳がそうであったように、そこに新たなキリスト教的な神の意味を付加することができると考えた。翻訳史的観点からは、ロシア正教に改宗したブリヤート人のあいだで、聖書が母語に翻訳される前から日常的に「ボルハン」という語が使われていたという指摘も重要であろう。

シュミットは最終的にこの点を容認したため、「ボルハン」はその後の標準となっていったのである。

3　「ボルハン」が意味するもの

そもそも、シュミット自身が意図的にこの語を避けていたかどうかは分からない。実際、彼自身が作成したトラクトにおいては、一部で「ボルハン」を用いているからである。[6] シュミットのなかでは「神」の訳語は定まっていなかったようでもある。シュミットが新約聖書において「神」に対して用いた言葉は、「デードゥ」（ᠳᠡᠭᠡᠳᠦ＝上）、「デーディーン・ゲゲン」（ᠳᠡᠭᠡᠳᠦ ᠶᠢᠨ ᠭᠡᠭᠡᠨ＝上の明るい）、「デーディーン・エジェン」（ᠳᠡᠭᠡᠳᠦ ᠶᠢᠨ ᠡᠵᠡᠨ＝上の主）などであった。シュミット訳では、神という語に限らず多くの用語が不統一かつ曖昧であり、その点をモンゴル学者のボーデンは「アムグラン」（ᠠᠮᠤᠭᠤᠯᠠᠩ＝安寧）という語を例にあげて指摘している。[7] 先述したように、このような不統一こそが、逐語訳的な対応関係を重視するストリブラスとスワンにとっては容認しがたいものであった。

これは一見単なる翻訳の方法論上の問題と受け取られるかも知れない。しかし、その背後には、世界のさまざまな民族文化のなかに信仰の種がどのように植え付けられてきたのかという神学的問題も存在している。ストリブラスはスワンに宛てた書簡のなかで、「ボルハン」をギリシャ語の「テオス」（θεός＝神）と比較し、「使徒たちも、異教徒の神々を表す言葉をあえて別の語で置き替えないで、その名を用いて彼らの神の真実性について説いていた」ことを指摘した上で、ボルハンについても「それこそが、人々が心に抱いている何か偉大な存在の名前であり、彼らがそのような観念を抱いて偶像を超えた存在〔Being〕について表現していることは、あなた〔スワン〕が確かに耳にしてきたとおりである」と述べている。[8] この言葉から、たとえ異教に用いられているものであっても、あらゆる民族の言語文化のなかには「神」に対する信仰の萌芽があるとする彼の認識を読み取ることができる。そして、ストリブラスとスワンは、西洋においてもともと異教的な言葉が「神」を表すものとして採用されてきたにもかかわらず、モンゴルにおいてはそれが認められないという態度の裏に、西洋的な優越意識を感じ取ったに違いない。スワンは、彼の経験に基づく『宣教論』(*Letters on Mission*) のなかで次のように述べている。

> 私が暴き出したいと思うのは、疑わしい見解についてのあるもっともらしい主張についてである。それは、啓示によって啓蒙されていない異教徒の心性について、その理解が科学や哲学の光など少しも差し込んだことがなく、蒙昧な神話によって迷妄にされており、その見識は暗く、それゆえ〔宣教のためには〕凡庸なキリスト教徒で足りるほど軟弱なものに違いない、という主張である。これはひどい思い違いである。確かに、キリスト教徒は、彼が信ずる者の啓示についてより多くの知識を備えており、異教徒の全く知らないような多くの原理によって開化されている。しかし、ただの野蛮人のなかにも、精神の本来的な能力と論理的思考力、観察力および異議を唱える力を看取することはできるのであり、その事実は、単純に無知と暗愚のレッテルを彼らに付してしまう理論家たちを著しく困惑させるであろう。全ての人種に極めて理路整然とした精神が存していることは疑いようがなく、天才が野蛮な社会より文明化した国の方に多いとする十分な根拠は、おそらく存在しない。〔中略〕彼らとの会話のなかで、宣教師は彼らが異議を唱え、議論をふっかけ、説明を求め、もっとも経験を積んだ詭弁家さえ当惑させてしまうほど巧みに弁論するのを聞く。思慮が浅はかで論理的思考力の乏しい教師が、どうしてそのような者に太刀打ちできるというのか。当然ながら、宣教師が自身の劣位に気づかなければ、野蛮人はそれを感じ取り、そのような宣教師に対する軽蔑を、容易く彼が弁護している大義〔神〕へと向けるだろう。そして、宣教師がもし彼らに反駁することができなければ、その誤謬が確信されることになるのだ。[9]
>
> （傍点および〔　〕内の補足は引用者による）

実際、ロシア聖書協会の設立に重要な役割を果たしたR・ピンカートン（Robert Pinkerton）が一八一二年に英国外国聖書協会に宛てた書簡の中では、「カルムイクやブリヤートのようなモンゴル系民族あるいはイルクーツクや中国辺境のモンゴル族そのものの方が、モハメド教徒のタルタルの諸種族よりは比較的容易に福音を受け入れるのではないか」と述べられており、その理由として、彼らが「創造者などの観念をもたないまぎれもない偶像崇拝者であり」、それゆえに卓越した真実を目の前にすれば、それを容易に受け入れるだろうと考えていた[10]。しかし、第四章でも述べたように実際の宣教は困難を極め、ほとんどその成果は得られなかったのである。彼らの見通しの背後には、アジアに対する西洋の霊的優越意識があったことは確かであろう。

現地で宣教の難しさを肌で感じたスワンの主張には、彼のモンゴルの人々に対する深い共感と敬意を見て取ることができる。それと同時に「全ての人種に極めて理路整然とした精神が存していることは疑いようがない」とする彼の確信の背後には、あらゆる民族とその言語文化が神の被造物として平等にあるはずだという意識が存したのではないだろうか。そのことは、異なる言語間の言葉の対応関係や博物学的な事物と言葉の対応関係に対する彼らのこだわりからも、うかがわれるのである。

4　マランによる「ボルハン」批判とラウファーの「ボルハン」語源論

シベリアの宣教師たちが本国へ戻ったあとの一八五六年、彼らの訳したモンゴル語聖書に対するひとつの批判が東洋学者のS・C・マラン（Solomon Caesar Malan）によってなされた。彼のモンゴル語聖書に対する批判の背景には一八五〇年代を中心に繰り広げられた中国における「用語論争」があった。彼が一八五五年に著した『中国においてゴッドは「神」か「上帝」か？』（*Who is God in China, Shin or Shang-Te?*）では、彼は語源論を重視しながら「神」が訳語に不適であるとして「上帝」の採用を主張している。同様に、モンゴル語聖書についても彼は語源論を適用し、ストリブラス&スワン訳における「ボルハン」の語が「ブッダ」を指すものであるとして批判する一方で、より適切な訳として「テンゲル」(tengri)を提案するのである。[11] ただし、マランによれば中国の論争とモンゴルの論争のあいだにはずれがあり、中国語の「上帝」と「神」がギリシャ語の「テオス」($\theta\varepsilon\acute{o}\varsigma$ = 神)と「ダイモーン」($\delta\alpha\acute{\iota}\mu\omega\nu$ = 霊)に対応するとすれば、モンゴル語の「テンゲル」と「ボルハン」は「テオス」($\theta\varepsilon\acute{o}\varsigma$ = 神)と「ゼウス」($Z\varepsilon\acute{\upsilon}\varsigma$ 神の固有名詞)の関係にあたるという。[12] 中国語の二語はいずれも内容の異なる普通名詞のあいだの比較になるが、モンゴル語の場合の「ボルハン」は「ブッダ」という異教の特定の神そのものを指す固有名詞にほかならない。それこそ、彼が神の訳語として「ボルハン」を不適切とする理由である。

中国における論争を前提としたマランの主張には、ストリブラスとスワンの翻訳にはない語源論が含まれている。ストリブラスもスワンも語源を軽視していたわけではないが、それ自体が主張の本質ではなかった。むしろ、ある言葉が、異なる言語と、その言葉が指し示す事物とで結ばれる三角形の各辺で、いずれの方向にも変換可能な対応関係を維持していることが重要だったのである。それは、シュミット訳に決定的に欠けている部分であった。[13] 文献学や比較言語学の発達、進化論思想の隆盛などを背景に、一九世紀を通じて語源論はますます重みを増していくが、諸言語と事物のあいだの対応関係は語源論の前提とも考えられる。そのような意味では、シュミット訳からストリブラス&スワン訳を経てマランの議論へと至る流れは、一九世紀の人文学の展開と対応しているとも言えるだろう。

二〇世紀に入ると、ドイツ生まれの東洋学者B・ラウファー(Berthold Laufer)が「ボルハン」について新たな語源説を唱えている。彼は、一九一六年に発表した論文のなかで「ボルハン」という語の語源について、あらゆる説が疑わしいことを指摘した上で、それがモンゴル系民族や周辺のチュルク系民族でシャマニズムの崇拝対象に用いられることなどから、神や神々(deity, god, gods)、さらにはその図像を含めた、元来幅広い崇拝対象一般を指す概念であったとする。それが、仏教伝播以降に「ブッダ」を表す意味に変化したのではないかと推測している。[14]この説は、「ボルハン」支持者たちの主張を後押しするものとなり、その後の論争においても根拠として用いられることになる。

5　「ユルトゥンツィーン・エゼン」の登場

モンゴル国民主化後の一九九〇年八月、現代モンゴル語による初めての新約聖書『シン・ゲレー』（Шинэ Гэрээ,「新たな契約」の意）が、聖書協会世界連盟（United Bible Societies）により香港で出版された（後にモンゴル聖書協会（Bible Society of Mongolia）の発行となる）。これは、イギリス人のJ・ギベンスによって一九七〇年代から準備が始められ、民主化とともに実現したものである（以下、聖書協会版と略）。モンゴル国における現代キリスト教の歴史は、この『新約聖書』の出版とともに始まると言ってよい。そこで、ギベンスは「神」の訳語として「ユルトゥンツィーン・エゼン」（Ертөнцийн Эзэн）という新しい熟語を用いている。これは直訳すれば「世界の主」という意味である。一九九二年夏から、キャンパス・クルセード・フォー・クライストによって、映画『ジーザス』がモンゴル各地で上映されるようになるが、そこでもこの語が用いられた。一九九三年までは、福音派による宣教に用いられる主たる教材はギベンス訳聖書と映画の二つに限られていたため、[15]一九九〇年代前半のキリスト教は、「ユルトゥンツィーン・エゼン」に対する信仰として発展していくことになった。「ユルトゥンツィーン・エゼン」は、今ではキリスト教徒の崇拝対象として一般的にも認知されており、テレビ放送などでもキリスト教徒の神を表すときにしばしば用いられる。

一方で一九九三年末、新しい聖書翻訳の必要を主張する指導者を中心としてモンゴル聖書翻訳委員会（Mongolian Bible Translation Committee. 以下、翻訳委員会と略）が設立される。委員会には、長老派、アッセンブリーズ・オブ・ゴッド教団、バプテストなど教派を越えた六人のメンバーが参加し、四人のモンゴル人と二人の外国人宣教師で構成された。彼らは一九九五年五月にヨハネとマルコの福音書を、一九九六年一一月には『ビブリ——シン・ゲレー』（Библи: Шинэ Гэрээ）を出版するが、そこでは「神」は、以前の聖書で用いられていたのと同じ「ボルハン」という語があてられた。それ以降、モンゴルの福音派では、神は二つの名をもつこととなる。

一九九六年にはモンゴル・バヤリーン・メデー（Монгол Баярын Мэдээ）という団体[16]による『新約聖書』（Шинэ Гэрээс）、一九九八年には現代モンゴル聖書翻訳連盟[17]（Орчин Үеийн Монголын Библийн Орчуулгын Холбоо）による『新約聖書』（Шинэ Гэрээ）が出版されるが、いずれも「神」を「ボルハン」と訳している。一九九九年発行のモンゴル・キリスト教讃美歌委員会による『讃美歌』においても、主に「ボルハン」が用いられており、出版物では「ユルトゥンツィーン・エゼン」よりも「ボルハン」の方が優勢である。福音派をまとめる連絡会議であるモンゴル福音同盟は、二〇〇〇年一一月に出版された資料中の「信仰告白」で「ユルトゥンツィーン・エゼン」を用いていたが[18]、二〇〇一年からは機関誌『エルチ』（Elch）上で「ボルハン」を使い始め、その後の出版物、ウェブサイトでは現在まで「ボルハン」を使い続けている。

ちなみに、二〇〇一年に『モルモン書』をモンゴル語で出版した末日聖徒イエス・キリスト教会や、バハイ教など福音派以外の外国宗教はすべて「ボルハン」を採用している[19]。このように、一般的には「神」（God）の訳語としては「ボルハン」が主流となりつつあるが、福音派に関しては、キリスト教系放送局イーグルTVやキャンパス・クルセード・フォー・クライストなどの影響力の強い機関が、現在でも「ユルトゥンツィーン・エゼン」を使用している。

このような「神」の訳語をめぐる問題はしばしば大きな論争の種となってきた。特に、翻訳委員会の旧新全書訳『聖書』が二〇〇〇年以降に普及し始めると、モンゴル聖書協会のギベンスは危機感を強め、二〇〇一年には「神」の翻訳に関する一つのトラクトを各教会に向けて配布する。その直後、翻訳委員会のメンバーであった

P・エンフ＝アムガラン（П. Энх-Амгалан）が、その反論を同様に冊子にして各教会に配布している。そこには、それぞれの訳語を採用する根拠が詳細に示されている。以下ギベンスのトラクトからそれぞれの要点について見ていきたい。

6　「神」は「仏」ではない！

ギベンスは、一九七一年からイギリス・リーズ市の大学でモンゴル語を学び始める。彼はそこで、モンゴル語の「ボルハン」が〝God〟とぴったり同じ意味ではないことを、モンゴル人留学生との会話のなかから知ることになる。

私はある日、彼らとともに食事をとるために大学食堂に座っていた。静かに頭を垂れ、食前の祈りを神に捧げた。彼らは私を見て、何をしているのかと私に尋ねた。私はモンゴル語で「私は『ボルハン』に感謝しているのだ」と言った。私は当時、辞書で〝God〟が「ボルハン」と翻訳されていたために、それしか知らなかったのである。彼らは私のこの言葉を強く非難して、「『ボルハン』というのはモンゴル人の独自の信仰対象である。だから、あなたはモンゴルの信仰対象に向かって祈りを捧げてはいけない」と言ったのである。つまり、彼らにとっては、「ボルハン」という語は聖書の〝God〟という語とはどうしても一致しない、彼ら自身の民族的な信仰対象の名前であると私は気づいたのだった。

そこで、彼は「神」をどう訳すべきか思案しなければならなくなった。一九七二年から留学のためにモンゴルへ渡ったギベンスは、モンゴル語の教師と議論を重ねるが、やはり「ボルハン」という語が神の訳語として適していないという結論に至り、さらに、「テンゲル」(тэнгэр＝天)という語も「シャマニズムの崇拝対象」であることから却下されることになる。彼が「ユルトゥンツィーン・エゼン」という新しい言葉を採用することになった直接的な根拠は、S・ニャムスレン(С. Нямсүрэн)編纂による一九六八年刊行の『英語モンゴル語簡明辞典』(Англи-Монгол товч толь)だった。ニャムスレンは、一九六六年頃イギリスに滞在していたが、そこでやはり「神」の訳語が「ボルハン」ではないと思い至ったようである。この辞典には、“God”という語の見出しが二つ並べられており、一方は小文字で、他方は大文字で書かれている。

god　Бурхан, тэнгэр(ボルハン、テンゲル)
God　Ертөнцийн Эзэн(ユルトゥンツィーン・エゼン)

ニャムスレンによってあてられたこの訳語を、ギベンスは採用したのだ。ギベンスが、「ボルハン」を適さないと考えたより積極的な理由は、キリスト教の神が他の崇拝対象と混同されてしまうことを危惧したためであった。そもそも「ボルハン」とは「ブッダ」のことではないのか。だとすれば、キリスト教を仏教と同じようなものとして人々は認識してしまうのではないのだろうか。彼は、ある宣教師の次のような言葉を紹介している。

もし、聖書の翻訳で仏教用語を用いるなら、何年後かにはすべての宗教は同じであるという考え方がはびこり、いくつかの宗教を混同したきわめて面倒くさい問題が生じてくることは疑いようがない。もし、彼ら〔モンゴル人〕が地方で仏教用語を用いて翻訳した聖書をもっていたとしたら、またそれについて教える教師がいなかったなら、長い時間を経た古代の伝統的崇拝がキリストの教義と混同されるかもしれない。ウランバートルでさえ、宣教師たちがいるにもかかわらず、そのような現象がいくつも生じているのをわれわれは目にし続けている。家にキリストの御絵《ごえ》を持ち帰り、仏の祭壇に仏像などと一緒に並べて置いた家庭を私はこの目で見た。キリストの教会に通っている一部のモンゴル人は、先祖を敬い、仏の加護を得るためにイエスに向かっていると私は耳にした。

　このようなシンクレティズム（諸教混淆）を回避するために、仏教用語は注意深く選り分けられなければならない。それゆえ、その語源の診断も重要になってくる。ギベンスは、語源論の根拠として仏教の書籍を引用する。

　ブッダという語は、他よりも悟った、分かりやすく言えば、理解したという意味をもつ。ブッダはモンゴル語でボルハンという発音になって入ってきた。インドには南方および北方の方言がある。ブッダは南方の方言である。この発音を西欧人が採ったために、世界的にブッダとなった。北方の方言では、Rの文字を発音するため、北方方言はブルハ（Burkha）である。このブルハがチベットを経てモンゴル語に入った。そのとき、モンゴル語の名詞を形容詞にするときに用いられるNが入れられ、ボルハンになった。

　これは、『ブッダ――教え、ダルマパダ』の一節であるが、それを引用する彼の主張は明確であり、問題は「ボルハン」の語源が「ブッダ」であるという点にあるとする。[20] 同様に、「神」以外にも「悪魔」や「楽園」「罪悪」といった言葉の翻訳も、仏教的な語源をもつと考えられるものは避けるべきとする。ゆえに、聖書協会版では「チュトゥグル」（чөтгөр,「悪魔」の訳として）、「ディヴァージン」（диваажин,「楽園」の訳として）、「ヌゲル」（нүгэл,「罪悪」の訳として）という語が意識的に避けられている。彼は、トラクトのなかでも、「もし、われわれが“God”, “heaven”, “sin” という言葉を、仏教用語で『ボルハン』、『ディヴァージン』、『ヌゲル』と翻訳したら、それらはユルトゥンツィーン・エゼンと彼の真実の言葉を仏教とかならず混同してしまうと、私は固く信じている」というある宣教師の言葉を紹介している。

7　「神」のコンテクスチュアリゼーション

一方で、翻訳委員会のエンフ＝アムガランのトラクトは、きわめて多くの論点からギベンスの主張を批判している。まず、「ボルハン」の語源が「ブッダ」であるということについて彼は疑義を唱える。彼の主張によれば、「ボルハン」は、仏教が入ってくる以前のモンゴルに独自の言葉である。

なぜなら、この語をどこかから借りた、あるいは、他の言語における単語の遠縁の形態であると証明する、古代の文献、記述、証拠がまったく存在しないからである。逆に、ボルハンという語はモンゴル語あるいはアルタイ語族の他の言語においても同様に、外来語ではなく、崇拝対象として共有されてきた語である。

ブリヤート、ハルハ・モンゴルでもまた、同じ仏教が入ってくる前にも、ボルハンというのはシャマニズムと関係のある用語であったことは理解できる。少なくとも、著名な『元朝秘史』にチンギスが「ボルカン・カルドゥン」という山を崇め、敬っていることについて記述されている。そのボルハンという語の起源はどこか。〔中略〕ボルハンという語はモンゴル人に関しては、「神〔Бурхан〕、崇拝対象〔шүтээн〕、つまりdeity」という一般的な意味であり、さらに、シャマニズム的には、「あらゆる姿、像、崇拝対象」であり、仏教がモンゴルに浸透する前にも、このような複合的な意味があったと考えてよい。この語は、本来的にモンゴル語であり、仏教がシャマニズムと混ざり合うかたちでブッダを指す意味をもつようになって変化したとしてよいだろう。

彼のこの主張が、先述した二〇世紀初頭の東洋学者B・ラウファーの見解に依拠していることは明らかである。しかし、エンフ＝アムガランが「ボルハン」という翻訳を主張する根拠は、語源論だけにとどまらない。まず彼は、「モンゴル語に聖書を翻訳する事業は、最近に始まったことではない」として、一九世紀初頭のシュミットによる最初の翻訳を除けば、他のすべての聖書で「神」が「ボルハン」と訳されてきたことを重視する。彼はさらに、社会主義による歴史的影響についても触れ、社会主義による西洋的教育を受けた後のモンゴル社会においては、言葉そのものの意味も異なっていることを指摘する。

私が示そうとしている考えは、本来の語義、用法が、モンゴルにおいて人民革命が勝利したのちの数十年間のあいだに、どのように変化したかを示すことにある。一九四〇年から一九六〇年といえば、まだ以前の時代の雰囲気を残していた頃である。しかし、現在では、当時の人々もこの世を去り、彼らの思想の産物であるまったく新しい時代の人々が生きている。

具体的な例として、彼は社会主義初期の一九二九年に出版された辞典と、一九六六年に出版された辞典を比較する。前者では「ボルハン」を含んだ言葉には仏教的な語彙しか収載されていないのに対し、後者では「ボルハングイ」（Бурхагүй＝無神論の）や「ボルハングイチュード」（Бурхангүйчүүд＝無神論者）という語彙が収められている。つまり、社会主義による無神論の影響を受けて、「ボルハン」という言葉の意味は、より抽象的なものに変化したと言うのである。このように言葉の意味は変化していく性質があり、「神」の訳語についてもその可能性があることを主張したのである。

しかし、このエンフ＝アムガランの主張には注釈が必要である。実際には、「ボルハングイ」という言葉は、一九六〇年代以降にはほとんど使われなくなった。現在では「無神論者」に対しては「アテイスト」という外来語（ロシア語）の方が一般的に用いられる。また、一九四二年のロシア語モンゴル語辞典には、ロシア語の「無神論の」に対して「ボルハングイ」[21]というモンゴル語があてられているが、一九六五年、一九七〇年のロシア語モンゴル語術語辞典では、「シャシングイ」という語が用いられている。[22]これは直訳すれば「無神論の」ではなく「無宗教の」という意味である。いまでは、同様に「無神論」に対しては「シャシングイン・ウゼル」（шашингүйн үзэл ＝無宗教論）というモンゴル語があてられ、「無神論者」に対しては「シャシングイン・ウゼルテン」（шашингүйн үзэлтэн ＝無宗教論者）があてられるのが一般的である。[23]このような用法から考えても「ボルハン」には仏教的ニュアンスがつきまとっているように思われる。「神」にそのまま「ボルハン」をあてる翻訳は、社会主義の「無神論」翻訳の段階からすでに問題含みのものだったと言えるだろう。

また、「神」の翻訳の難しさには、日本語の「カミ」のような、より一般的な崇拝対象を指す明確な概念がモンゴル語に存在しないことも影響している。例えば、地の神は「サヴダグ」（савдаг）であり、山の神は「オーリーン・エゼン」（уулын эзэн）、水の神は「ロス」（лус）、天の神は「テンゲル」（тэнгэр）、守護神は「サヒオス」（сахиус）という独自の名前をもっていた。「ボルハン」は、それらを総称する概念としては、いささか仏教的ニュアンスが強すぎたようである。

同様の問題は、その歴史の最初期から聖書の翻訳者たちが直面してきたものであった。例えば、四世紀に翻訳されたゴート語聖書でも、目標言語のなかに一般的な崇拝対象を指し示す言葉は存在しなかった。彼らの神話には多く神々が登場するが、主神にあたるものは存在せず、どれか一つの神を選んであてることもためらわれた。そこで、その翻訳者ウルフィラは、当時すでに使われなくなっていた言葉のなかに「話しかけられ、呼びかけられる存在」「相談相手」を意味する「グス」（Gub）という語を発見する。その語こそ、後のドイツ語の“Gott”、英語の“God”などのもととなったのである。[24]

聖書翻訳者たちに与えられた試練は、このような「神」概念の不在のなかから、どのように抽象的な概念としての「神」を見つけ出すのか、ということにあった。それに対し、エンフ＝アムガランは、「ボルハン」という語の抽象的理解の可能性を信じていた。彼は、そのことを説明するために、使徒言行録一七章二二―二四節を例にあげる。翻訳委員会版では、当該箇所は以下のように訳されている。

使徒パウロがアテネの人々に向かって述べるには、「私が、あなたたちが拝むいろいろなものを見ながら歩いていると、『知られざるボルハン（бурхан）に』と刻まれている祭壇をみつけた。それで、あなたたちが知らないにもかかわらず拝んでいるものを、私はあなたたちに対して述べているのだ。世界とそのなかに存在する万物を創造したボルハン（Бурхан）は、天と地の主である。……」

〔傍点はエンフ＝アムガランによる強調箇所〕

この翻訳では、異教徒の神とキリスト教の神が同じ「ボルハン」と表現されているために、古い概念を足がかりとして新たな概念を理解することができると主張されている。

一方、聖書協会版では、

「……あなたたちの信じている神々をみて、とても信心深いことがわかった。『知られざるボルハン（бурхан）に捧げられた祭壇』と書かれた場所さえも私はみた。いま私は、まさにその知られざる大いなる主についてあなたたちに話そう。世界とそこに存在する万物を創造した偉大なる力をもつ主とは、ユルトゥ

ンツィーン・エゼン（Ертөнцийн Эзэн）である。……」　〔傍点はエンフ＝アムガランによる強調箇所〕

とあり、これでは、「ボルハン」と「知られざる大いなる主」、「ユルトゥンツィーン・エゼン」という別々のものがただ並べられているだけであり、論理的脈絡が損なわれていると言うのである。参考までに、日本語聖書（新共同訳）における同じ箇所も引いておこう。

「……道を歩きながら、あなたがたが拝むいろいろなものを見ていると、『知られざる神に』と刻まれている祭壇さえ見つけたからです。それで、あなたがたが知らずに拝んでいるもの、それをわたしはお知らせしましょう。世界とその中の万物とを造られた神が、その方です。……」

ここで言及される対象はすべて「神」という語で関連付けられている。異なるものの違いを述べるには、それを関連づけるための同一物が必要となる。エンフ＝アムガランによれば、その橋渡しをするのが一般的な意味での「ボルハン」という概念になる。「ボルハン」の概念としての可能性を示唆する、彼の以下のような主張がある。

コリントの信徒への手紙一八章五節から六節に述べられているように、「たとえ天や地にボルハド（бурхад＝ボルハンの複数形）と呼ばれるものがいて、ある人が多くのボルハドがいると信じているとしても、私たちにとっては、たった一つのボルハン（Бурхан）だけが存在する」とあるのは、〔多くのボルハンがいるということが〕虚偽であったとしてもこのような考え方が存在しているということを示しているのである。

ここで、キリスト教の神（Бурхан）と異教の神々（бурхад）は、大文字と小文字で区別される。ギベンスが、“God”と“god”を英語で対比させたのに対して、翻訳委員会版はモンゴル語で同じ対比を行ったのである。おそらくエンフ＝アムガランからすれば、英語において可能とされるそのような一般性と特殊性の区別が、モンゴル語においてなぜ不可能とされるのか、ということになるであろう。後述するように、彼はこのようなギベンス訳の裏に、西洋側の無自覚な優越意識を読み取ってもいるのである。

8　「ボルハン」に込められた民族意識

モンゴル語聖書翻訳におけるこのような問題は、中国で「用語論争」（Term Question）として議論されてきたものに通じる部分がある。(25) 柳父章によれば、一九世紀の中国の聖書翻訳において生じてきた「用語論争」は、聖書翻訳においてテクストとコンテクスト（文脈）のどちらを重視するかという二分法によって比較されうる。テクストを重視する立場の翻訳者たちは、異教的ニュアンスをもつ「神」の語を避け、“God”にできるだけ近いものとして「上帝」という語をあてた。一方で、「神」という語を採用したR・モリソン（Robert Morrison）らは、「こういう新しいことばの意味、あるいは同じことばだが、古いことばに負わされた新しい意味というものは、原文からではなく翻訳語の側のことばの文脈によって、そのことばで生まれ育った人々によって理解される(26)」べきであるとしている。このモリソンの言葉に表れているように、ここで重視される「文脈」（コンテクスト）とは、単に文章のなかだけの問題ではなく、背景となる現地の言語文化を含んだものであり、必然的に文化の比較という観点をともなっている。

普遍的な教えを、いかに個別の文化の文脈のなかに捉えていくかという問題は、神学的には「コンテクスチュアリゼーション」（文脈化）という考え方を通して議論されてきた。これは、一九七四年のローザンヌ世界宣教会議で提唱された概念であり、福音派における伝統的な宣教プロセスのモデルが、西洋側の民族的優越思想を背景にしていたことの反省から生まれてきたものである。この会議において、アフリカ・マダガスカル福音主義同盟の責任者ビアン・H・カトーは、次のように述べている。

キリスト教の実践についていいえば、コンテクスチュアリゼーションは普遍的な神の言葉の本来の意味を変えずに、その言葉を変化しつつある文化様式でもって表現しようとするものである。福音そのものは霊感されているが、それを表現する文化様式はそうではない。そこでコンテクスチュアリゼーションが必要となってくるのである。(27)

この発想の根底には、同じ福音という真実であっても、文化的文脈が異なればまた別のかたちで表現されるという理解がある。その文化的文脈の差異は、宣教側と受容側のそれぞれの背後に想定されているものである。しかし、この想定は重要な前提を含意している。それは、文化にはその文化特有の文脈があるという、いわば本質主義的な態度である。つまり、コンテクスチュアリゼーションは、その端緒から民族意識の自覚を契機としているため、そこで求められる文脈は、そのような民族意識を満足させるようなかたちで認められる傾向があった。宗教学者の小原克博が指摘するように「国民国家の中で、特定の宗教がホスト社会において『土着化』を志向するとき、それは単に文化的な接触・交流を意味するだけでなく、ナショナルな価値観や国民国家への同化を避けて通ることはできない」(28)。必然的に、この問題は民族意識に関わっていくことになる。

エンフ＝アムガランはトラクトのなかで、ギベンスらの主張を、モンゴル人が抽象的な理解ができない蒙昧な人々だとする蔑視・偏見であると非難している。

ボルハンという語に関する外国人たち（特に外国の宣教師たち。もともと彼らは、同じ主の信奉者、われわれの兄弟ではなかったのか）の言葉は、神経質に過ぎるのではないかと思われる。外国の学術的に優れた人に比べて、いかに学識に関して劣っているとしても、私はこの大地で生まれ育ち、生まれ故郷の草原の空気を吸い、音韻をこの言葉で舌に吹き込み、稚拙な私の精神も、ただこの言葉、この語によって知識を集め、取り囲む世界と向き合うことになったのではないか。この言葉によって、私は自分を表現し、この言葉で私は世界を知った。誰に教えてもらったわけでもなく、特別な解釈、どんな辞書、説明もないままに、モンゴル人の耳に届いたモンゴルの言葉がどのように根づいていくのかを心に感じることが、私にはできる。故郷の広大な草原に探る、モンゴル人の心の調べを、どこか遠い国の人々が感じ、心深く根づかせ、その調べをもって吟じることができるというのか。

彼のこの主張は、「ユルトゥンツィーン・エゼン」という訳語が、主に外国の宣教機関や外国人宣教師により支持されていることを踏まえたものである。言葉を理解するうえでのモンゴル的な感性というべきものがここでは強調され、モンゴル語のニュアンスは外国人宣教師には理解できない、という含意さえ感じられる。また、彼の陶酔を帯びたかに見える表現には、モンゴル人としての誇りが織り込まれているとも言えるだろう。

このような心情は、教会活動に関してもしばしば表面化してくるものである。例えば、「キリスト教徒は、外国との接点や援助をえさに信者を獲得している」という外部の批判に対して、「私の教会は、外国からは一切援助をもらっていない。モンゴル人によるモンゴル人のための教会である」という言葉が誇らしげに語られる。[29] 一部のモンゴル人指導者層には、外国人宣教師の統制を離れて、モンゴル独自の教会を求める傾向がある。

このような独立志向についても、現代世界における宣教に内在する根本的な問題として、議論されてきた。福音派のローザンヌ世界宣教会議では、西欧から非キリスト教世界への一方的な押しつけ、という旧来の宣教観に対する反省が、行きすぎたかたちで「第三世界」の教会における一種の「奇形な独立主義の風潮」や西欧教会のなかの「深い困惑と敗北感」を醸成してきたことが指摘され、西欧教会と「第三世界」の教会とのあいだに、「正しい形の《パートナーシップ》の確立を目指して不断の努力を積み重ねていかなければならない」と宣言されている[30]。しかし、ここには、単に両者の対比だけではなく、「無数の宗教が平等の権利を与えられて共存している、いわゆる多元化社会」において、「キリスト教の絶対性、《キリストのみ》をどう理解して宣教を推し進めていくべきか、という古くて新しい[31]」根本的問題が潜んでいる。そして、この問題に対する一つの解決策が、神学的な意味での「コンテクスチュアリゼーション」として議論されてきたのである。

当然ながら、この問題は先ほどのエンフ＝アムガランの主張にも見られるように、民族の固有性に対する独特の意識と一定の協調ないし緊張関係にある。聖書翻訳におけるモンゴル文化へのコンテクスチュアリゼーションは、単に異なる言語間の翻訳にとどまらず、そこには、民族意識と結びついた積極的・能動的なモンゴル性の創造が含まれているのである。

一九九〇年に初めて本格的に開始されたモンゴル国における宣教も、二一世紀に入って、モンゴル生まれの指導者が育ってきたこともあって、次の段階へと移り、その主導権は外国人宣教師からモンゴル人指導者への移行が意識されるようになってきた。一九九八年にはモンゴル人指導者によって組織されたモンゴル福音同盟が設立され、聖書翻訳においても二〇〇三年に外国人メンバーを含んでいた聖書翻訳委員会がモンゴル人主体のアリオン・ビチェース協会へ改組された。カトリックでは、二〇一六年にモンゴル国で初めてのモンゴル人司祭、ヨセフ・バータリン・エンフ（Joseph Enkh Baatar）神父が叙階されている。二一世紀に入ってからの聖書翻訳は、このようなコンテクスチュアリゼーションの動きを抜きに理解することはできない。

アリオン・ビチェース協会のメンバーであるB・V・ドゥゲルマー牧師は、独自に聖書翻訳を行っている（第七章、第八章参照）。彼は、協会のメンバーとして「ボルハン」としての訳語を受け入れつつも、それが完璧な訳語であるとは考えておらず、独自の翻訳では「テンゲルボルハン」（Тэнгэрбурхан）という複合語を用いている。彼は「テンゲル」と「ボルハン」という二つの語を合わせることによって、モンゴル人にとっての本来的な至高の崇拝対象を表現しようとしたのである。この言葉は、カトリックのカテキズムでも用いられている。彼は、決して新たな訳語の慣例化による定着をよしとせず、言語学的知見なども渉猟しながら本来のモンゴル語にとって「正しい」訳語を追求しようとした。彼のこのような態度は、他の訳語の選択にも共通して見られる。彼は元植物学者としての知識を生かしつつ、聖書の動植物の名前について並々ならぬ関心を注ぎ改訂を行っている。これも、言葉と事物の「正しい」対応関係を指向したものであると言えるだろう。考え方としては、ストリブラス＆スワン訳の翻訳方針にも通底する。

これと対極的なのが、バプテスト系の教会で採用されている「シュテーン」（Шүтээн）という訳語である。この語は、「崇拝する」を意味する「シュテフ」（шүтэх）から派生した名詞で「崇拝対象」を表す。この意味そのものは広く包括的であるが、それゆえ仏像や仏画などを指すものとしても使われる。しかし、ゲルマン系言語の元となった「グス」と同じように、耳慣れなさや違和感があったとしても、より広い意味を含む言葉を設定しておけば、時間とともになじんで慣例化するかもしれない。しかし、この訳語が、実際にモンゴルの信徒と社会に受け入れられるかどうかは、彼らの教会がモンゴルにおいてどの程度の勢力を獲得できるかどうかにもかかっているだろう。

9　訳語選択の社会的意義

受容側の信徒に対して起点言語側の翻訳者が圧倒的に優位な立場にある場合には、目標言語の文化的文脈にはほとんど配慮が要らないかも知れない。その場合、信徒は語られる言葉の意味を、宣教者の説教を通して起点言語やその文化的文脈において理解する努力を強いられる。さらに極端な例としては、植民地化に伴う強制的な改宗であれば、言語そのものの強要によって翻訳自体が不要の場合もあっただろう。しかし、受容者の主体的な改宗を期待するならば、程度の差はあれ目標言語の文化的文脈に対する配慮が宣教者に求められることになる。コンテクスチュアリゼーションは、そのような宣教側と受容側における関係性の変化の一つの段階を表している。翻訳の主導権が受容者の手に渡ると、翻訳は自らの民族的・文化的文脈の探求と分かちがたく結びつけられていく。そうなると目標言語話者以外の関与は、もはや限定的なものとならざるをえない。

例えば、明治の聖書翻訳において聖書翻訳によって登場した目新しい言葉は、西洋の圧倒的な先進性と影響力によって、その後の日本語のあり方に一定の痕跡を残してきた。しかし、第一一章で山浦玄嗣氏が指摘しているように、なかには「婚宴」のような聖書以外では使われない言葉も存在する。翻訳におけるコンテクスチュアリゼーションは、このような耳慣れない言葉を、改めて目標言語側の文化的文脈に照らして本来の「あるべきもの」へと修正させる意味合いももっている。二〇〇〇年以降モンゴル国で行われている改訳作業は、まさにそのような意味をもつものとなっている。

しかし、一方で、主導権が受容者側に移ったとしても、そのような動因が働かないこともある。一般的には耳なじみのない言葉や言説が、教会のなかだけですでに定着している場合である。このとき、その言葉や言説はその教団を境界づけ、特徴づける役割を果たすことになる。例えば、モンゴル国の福音派の場合、「キリスト教は宗教ではない」という言説が信徒に広く共有されている。この言説はK・バルトの神学の影響をうけ、欧米や韓国の福音派の間で普及していたものが宣教師によってモンゴルにももち込まれ定着した。しかし、信徒以外の人には理解されにくい。いわば、その言説の意義を理解し、それに付随する「シャシン」（шашин，日本語の「宗教」に近いが、より仏教的ニュアンスが強い[32]）という言葉特有のニュアンスを受け入れることが、改宗、すなわち信徒の集団に入ることと重なりあってくるのである。そのような境界や特徴は、ときに改宗者に劇的な回心体験をもたらすかもしれないが、境界の溝が深すぎる場合には、集団を外部から「孤立」した状態に陥れる可能性もあるだろう。[33]

翻訳に伴う訳語や言葉の用法の選択も、常にこのような社会的意義と関わっていると言える。教会の外の社会にも開かれた聖書翻訳のためには、普遍的な真実を文化的に制約された特定の言語で表現することの難しさと、一般的に理解可能な言葉で特別な真実を伝えることの難しさの双方に向きあうことが求められる。そのための有効な方法を、民族を超えた宗教性と宗教を超えた民族意識のあいだで模索するあり方が、翻訳におけるコンテクスチュアリゼーションと言えるだろう。モンゴル語聖書における「神」の訳語についても、今もなおそのような模索が続けられている。

注

（1）柳父章『「ゴッド」は神か上帝か』岩波書店、二〇〇一年、一二五―一二九頁。

（2）英国外国聖書協会へ宛てたスワンの書簡に添付されたスワン宛てのストリブラスの書簡（一八三三年一〇月二二日付抜粋）。W. Swan to R. I. Jowett, St. Petersburg 22 Oct. 1833, 'Schmidt, I. J. 1812-1833', Foreign Corresp. Inwards, BFBS's Library, Cambridge University Library, BSA/D1/2.

（3）一方で、シュミットが参照したのはドイツ語版とロシア語版ではないかとボーデンは推測している（Bawden, C.R., A Tract for the Buryats. Wiesbaden: Harrassowitz Verlag, 2009, p. 18）.

（4）清代に皇帝の勅命によって編纂された辞典（御製清文鑑）。複数回にわたり、様々な種類のものが編纂された。ストリブラスとスワンが、どの辞書を参照したかは不明。

（5）J＝M・アミオ（Joseph-Marie Amiot）によって編纂され、L＝M・ラングレ（Louis-Mathieu Langlés）に

よって一七八九年から一七九〇年にかけて出版された三巻本の辞典。一七五一年の李延基による満漢辞書『清文彙書』を基礎にしたものと考えられる（新居洋子『イエズス会士と普遍の帝国――在華宣教師による文明の翻訳』名古屋大学出版会、二〇一七年、二一一頁）。

（6）Bawden, op. cit., p. 18.

（7）ibid., pp. 18, 22.

（8）英国外国聖書協会へ宛てたスワンの書簡に添付されたスワン宛てのストリブラスの書簡の抜粋（注2参照）。

（9）Swan, W., *Letters on Missions*. London: Westley and Davis, 1830, pp. 41-42.

（10）R. Pinkerton, Moscow 27 Mar./8 Apr. 1812, Foreign Corresp. Inwards. 'Schmidt, I. J. 1812-1833', BFBS's Library, Cambridge University Library, BSA/D1/2.

（11）Malan, S.C., *A letter to the right honourable the earl of Shaftesbury*. London: Bell & Daldy, 1856, p. 18.

（12）ibid., p. 20.

（13）中国語訳で「神」を採用したR・モリソン（Robert Morrison）においても、実際には神の訳語にぶれがあったことが指摘されている（柳父、前掲書一二六頁）。

（14）Laufer, B., Burkhan, *Journal of the American Oriental Society* 36, 1916, pp. 394-395.

（15）Kemp, H.P., *Steppe by Step: Mongolia's Christians from Ancient Roots to Vibrant Young Church*, London: Monarch Books, 2000, p. 505.

（16）ウィットネス・リーが創設したリビング・ストリーム・ミニストリーの関連団体。

（17）日本アッセンブリーズ・オブ・ゴッド教団の宣教師、北村彰秀氏を代表としてモンゴルで設立された。その翻訳の経緯や方針については、北村彰秀『聖書を訳して』（Thrusteppes, 二〇二〇年）に詳しい。

（18）Монголын Эвангелийн Евсэл, Монгол сүм цуглаануудын судалгааны нэгдсэн эмхэтгэл. Улаанбаатар: Монголын

Эвэнгелийн Эвсэл, 2000, 2-3 тал.

（19）例えば、バハイ教徒が「かならず読むべき短い祈り」では、「我が神〔ボルハン〕よ。あなたはご自身を知らしめ、信仰させるために私を創造された。小さく貧しい私に対して、あなたは何より万能にしてもっとも豊かである。あなたより他に神〔ボルハン〕はない。あなたはすべての苦しみの救済者、永遠の存在者である」という語句が用いられる（Монголын Бахайчуудын Үндэсний Оюун Санааны Чуулга, Бахайн мөргөлийн түүвэр. Улаанбаатар: Монголын Бахайчуудын Үндэсний Оюун Санааны Чуулга, 2000, p. 8）。また、神に呼びかけるときには、「主なる天」（Езэн тэнгэр）や「神なる天」（Бурхан тэнгэр）という言葉も用いられる。

（20）ギベンスはD・ダグワドルジの『モンゴル宗教道徳事典』も引用するが、そこにも「ボルハン（Бурхан）」の項に「仏陀が転訛したもの」とある。Дагвадорж, Д., Монголын шашин суртахууны тайлбар толь. Улаанбаатар: Шинжлэх Ухааны Академи Философи Социологийн Хүрээлэн, 2000, p. 22.

（21）Бүгд Найрамдах Монгол Ард Улсын Шинжлэх Ухааны Хүрээлэн, Орос-Монгол толь. Улаанбаатар: Шинжлэх Ухааны Хүрээлэнгийн Хэвлэл, 1942, p. 17.

（22）Вандуй, Э., Орос-Монгол нэр томьёны толь. Улаанбаатар: Улсын Хэвлэлийн Эрхлэх Хороо, 1965, p. 35; Вандуй, Э. & Ж. Дашдорж, Орос-Монгол нэр томьёны толь II. Улаанбаатар: Улсын Хэвлэлийн Эрхлэх Хороо, 1970, p. 58.

（23）例えば、一九七〇年代から行われてきた宗教意識調査で、信仰に関して人々をカテゴライズする際に「無神論者」に対して用いられたのは「シャシングイ・ウゼルテン」という語である。

（24）小塩節『銀文字聖書の謎』新潮社、二〇〇八年。同『「神」の発見――銀文字聖書ものがたり』教文館、二〇一七年。

（25）Shibayama, Yutaka, Бурхан and Kami: A Comparative Study of the idea of Deity in Mongolia and Japan,『モンゴル研究』一四、モンゴル研究会、一九九一年、七頁。

(26) 柳父、前掲書、一一八―一一九頁。
(27) Kato, B.H., The Gospel, Cultural Context and Religious Syncretism. *Let the Earth Hear His Voice: International Congress on World Evangelization, Lausanne, Switzerland.* Minneapolis: World Wide Publications, 1975, p. 1217. 訳は尾形守「福音派のコンテクスチュアリゼーション」（宇田進編『ポスト・ローザンヌ』共立モノグラフ2、東京キリスト教学園共立基督教研究所、一九八七年、五六頁）を参考にした。
(28) 小原克博「信仰の土着化とナショナリズムの相関関係――「宗教の神学」の課題として」『基督教研究』七〇―二、二〇〇八年、五四頁。
(29) キリスト教徒の友好教会（ウランバートル市）におけるインタビュー調査より（二〇〇二年一〇月五日）。
(30) 宇田進「宣教に関するローザンヌ世界伝道会議の基本姿勢」宇田進編『ポスト・ローザンヌ』二二一―二二三頁。
(31) 宇田、前掲論文、二二三頁。
(32) この「シャシン」という語は、「教え」を意味する「シャーサナ」というサンスクリット語に由来し、若干の仏教的ニュアンスを残している。このことが、キリスト教徒にとって「シャシンではない」という言説を受け入れやすくさせている可能性がある（滝澤克彦『越境する宗教――モンゴルの福音派　ポスト社会主義モンゴルにおける宗教復興と福音派キリスト教の台頭』新泉社、二〇一五年）。
(33) 宗教社会学者の森岡清美は、日本におけるキリスト教受容のあり方を「土着化」「埋没」「孤立」に分類している。「孤立」は、地域文化の異教的形式を一切拒否し、キリスト教的形式もしくは宣教師が伝来した様式をほぼ全面的に採用した場合に、信者が地域社会においてしばしば陥る状態とされる（森岡清美『日本の近代社会とキリスト教』評論社、一九七〇年、二八〇―二八一頁）。

第13章　現代モンゴルカトリック教会における翻訳活動——要理書を手がかりとして

芝山　豊

大モンゴル帝国の支配原理を取り込むことによって成立した大清帝国は当初キリスト教に寛大であった。その起源は金を建てた女真、すなわちジュルチン族であり、彼らの中には大モンゴル帝国成立以前からキリスト教徒がいたし、さらに大モンゴル帝国、元朝期、明朝末のキリスト教の教勢を考えてみても、キリスト教は満洲人にとって奇異な宗教ではなかった。しかし、明代から士大夫層への宣教のためにイエズス会が採ってきた祖先祭祀の容認や上帝概念の利用などの一種の適応主義に対して、フランシスコ会、ドミニコ会、パリ外国宣教会などが異を唱えて論争が起こると（いわゆる「典礼問題」）、論争はローマ教皇と清朝皇帝を巻き込み、ローマ教皇がイエズス会に解散を命じるという事態を招いた。そして、雍正年間、ついに清朝では完全な禁教政策が実施されるに至った。一部のイエズス会士たち（ヨーロッパ人と漢人）は清国内、モンゴル地域にもとどまったが、表だった宣教活動は途絶えることになった。

宣教が再開された清朝末期、カトリックのモンゴル宣教の中心を担ったのは、ベルギーで創立された「マリアの汚れなき御心の修道会」(Congregazione del Cuore Immacolato di Maria, ＣＩＣＭ)、一般にはスクート会（Scheut Missionaries)、中国語では聖母聖心會、日本での修道会名称としては淳心会と知られる修道会であった。

カトリックの宣教活動の舞台は、主に、南のモンゴル地域、すなわち、現在の中華人民共和国の内モンゴル自治区を中心とする地域であった。中国側から見た用語で言うところの外モンゴル、すなわち、北のモンゴル（現在のモンゴル国）地域への宣教が始まったのは、モンゴル国とバチカンとの国交が樹立された一九九二年以降のことである。

1　近現代のモンゴルカトリック教会における翻訳活動と要理書

近現代のモンゴルにおける聖書翻訳は、一九世紀のI・J・シュミットのカルムイク語の翻訳から、ブリヤートでのE・ストリブラスらの翻訳と、その改訂作業、また、冷戦終了後のモンゴル国での翻訳活動については、プロテスタントの立場から語られることが多かった。

カトリックの翻訳活動が注目されないのは、教会の中での聖書の位置づけから無理からぬことではある。なぜなら、カトリック教会の場合（とりわけ第二バチカン公会議までは）、公式の聖書は、ウルガタ訳ラテン語聖書のみであり、ラテン語で行われるミサの典礼に即して必要な範囲内で各地言語による翻訳が利用された。日本の場合、バルバロ訳の後をうけて司教団の認可を得た厳密な翻訳であるフランシスコ会の口語訳聖書完成までには、一九五八年から二〇〇二年まで、およそ半世紀近い歳月を要している（第一〇章参照）。モンゴル国の場合も、カトリックの公式の聖書として出版流布されているものは存在しない。

しかし、カトリック教会が非ヨーロッパの民族語への聖書翻訳に消極的であったという事実はない。教会暦に従って、主日のミサには、キリストの誕生から復活までを示す聖書の箇所の朗読や説教が必要である。四福音書を中心した聖書翻訳は、ミサをたてる司祭たちにとって必須のことであり、東アジア地域でも、日本のキリシタン時代の『バレト写本』や中国明代の『聖経直解』のような聖書翻訳の試みは、常に宣教と同時に、開始されてきたのである。

おそらく、モンテコルヴィノの時代も、彼が翻訳を完成したと報告した版と、それに先立っての翻訳の試みが存在したはずである。残念ながら、それらはいまだに見つかっていない。日本初の福音書のローマ字による完訳であったとされるフェルナンデス訳同様、なんらかの事情で灰燼に帰してしまったのかも知れない。

しかし、本章で注目するのは、そうした幻の聖書やこれからの教皇庁承認のモンゴル語聖書についてではなく、モンゴルカトリック教会がキリスト教の真理について説明するための要理書「カテキズム」の翻訳である。

モンゴル語によるカトリックの翻訳文献として、現存する最も古いものは、一七六四年に満洲語からモンゴル語に翻訳された『萬物真原』だと言われている。つまり、シュミットの聖書翻訳より古いものである。漢文や満洲語による要理書翻訳の伝統と成果を引き継ぎながら、モンゴル語の翻訳は続けられていた。

こうした流れの中で、一九一〇年代、A・モスタールト神父[1]（Antoon Jules Edmond Marie Joseph Mostaert, 一八八一―一九七一）の手を経て、オルドスの教会で実際に使用された伝統モンゴル文字によるモンゴル語訳の要理書が生まれた。まずジャック・ドリエール神父（Jacques d'Ollieres, S. J., 一七二二―一七八〇）により漢語で著された『要理問題』のモンゴル語訳（ᠰᠤᠷᠭᠠᠯ ᠤᠨ ᠠᠰᠠᠭᠤᠳᠠᠯ 一九一四）が上海で印刷され、続いて、『一目了然』（一九一六年）、『要理條解』（一九二〇年）も刊行された。

これらの要理書が、二〇世紀の禁教時代をくぐり抜け、オルドスのモンゴル人カトリック教会に引き継がれ、現地の人々の手によって改訂、今日化されていったのである。

2　オルドスのカトリック教会の翻訳活動

南モンゴル、すなわち現在の中華人民共和国、内モンゴル自治区を中心とする地域は、本来モンゴル人の土地だが、いまでは、その住民のマジョリティは圧倒的に漢人である。従って、内モンゴルのカトリックの教会と言っても、漢人の人々が中心となっている天主教の教会とモンゴル人中心の教会では、当然、使用言語が異なる（モンゴル人の教会で中国語のバイリンガルミサが行われることはあるが、漢人中心の教会にモンゴル人信徒がいてもモンゴル語のバイリンガルミサが行われることはない）。

南モンゴルのモンゴル人カトリック教会はオルドスにあると言われることが多いが、正確に言えば、南モンゴルのモンゴル人の教会がオルドス地方にだけあるわけではない。あるモンゴル族出身の司祭は、チャハル地域のひとつの村では、六〇〇人程度の村民の八割がカトリックの信徒であったと語っている。また、内モンゴル自治区の西の端、アラシャン盟や銀川市のある寧《ねい》夏《か》回《かい》族《ぞく》自治区にもモンゴル族のカトリック信徒が多く存在する。とは言え、南モンゴルの代表的なモンゴル人のカトリック教会と言えば、その規模と質において、オルドスの教会というのが中国領内のモンゴル人に共通した認識であろう。

オルドスという地名の由来は諸説あるが、「オルド」（宮殿）に由来するとも言われ、古くからそこの人々はチンギス・ハーンの霊廟を護る特別な任務を担う民として知られ、その儀礼はいまも伝承されており[2]、オルドスの人々はモンゴル人の中でもとりわけ誇り高い人々である。

二〇〇六年大モンゴル八〇〇周年にあたり、新たに整備されたチンギス・ハーン廟はオルドス市の観光資源でもある。天然ガス等の地下資源開発が進み、カシミアの産地として地場産業も活性化して、目覚しい経済成長を続けていたが、中国のバブル崩壊に伴い、建設途上のオフィスビルやアパートが工事を中止して廃墟化し、二〇一〇年に米タイム誌がゴーストタウン（鬼城）の象徴として取り上げた所でもある。また、早くから漢族の入植が進んだ土地でもあり、草原の砂漠化が最も深刻な地域としても知られており、遊牧生産様式本来のエコシステムに無理解な生態移民政策が進められ、モンゴルの伝統的な生活は危機に瀕している。

オルドスのモンゴル人カトリック教会の中心は、ボロ・バルガスン、現在の城川鎮にある。ボロは灰褐色、バルガスンは城址を意味するモンゴル語である。

オルドスのモンゴル人カトリック教会は、世界でただ一人のモンゴル人司教、馬仲牧ことヨセフ・テグスビリグ（Joseph Ma Zhongmu Tegüsbilig. 一九一九―二〇二〇）の不撓不屈の信仰とモンゴル人信徒の血の滲む努力によって、中国共産党による中華人民共和国の成立にともなう外国人宣教師の国外退去に続き、モンゴル人にとって過酷を極めた文化大革命を耐え抜いて生き残った。

この教会について語るべきことは多いが、詳細は内モンゴル大学のアラタンボリゴ教授の「共生の可能性――城川町の天主堂を事例に[3]」等の諸論文に譲り、ここでは、その教会の二〇〇二年に「内部材料」（資料）として印刷されたモンゴル語による要理書およびミサ次第とモンゴル国のカトリックの翻訳について述べたい。

二〇〇〇年代の初めは、中華人民共和国は、社会主義市場経済の確立期で、私有財産権保護を明記した憲法改定案が全国人民代表大会で採択されるという時だった。オルドスのカトリック教会では無残に破壊された教会の再建から二〇年目を迎えたこの時期は、モンゴル国のカトリック教会では、一九九〇年代の「民主化」直後、布教開始時の英語中心のミサから、すべてのモンゴル語の典礼で行うミサの形が確立しようとしていた頃であり、南北モンゴルのカトリック教会の交流の可能性がほの見えた時期でもあった。二〇〇四年にモンゴル国ウランバートルで出版された対話（Q&A）形式の要理書『エルヒム・ノミン・ソルタル』[4]（Эрхим номын сургал）は、このオルドスで二〇〇二年に出版された要理書『チョハル・ノミン・ソルタル』[5]（ᠴᠢᠬᠤᠯᠠ ᠨᠣᠮ ᠤᠨ ᠰᠤᠷᠭᠠᠯ）を参照して作成されたものである。しかし、地政学的な条件が異なり、歴史的、文化的に異なる道を歩んできた南と北のモンゴルではキリスト教用語への訳語の選び方にも大きな違いがあった。

3　南北モンゴルのカトリック教会の用語比較

二〇〇四年以降の要理解説の出版後、モンゴル国のカトリック教会の翻訳活動は、わずか数年のうちに長足の進歩を見せる。二〇〇九年には、二冊の要理関係書が発行された。これらの翻訳を可能にしたのは、訳語確定の拠り所となる辞書の登場、即ち、ピエール・パルーセル（Pierre Palussière）神父が編者となり、ウランバートルで完成させた『英語モンゴル語キリスト教カトリック用語辞典』（*English–Mongolian Christian Catholic Dictionary*, 2008）の存在である。

こうした蓄積を踏まえて、二〇一一年、ウランバートルのカトリック教会はついに正式な要理解説「コンペンディウム」(Compendium）の翻訳を刊行した。コンペンディウムとは、教皇ヨハネ・パウロ二世の指示によって、第二バチカン公会議（一九六〇―一九六五年）後の教理を編纂した『カトリック教会のカテキズム』(*Catechismus Catholicae Ecclesiae*, 1997）の公式の要約として、二〇〇五年六月に公布されたもので、編纂特別委員会委員長はラッツィンガー枢機卿、後の教皇ベネディクト一六世である。

このコンペンディウムの翻訳出版によって、今日のモンゴル国カトリック教会の用語はほぼ完全に定まったと言ってよい。

二〇〇四年の『エルヒム・ノミン・ソルタル』の時点では、神の訳語は、ストリブラス以来のプロテスタントによる翻訳と同じ、「ボルハン」(бурхан）が使われていたが、モンゴル国のカトリック教会は、大文字の“God”、デウスたる神に対して、「テンゲルボルハン」（Тэнгэрбурхан）を正式に採用したことが示されている。教皇ベネディクト一六世による二〇〇五年の回勅『神は愛』の翻訳書（二〇〇九年）のタイトルが、『テンゲル・ボルハン・ボル・エネレル・ハイル』（Тэнгэр Бурхан бол Энэрэл Хайр）と「テンゲル」と「ボルハン」が分かち書きされているなど、表記に多少の揺れがあったが、現在は、キリル文字でのテンゲルボルハンは二語を分かち書きせず、一語の扱いで表記されている。

「天」と、「仏」の訳語でもあるボルハンの組み合わせは、「天主」という漢字とほぼパラレルな南モンゴルのカトリック用語「テンゲリーン・エジェン」（ᠲᠩᠷᠢ ᠶᠢᠨ ᠡᠵᠡᠨ「天のあるじ」の意）に寄り添いつつ、モンゴル国で既にプロテスタント、カトリックを問わず、また、モンゴル国で一般に定着した“God”の訳語としてのボルハンを活かしながら、カトリックと他のキリスト教会派、さらに仏教とを差異化する、妙味ある訳語である。

但し、この訳語について、とりわけ日本語使用者が注意すべきは、テンゲルを「天」、ボルハンを「神」と、漢字でイメージしてはならないということである。漢字を思いうかべてしまえば、「天神」となる。しかし、テンゲルボルハンは、日本語の天神とも、漢文の天神（『聖経直解』では天使の意味で使用）とも全く違うものであり、モンゴル国のモンゴル人が漢字を連想することは決してないということである。

現代モンゴルのカトリック教会の用語選択とは別に、漢文でのカトリック用語に「天主」が出現する前から、モンゴル人キリスト教徒がテンゲリーン・エジェンやテンゲルボルハンに似た用語を使っていた可能性の有無については厳密に考証する必要がある。

プロトモンゴル（アルタイ系）の人々と漢人が共有した天概念が完全に一致するものか否か、それぞれがどちらからどちらへ伝播し、いかに変質したのか、朝鮮や日本の天概念とどのような関係にあるのかは未だ判然とはしない。ただ、明末の漢文翻訳に、それ以前のモンゴルのキリスト教翻訳がなんらかの影響を及ぼした可能性は否定できない。『聖経直解』を書いたディアスが『景教碑詮』を著していることを思い起こせばわかるように、当時のカトリック宣教者はシリア文字で書かれたものも含む景教（東シリア教会）の宗教用語研究の上に、新たな漢文用語を確定しようとしていたからである。

現在のオルドスを中心としたモンゴル人カトリック共同体の構成員が過去の「也里可温」（エルケウン）の末裔であるとは言い切れないが、神概念とその用語の研究には幅広い翻訳史の検討が必要となる。

二〇〇〇年代初めの南北カトリック教会のミサの次第の訳語にも、当時の南北両カトリック教会の立場の違いが鮮明に現れている。

カトリック教会のミサ開式にあたって唱える部分を比較してみよう。

In nomine Patris et Filii et Spiritus Sancti, Amen（ラテン語）

「父と子と聖霊の御名によって、アーメン」

ᠡᠴᠢᠭᠡ ᠂ ᠬᠦᠪᠡᠭᠦᠨ + ᠰᠦᠨᠡᠰᠦᠨ ᠦ ᠨᠡᠷ᠎ᠡ ᠪᠡᠷ ᠂ ᠠᠮᠢᠨ ᠪᠣᠯᠲᠤᠭᠠᠢ（モンゴル語、モンゴル伝統文字）

「父と子と＋聖霊（息）の御名によって、そうなりますように」（＋は十字架の印）

内モンゴル自治区オルドスのカトリック教会「ミサ次第」（二〇〇二年）

Аав Хүү, Ариун Сүнсний нэрээр, Амэн（モンゴル語、キリル文字）

「父と子と聖霊（魂）の御名によって、アーメン」

モンゴル国ウランバートルのカトリック教会ミサ次第試用版（二〇〇四年）

ここで、一般の読者にとって見慣れぬ三種類の文字を敢えて羅列したのは、まず、同じ内容に対して、二つの教会のミサのテクストが示す視覚的な違いを実感していただきたいがためである。

中国領内のモンゴルの人々にとって、キリル文字の教育は必須ではないから、読めない人が多い。その一方で、横書きのキリル文字で育った現代のモンゴル国のモンゴル人にとって、縦書きのモンゴル伝統文字を十全に使いこなすのはかなり難しい。日本の若者が明治、大正期の歴史的仮名遣いを学ぶというレベルではなく、草書で書かれた中古文を読むのに似ているかもしれない。

さて、二つのテクストを読んで、まず驚くのは、オルドスでは、会衆全員で唱える「アーメン」を「そのようになりますように」という意味のモンゴル語に訳していることである。漢語とのバイリンガルミサの中では、アーメンと唱えられていたので、現代のオルドスの信徒がアーメンを知らないとか、全く使わないとかいうことではない。むしろ、無意味にアーメンと唱えるのではなく、その意味を理解して唱えているということである。

次に、三位一体というカトリック信仰の中心概念のモンゴル語の翻訳の違いである。

父というペルソナ（位格）については、二〇〇四年の当時、ウランバートルのカトリック教会には、まだ訳語の揺れがあったことをよく示している。ウランバートルで使われた「アーブ」（Аав）という表現は呼びかけに使われることばである。オルドスの文献の中にも、呼びかけ語としては見えているが、ペルソナの名称としては使っていない。ウランバートルのカトリック教会は、二〇一一年のコンペンディウムの中で、オルドスと同じ、「父」「エツェグ」に統一している。

「子」というペルソナについては、両教会とも同じ息子という意味のモンゴル語を使用しているので問題はないが、「聖霊」（Spiritus Sanctus）というペルソナのモンゴル語には大きな違いがある。聖なる（Sanctus）という語は両者とも同じで、清いという意味の「アリオン」（ᠠᠷᠢᠭᠤᠨ ариун）という語を用いているが、霊（Spiritus）を、オルドスでは、命、あるいは息を意味する「アミ」（ᠠᠮᠢ）と訳し、ウランバートルでは、魂、霊魂を意味する「スンス」（сүнс）という語で訳している。

この二語は、ともに古くからモンゴル語の語彙に存在するのだが、全くの同意語というわけではない。一四世紀のモンゴル語訳『孝経』の中に、「アミ」は、「子曰天地之性人為貴」の翻訳箇所に、「スンス」は、「宗廟至敬鬼神著矣」の翻訳箇所に、それぞれ用例がある。

オルドスのとった「アミ」は、孝経にいう「天地の性」の性にあたる。栗原圭介『孝経』の該当箇所の注釈では、「孔伝に『性は生なり。言うところは、天地の間に生じ、気を含むの類』とある」としている。つまり、気息にして生である聖なるものを表す語として一四世紀から実績のある訳語である。ウランバートルの「スンス」は、『孝経』が「先祖の御霊屋《おたまや》たる宗廟に敬を尽くせば、先祖の霊が感応して現れる」と説く、霊、魂の意味の「鬼神」の訳語として使われてきた語である。[6]

ウランバートルのカトリック教会は、二〇一一年のコンペンディウムで英語“spirit”,“soul”を「スンス」とすることを示している。プロテスタントによる翻訳でも、現在はほとんどの訳が「スンス」を用いている。中国領内のモンゴルの事情とは異なり、近代ではほとんど漢語の影響を受けなかったモンゴル国の諸教会の聖霊の訳語が『聖経直解』など漢文訳での用語「聖神」とつながっている。それはさらに孔子の頃からの「鬼神」とつながっているとも言えるだろう。これは、日本の翻訳と霊性について考える際にも興味深いことと思われる。

オルドスのボロ・バルガスンの要理書やミサ書の編纂出版にあたったヨセフ司教が教会から切り離されていた二〇世紀の二十数年間は、世界のカトリック教会が第二バチカン公会議後の教会へと脱皮しようとする激変の時期に重なる。典礼も聖書も、ラテン語中心から、各教会が根を生やすそれぞれの国や民族のことばへと広く開かれ、それぞれの地域、民族の教会にとって、新たな翻訳への挑戦の時代でもあった。

文化大革命期、ヨセフ司教は拘束の直前にカトリック教会の文典を自ら地中に隠し、必死に護り抜いた。そして後の世代に引き継ぐべく、現役時代、そして引退後もほぼ独力で翻訳の仕事に取り組んだのである。彼の生涯の願いは、恩師モスタールト神父が遺した第二バチカン公会議以前のテクストを公会議後の新しい教会の在り方に則したものに変え、よりわかりやすく美しいモンゴル語でミサを捧げることのできるミサ書をつくりあげることであった。

新生モンゴル国でカトリック教会が誕生し十年余りを経て、ミサ書や要理書の翻訳を本格的に開始しようとする頃、ウランバートルの教会の翻訳者たちはオルドスで伝統モンゴル文字によって発行された要理書やミサ書等の資料を参考にした。ウランバートルの翻訳者たちは、ヨセフ司教の資料を機械的にキリル文字に移しかえるのではなく、モンゴル国の「国語」たる現代ハルハモンゴル語に最適な訳語と文体を模索し続けた。

一九九二年に始まったモンゴル国のカトリック教会がおよそ一世代分の歴史を持とうとする頃になると、政治状況の異なる南北モンゴルカトリック教会の関係は微妙に変化した。洗礼を受けた信徒数では、いまでも南のカトリック教会の方が圧倒的に多いのだが、社会事業やモンゴル語で出版されている教会関係出版物の種類ということになれば、北の教会の方が勝っていると言わざるを得ないだろう。様々な困難の中にあって、オルドスの教会では、モンゴル国ウランバートルの教会が教皇庁の正式な承認を受けた翻訳を参考にしながら、教皇庁の承認に耐え得る伝統モンゴル文字による最新の要理書やミサ書等の出版を目指し翻訳の努力を重ねている。

4　スコポス理論とモンゴル国のコンペンディウム

次に、今日の聖書翻訳で重視されるスコポス理論（skopos theory）、すなわち、翻訳は目的と読者によって変わるべきだとする翻訳理論の立場からモンゴルのカトリック教会の翻訳の特徴を考えてみたい。

イエズス会が明末から清にかけて読書人階級を中心に布教を展開したのに対して、ストリブラスたちロンドン宣教協会はモンゴルの庶民への布教を念頭においていた。しかし、一九世紀のストリブラス&スワン訳モンゴル語聖書には、庶民から離れた高雅な語彙が用いられていると一九五〇年代の改訂者たちは指摘している(7)。

けれども、ストリブラス&スワン訳のモンゴル語訳にとって、聖書がもつ威厳と格調をモンゴル人に示すことが翻訳の目的の一部であったのは、日本における明治の文語訳聖書と同じだと言えるであろう。実際、日本では、いまなお、知識人層読者が文学作品として聖書を読む場合、文語訳の文体が好まれる傾向があり、同様な傾向はモンゴル人の間にも存在すると言われる。

ここでは、翻訳の読者への配慮という観点から、カトリックの信仰のエッセンスとして、漢字文化圏では「真《しん》福八端《ふくはったん》」と呼ばれ、英語では The Beatitudes, モンゴル語では現在、Жаргалангийн номлол と呼ばれているマタイ福音書五章「山上の垂訓」を手がかりに考えてみたい。

試みに、マタイ五章三節「心の貧しい人々は幸いである、天の国はその人たちのものである」についてのみ、モンゴル国のカトリック教会のコンペンディウムと、プロテスタントのモンゴル語聖書二種を、ストリブラス&スワン訳、新共同訳とともに原文を比較してみよう（表1参照）。

A　二〇一一年、ウランバートルのカトリック教会「コンペンディウム」の付録
B　一九九六年、モンゴル聖書翻訳委員会『ビブリ――新約聖書』（後の『アリオン・ビブリ』）
C　一九八八年、発行者不記載のトラクト
（表紙にタイトルはなく、扉に「名のない本」とある。扉が示す通り、モンゴル人民共和国の「民主化」以前、聖書発行・配布が非合法であったころに翻訳され、印刷・配布された）
D　一八四一年、ストリブラス&スワン訳
E　一九八七年、新共同訳

「心の貧しきもの」の「心」、つまり、ギリシャ語の「プネウマ」の訳語として、テクストA、Bは、「聖霊」の霊魂をあらわす訳語「スンス」を採っている。しかし、一九世紀から二〇世紀にかけてのプロテスタント訳聖書各版（一八四六年、一八八〇年、一九一三年、一九四〇年、一九五二年）では、「セドキル」（ᠰᠡᠳᠬᠢᠯ 現代モンゴル語の сэтгэл）が使われている。この語は、通常、「心」と訳され、同根の動詞は「考える」という意味である。現代のテクストA、B、Cがともに一九世紀の訳の「心」を採らなかったことは、日本語訳の当該箇所をめぐる議論

A コンペンディウム付録 Католик шашны сурах бичиг Товчлол, 2011	Жаргалантай яа, ядуу даржин сүнсээр амьдарч буй хүмүүс жаргалтай яа! Учир нь тэнгэрийн хаанчлал тэдний юм.
B プロテスタント聖書 Библи: Шинэ Гэрээ, 1996	Сүнсэн дотроо ядуу хүмүүс ерөөлтэй еэ! Учир нь тэнгэрийн хаанчлал бол тэднийх юм.
C プロテスタント聖書 Нэргүй Ном, 1988	Бурхнаас өөр түшиж чадахгүй хүмүүс заяатай юм. Тэд Бурхны улсыг залгамжлах болно.
D ストリブラス＆スワン訳 The New Testament of our Lord and Saviour Jesus Christ, 1846	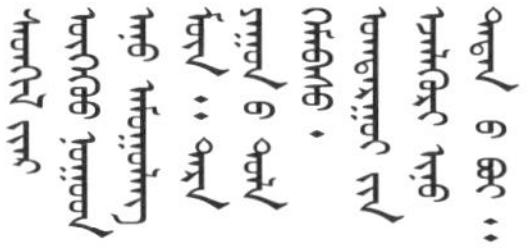
E 新共同訳聖書 (1987)	心の貧しい人々は、幸いである、 天の国はその人たちのものである。

表１　マタイ５章３節の各版比較

に示唆を与えるものと言えるだろう。

マタイ五章三節は、日本では、特に理解しにくいと箇所と言われている。日本語には、「心少なし」、「心狭し」といった慣用句があり、それらからの連想で、「心の貧しき」は、「狭量な」とか「利己主義の」とかいった意味で理解されてしまうこともあり、文全体の意味がつかみにくいからである。

モンゴル語で「心」と訳しても、同じことが起こる可能性がある。ストリブラス＆スワン訳系の訳文もこの箇所（）だけ、素直に読めば、「考えが乏しい」「心が貧困だ」という意味にとられてしまうかもしれない。しかし、ギリシャ語の「心の貧しきもの」（οἱ πτωχοὶ τῷ πνεύματι, the poor in spirit）が意味しているのは全く別のことである。ギリシャ語で「心」の部分に当たる「プネウマ」（πνεῦμα）は、「プネオー」（πνέω）＝吹くという動詞からくる名詞で、気息から生命、精神等の意味を派生させたことばであり、ラテン語の「スピリトゥス」（supiritus）もこれと一致する。これは、漢文訳聖書の中で、また、日本語訳聖書の中で、聖霊（カトリック、プロテスタント）、聖神（正教）のように、霊、神の漢字があてられている語である。東アジアにおける翻訳伝統の中では、「プネウマ（スピリトゥス）において貧しい」というのは、「心が狭い」という意味ではあり得ない。それを元気がないととるのか、物質的に貧しいということの強意表現にとるか、あるいはギリシャ語のテクストを旧約聖書のヘブライ語の用語と照らし合わせ、さらに解釈を加えて、「だからこそ神により頼む」と解釈するか等、研究者や聖職者の間でも意見が分かれている。

当時の非合法出版であり、敢えて発行者についての情報を記していないテクストCの訳文の系統についてここで詳かにすることは控えたいが、この箇所は、現在発行されている「モンゴル聖書翻訳者チーム」訳として出されている『ビブリ』（Библи, 二〇一六年刊）の訳に近い。但し、『ビブリ』では、「幸い」にあたる箇所「ザヤータイ」（Заяатай）が「ホビタイ」（хувьтай）に、「天の国」の箇所の「ボルハニー・ウルス」（神の国）が「テンゲリーン・ウルス」（天の国）になっている。この訳では、いずれも、プネウマにあたる語は見えず、「神より他に頼れるものがない人々」となっている。こうした意訳は翻訳者の独創によるものではない。例えば、子どもや第二言語としての使用者にも分かりやすいことを意図した現代英語版（Contemporary English Version）の英訳は、「神より他に頼れるものがない人々に神の祝福あれ。彼らは天の王国のものである！」（God blesses those people who depend only on him. They belong to the kingdom of heaven!）としており、テクストCのモンゴル語に近い。これは、テクストCの発行者たちの宣教の目標に即したスコポスの設定において、逐語置き換え方式の翻訳から起こる誤解を避けることに、高い優先順位を置くためであろう。日本語訳でも、この箇所の訳に理解しやすさを求めた場合、山浦玄嗣訳ケセン語聖書の「頼りなぐ、望みなぐ、心細い人ァ幸せだ」や、本田哲郎訳『小さくされた人々のための福音』の「心底貧しい人たちは、神からの力がある」などを選ぶことになる。(8) モンゴル語テクストCの「神より他に頼れるものがない人々」というモンゴル語訳は、これらの日本語訳に近い目標文化志向（target culture oriented）の側面が顕在化した翻訳と言える。

しかし、コンテクスト重視で、意味理解において、誤解を排除した分かりやすい訳が、目的と読者によって訳を変えるスコポス理論に合致するものであれば、翻訳において全く問題が生じないというわけではない。この翻訳方式を使えば、ルカ福音書六章二〇節をはじめ、聖書内での相互関係や、多くの言語における逐語訳の聖書の引用を含む様々なテクストとの関係性が閉ざされてしまう可能性があるからである。

日本語訳の多くが明治の文語訳以来の「心の貧しい者」を継承し続けている理由のひとつには、「スピリトゥス＝神」とした「神貧者乃真福」という『聖経直解』以来の漢文訳の流れの伝統の保持がある。統計上九九パーセントが非キリスト教徒とされる日本人の読者にとって、和語によるまわりくどい説明より、漢文読み下し調の短い文の方が、七十人訳に始まる一対一の翻訳原則が簡潔に実現されているように感じられるはずである。それは、東アジアの数百年にわたる聖書翻訳の歴史と、それにまつわる様々なテクスト、さらに、「心の貧しきもの」の意味と格闘してきた明治からの日本の精神史と繋がる文学的蓄積との関係を断絶させることがより少ない。つまり、「心の貧しい者」という訳語選択には、分かりやすい意味の伝達より、翻訳伝統の継承と原文への忠実さ、聖書の引用を含む様々な言語活動とのインターテクスチュアリティ（テクスト間相互の関連性）の保持を優先するスコポス（目的）が存在するということになる。

テクストBの「霊においてとても貧しい人は」は、日本語の岩波訳の本文、そして、二〇一八年日本聖書協会共同訳の「心の貧しい人々は幸いである」に付された脚注「直訳『霊において貧しい人々』」と等価である。このことから見ても、テクストBのモンゴル語訳は、原文への忠実さとモンゴルにおける翻訳の伝統の保持を志向した訳であり、現在の日本語訳の方向性にきわめて近い起点言語志向（source language oriented）の翻訳であると言える。

それでは、モンゴル国のカトリック教会のテクストAについてはどうだろう。

カトリックの日本語訳での当該箇所の歴史を追ってみると、『どちりなきりしたん』の真福八端の説明では、「スピリツの貧者は、天の国を持つによって、ベアトなり」（慶長版では、ベアトは「果報」）、福音書の翻訳、『バレト写本』では「スピリトの貧者は天の国を持つによってベアトなり」、明治のラゲ訳では「福《さいはひ》なるかな心の貧しき人、天國は彼等の有《もの》なればなり」、戦後の口語訳バルバロ訳には、「心の貧しい人はしあわせである。天の国は彼らのものである」として、脚注に「物質的に貧しく、精神的にも金銭の富を求めない人」としている。日本のカトリック中央協議会が二〇一〇年に出した日本語版のコンペンディウムの該当箇所は、「心の貧しい人々は、幸いである、天の国はその人たちのものである」となっており、これは、新共同訳のマタイ五章三節からの直接の引用である。

つまり、日本版コンペンディウムの真福八端の訳は、テクストBと同じく、原文への忠実さと「神貧者乃真福」の伝統保持を志向した起点言語志向の翻訳なのである。

しかし、モンゴル語テクストAはテクストBと似ているようだが同じではない。テクストBは「霊においてとても貧しい人」、テクストAは、「最も貧しい霊（スピリトゥス）によって生きている人」という意味である。

ここでオルドスの教会がラテン語スピリトゥスの訳語に「アミ」を使っていたことを思い出していただきたい。「アミダルチ」（амьдарч＝生きている）という動詞の中には、生命、息を意味する語「アミ」が入っている。息をしている、生活しているという語が入ることで、心狭いといった意味ではなく、貧しさの中で気息（プネウマ）の弱い生活をしているという意味を読みとることができるのである。ここには、「神貧者乃真福」を離れた分かりやすい翻訳への積極的な姿勢が見える。テクストAは、テクストCと同じく、目標文化志向の翻訳であると言ってもよい。

目標文化志向の姿勢は、日本とモンゴルの真福八端翻訳の形式面の違いからも明白である。モンゴル国のモンゴル語は、ラテン語の形式を移植し、南モンゴルのカトリック教会のミサの中で唱えられてきた伝統にも沿いながら、真福八端、すなわち、真の幸福八か条の各条が韻を踏む韻文となっている。これに対して、日本語版のそれは、新共同訳の福音書の記述そのままを抜き出しただけの散文である。そこには、「さいはひなるかな心の貧しき人」というラゲ訳の語順と語調への工夫が日本の信徒や知識人の中で受け継がれてきたことへの顧慮は特に感じられない。つまり、声を出して読むことへの配慮が希薄なのである。しかし、これは現代の日本において、カトリックの翻訳にだけ見られる傾向ではない。近代以降、日本が最も広義な文学において、声を失ったということに源を発する問題であろう。

日本では、詩や小説の朗読会に参加する人はあまり多くはないし、酒席で即興の詩を詠ずる人はなお少ない。しかし、モンゴルの日常生活には、今日もなお、詩があふれており、文学は声をもっているのである。声を意識しない、黙読されるだけの翻訳は本来あり得ないのである。

黙読は個人の営為であるが、カトリック教会の聖書は声を出して読み上げられるものであり、共同体の中で声を共有するものである。それ故、文学が声を失った日本においてさえも、共同体が声にこだわる事例はある。

二〇一八年四月カトリック中央協議会典礼委員会は、「『聖書 新共同訳』の「御子（みこ）」を「おんこ」と読み替える可能性について日本聖書協会と協議を重ねた結果、同協会から、カトリック教会の典礼における聖書朗読に限って「みこ」を「おんこ」と読み替える許可をいただくことができましたのでお知らせします」と報告している。[9] 信徒からのカトリック従来の読みに統一してほしいとの要望を受けてのことであった。W・オングが『声の文化と文字の文化』の中で述べた通り、[10] 声の文化の特性は、人間的な生活世界へ密着し、保守的、感情移入的、参加的、状況依存的で、非抽象的なものなのである。

モンゴルのカトリック教会の翻訳姿勢は、民族独立国家と民族的マイノリティの自治区の差も含めた北と南のモンゴルの様々な事情を踏まえたうえで、モンゴル語を共有する人々の文化へ向けた目標文化を志向する呼びかけでもある。

二〇一三年一一月六日の教皇フランシスコの一般謁見演説のモンゴル語訳がウランバートルのカトリック教会のウェブサイトに公開された。[11] その内容をあえて直訳的な日本語にすると次のようになる。

わたしたちは、一致団結の中で、大事な儀式（サクラメント）と、清らかなる霊／魂（スピリトゥス　サンクトゥス）を通してすべての人に与えられる贈り物としての才能（カリスマ）と、そして、愛と慈悲（カリタス）によって、育まれるのです。

傍点部は借り物ではない日常のモンゴル語の組み合わせで翻訳されている。これを、日本のカトリック中央協議会の訳「わたしたちは秘跡と、聖霊から与えられるカリスマと、愛によって、一致と交わりを深めます」と比較してみるとき、読者はどんな印象を抱くだろう。

柳父章は、日本語への翻訳において、漢語やカタカナ書きの外来語によって「意味はよく解からないがなんとなくありがたそう」なニュアンスがもたらされることを「カセット効果」と名づけた。[12] 日本語訳にはそのような効果が散りばめられている。勿論、信徒集団の中で大事にされてきた用語は信徒たちには自然に受け取られ、違和感を覚える人は少ないだろう。しかし、宣教の対象となるべき九九パーセント側の人々にとってはどうだろう。予備知識がなければ理解不能な漢字やカタカナの翻訳語で、就任間もない教皇フランシスコの思いが素直に届いただろうか。信徒以外の人々を他者化し、その距離を広げているように感じられてしまう懸念はないだろうか。

今日、モンゴル語聖書翻訳でも、聖書協会世界連盟（United Bible Societies）と国際ＳＩＬが提供する聖書の翻訳支援ソフト「パラテキスト」（Paratext）の利用が可能になっている。そうした環境の下で、翻訳が、最新の聖書学の成果に根ざして誠実に行われている限り、どちらの訳がより優れているかという議論は無意味である。むしろ、問われるべきは、それぞれのスコポス（目的）に沿った、受容言語（recepter language）として用いられるコーパス（言語活動全般にわたる資料集成）の質であろう。

ブリヤート語やカルムイク語は言うまでもなく、モンゴル国のモンゴル語と内モンゴル自治区のモンゴル語の間にも、言語史だけでなく、思想史上のコンテクストの差異が存在する。モンゴルに根付いてきた宗教や儀礼をどのように理解して、それらとの関係において、如何なる基準と戦略によって訳語を選択し、翻訳を進めるべきか、それは、各モンゴル語がモンゴル文語を共通部分の核として、それぞれ独自に作りあげてきたコーパスの全貌への評価によって定まる。

シャマニズム、仏教、儒教など用語の検討に留まらず、モンゴル近代化の過程において、「エロース」や「アガペー」のような概念が、いつ、いかなる形でモンゴル語の中に登場して、どのように受容され、どのように変容してきたのか、ダンザンラブジャー（一九世紀初頭のモンゴルの高僧。医師、作家、詩人でもあった）の宗教詩から現代文学、今日のオタク文化の語彙に至るまで、日本、中国、朝鮮などの翻訳の経験を踏まえた、学際的、超域的な研究によって、明らかにしていかねばならない。そこへ辿り着いたとき、一国史的なキリスト教理解を超えた、聖書翻訳史の新しい景色が見えてくるに違いない。

注

（1）モスタールト神父（中国語名　田清波）は、オルドスでの司牧活動（一九〇六―一九二五）の後、北京の補仁大学に移り、『モンゴル口碑集』（*Textes oraux Ordos*, Peking, 1937）、『オルドス（方言）語辞典』（*Dictionnaire Ordos*, Peking, 1941-1944）等を刊行した。北京への移動後もオルドスの信徒と交流を続け、現地出身の司祭を育てたが、一九四八年、米国に移ることを余儀なくされた。彼の育てた司祭に、『蒙疆カトリック大観』が「一九三七年司祭となりし蒙古人唯一の神父」として写真掲載したジャン・バティスト　ムンフジャルガル（一九〇六―一九七九、中国語名　馬元牧）と、その弟であり、文化大革命終了後、初のモンゴル人司教なったヨセフテグスビリグ（一九一九―二〇二〇、中国語名　馬仲牧）がいる。モスタールト神父の業績については、Klaus

SAGASTER ed., *Antoine Mostaert* (*1881-1971*), C.I.C.M. Missionary and Scholar. Volume I, Leuven 1999に詳しい。『オルドス口碑集』には、モスタールト神父から励ましと辞書を贈られて、モンゴル人の中で生活を送った磯野富士子による日本語訳がある。「東洋文庫」（一九六六年、平凡社）に収められたものは全体の六分の一ほどであるが、全文訳草稿も現存する。

（2）楊海英『チンギス・ハーンの祭祀』風響社、二〇〇四年。

（3）阿拉坦宝力格「共生の可能性——城川町の天主堂を事例に」（『南北モンゴルカトリック教会の研究』清泉女学院大学教育文化研究所、二〇〇八年）、Patrick Taveirne, *Han-Mongol Encounters and Missionary Endeavors: A History of Scheut in Ordos* (*Hetao*), *1874-1911*. Leuven Chinese Studies 15. Leuven: Leuven University Press, 2004の他、中国からの視点として、宝貴貞『近現代蒙古族宗教信仰的演変』中央民族大学出版社、二〇〇八年。

（4）Gaby T. Bamana (Compiled and Edited), Эрхим номын сургал. Улаанбаатар: Antoon Mostaert Center, 2004.

（5）《ᠡᠷᠬᠢᠮ ᠨᠣᠮ ᠤᠨ ᠰᠤᠷᠭᠠᠯ》中華人民共和国内モンゴル自治区オトク前旗、ボロ・バルガスンのカトリック教会内部資料（二〇〇二年七月印刷）。

（6）栗原圭介『孝経』（新釈漢文大系35）明治書院、一九八六年。

（7）A. W. Marthinson, The Revision of Mongolian New Testament. *The Bible Translator* 5, 1954, pp. 74-78.

（8）山浦玄嗣訳『ケセン語訳——マタイによる福音書』（イー・ピックス、二〇〇二年）、本田哲郎訳『小さくされた人々のための福音——四福音書および使徒言行録』（新世社、二〇一一年）。なお、フランシスコ会聖書研究所訳注『聖書——原文校訂による口語訳』（二〇一一年）では、「自分の貧しさを知る人は幸いである。天の国はその人たちのものである」となっている。

（9）「『聖書　新共同訳』の「御子（みこ）」の読み替えについて」https://www.cbcj.catholic.jp/2018/04/19/16631/（最終閲覧日二〇二〇年八月二五日）。

(10) Ong, op. cit., pp. 36-56.
(11) モンゴル語 http://www.catholicchurch-mongolia.mn/Пап-Францисын-үг/i/7/　引用部分の原文は Бид нэгдмэл байдлын дотор үндсэн ёслолуудаар, Ариун Сүнсээр хүн бүхэнд өгөгдсөн авьяас билгүүдээр мөн хайр энэрлээр өсдөг
原　文 http://w2.vatican.va/content/francesco/it/audiences/2013/documents/papa-francesco_20131106_udienza-generale.html（最終閲覧日二〇二〇年八月二五日）。
日本語訳は https://www.cbcj.catholic.jp/2013/11/06/7545/（最終閲覧日二〇二〇年八月二五日）
(12) 柳父章『「ゴッド」は神か上帝か』岩波書店、二〇〇一年。

付記　オルドスのモンゴルカトリック教会聖書翻訳活動に関する重要資料

オルドスのモンゴルカトリック教会において行われた翻訳活動の成果として、要理書の他に注目すべき資料の情報を付記しておきたい。

モンゴル国のアントーン・モスタールト・モンゴル研究センター図書館所蔵の『古経大略』（qaγučin toγtuγal-un ariyun šastir-un tobčiy-a,「旧き契約の聖経の要約」）である。モスタールト神父指導の下で翻訳出版活動に携わったテグスビリグが筆写したことが冒頭に記されている。モスタールト神父の後任クラエス神父によってボロ・バルガスンの印刷所で活字印刷された旧約聖書の概説書『古経大略』について、現在、完全な形で残っているものは知られていない。この四〇〇頁を超える手書き写本は、『古経大略』の全体像をいまに伝える貴重な資料である。

また、ボロ・バルガスンの印刷所では新約聖書の概説書『新経大略』も発行されたとの情報がある。中国国内の公文書館・档案館等の蔵書目録に登録はないが、ベルギーのルーヴェン・カトリック大学のスクート記念ライブラリには *The New Testament Mongolian*, Ning-Hsia: Claeys, Florent, 1930 が登録されている。

これらオルドスのモンゴルカトリック教会の旧約聖書、新約聖書の翻訳活動の成果は、モンゴルでの聖書翻訳事業の歴史のみならず、『古新聖經殘稿外二種　北堂本與滿漢合璧本』（関西大学出版部、二〇一八年）等天主教の翻訳聖書との比較においても極めて貴重な資料であり、今後、国際的な共同研究が大いに期待される。

第14章　聖書翻訳における諸々の選択についての考察
――CAT、口語と文語、文字

荒井幸康

コミュニケーションは選択の連続である。普段友人と行っている会話は、ある種決まった型の中にあるので、それほど気づくことはないが、初対面の人との会話は、ふさわしい言葉づかいに落ち着くまで探り合いが続く。一回限りであればその場で終わりだが、新しく友人となり、だんだん親しくなっていくとすれば、選ぶべき言葉づかいも変化していくことになるだろう。また、その友人にお金を借りる時、五〇〇円を借りる時と五〇〇万円を借りる時の話し方が同じ人は珍しいはずだ。また、五〇〇円と五〇〇万円の間も額に応じて、借りようとする相手にへりくだる態度が変わっていくとも考えられる。これもそれがふさわしいだろうと話し手が考えるスタイルが変化していることに原因がある。

何をもってふさわしいとするかは、その社会が持つ形と関係するようである。後で考察するように、聖書翻訳や宣教において、安土桃山時代と、明治時代の日本は別の手段を選択しており、同時代の朝鮮語と日本語も、それぞれ別の選択肢を選んだ。その選択肢によって特定の階層に爆発的な浸透を可能とすることもありうるし、逆に秘義として残しておきたいものであれば、それに相応しい不思議めいた文体になろう。

ある時ある場所で、ある文体を選択し、聖書を翻訳しようと思った動機は何だったのか。聖書翻訳における文体やスタイル、文字などの選択を、古今東西の翻訳に現れた意図をコミュニケーション・アコモデーション理論（Communication Accomodation Theory, CAT）、聖書翻訳における口語体と文語体の選択、文字の選択などの事例をあげつつ考察したい（なお、翻訳におけるスコポス理論もろもろの選択においては重要であるが、本書第二章と第一二章にて理論及び実例に触れているので本章では取り上げていない）。

1　コミュニケーション・アコモデーション理論（CAT）について

コミュニケーション・アコモデーション理論（以下、CAT）は、異なる方言や言語を話すときのコミュニケーションにおいて何らかの共通語を探したり、子供や目上に対する適切な言葉を探したりして、相手に自分の言語行動をあわせようと「調整する」（accommodate）行動を考える理論である[1]。

そんなことが理論になるのかと思う向きもあろう。けれども、はじめてあった人同士、どう話したらいいのか探り合う場面に居合わせることは誰でもありうる。小学校から高校までは一般的に親元からそんなに離れないところに通学していることが多いが、大学に入ると一人暮らしを始めるぐらい遠くに住む人もいる。大学に入学し、はじめて、そこで何らかの会合に参加する。何かの授業で知り合うということもあるかもしれない。高校と違い、大学では一年生も四年生も同じ授業に参加するので、隣りあわせた人とコミュニケーションをとらなければいけない時、敬語で話すべきか、同輩としての言葉づかいをしてよいのか、探らなければならなくなる。大体の場合、ファーストコンタクトでは方言を隠す。それは関西であっても同じで、関西弁をひた隠しにして話し、さらに敬語のような話し方でお互いを探り合う。そこで先輩だと分かれば、そのまま敬語となり、同級生と分かれば、普通の言葉に戻るだろう。後輩であることが分かれば、また別の話し方になるかもしれない。さらに、話し相手が同郷と知るとさらに、故郷の言葉に切りかえることもある。これだけで、先輩、後輩、同級生の三つのパターンが考えられ、さらに、同郷である、同郷でないといった形で六つのスタイルのうちのどれかを選ぶこととなる。

コミュニケーションは、伝われば成功、伝わらなければ失敗という単純なゲームではない。人と人とが出会うところでは、必ずと言って、相手との関係においてどの様なスタイルを選択すれば、相手に気持ちよく自分の言葉を受け取ってもらえるかの探り合いをしているのである。探り合った結果、その時点での関係にふさわしい言い方に落ち着けば、相手は自分の言葉を素直に受け取ってくれる。ふさわしいと思わなければ、相手から抗議される。知り合って関係が深まっていくと、さらに言葉づかいが変わっていくというのも容易に想像できよう。

英語なら、私は I で、あなたは you だから、それほどの選択する労力は必要ないと考える人もいるかもしれない。しかし、他の場面では、言葉のスタイルを変えることはよくある。たとえば、人に呼びかける場合、sir からはじまり、Mr. Smith, そして Mr. の抜けた Smith さらに、Fredrick と名前を呼びかける形になり、Fred と愛称になり、mate あるいはあだ名で呼び合うなど、親疎によって変化することもありうる。

さらに話題によっても、同じ相手でもスタイルが違うこともありうる。友達同士でも、先ほどの例のような借金の申し込みなどで額の多い時は改まった形になる傾向にあるのは世界共通らしいし、高校時代を振り返っても、先生との関係は、教室では呼び捨てにされても、親も参加する三者面談では「～さん」と呼ばれるだろうし、卒業式では「～殿」と呼ばれたかもしれない。我々は結構無意識に、場面に合わせて言葉づかいを変えているのである。

では、聖書翻訳において、このようなＣＡＴの考え方から、どのようなことが言えるだろうか。次に、特に議論となる口語体と文語体の選択に関して議論してみようと思う。

2　聖書翻訳における口語体と文語体の選択に関して

容易に想像がつくと思うが、翻訳に関しても同様に「調整」が働く。会話同様、翻訳とは、別に、そこに一対一で言いたい言葉を見つけ、単純に置き換えていくだけの作業ではなく、読み手が耳を傾けるにふさわしいスタイルを選ぶ必要がある。

ルターが聖書を翻訳した前後から、ヨーロッパにおいては、キリスト教をよりよく理解するため、聖書の翻訳事業は、あちらこちらで試みられていた。岡本信照は、『「俗語」から「国家語」へ――スペイン黄金世紀の言語思想史』でスペイン語を取り上げて議論しているが、同時に口語を強調する動きが西ヨーロッパ全体で表れていたことにも言及している。(2)

礼拝典礼にラテン語のみを使うことを批判し、俗語を強調する思想は、南アルビジョワの異端派の聖書の翻訳や文学運動から始まる。その影響を受けて著されたイタリアのダンテの『俗語論』（一三〇四―七年）や、俗語による創作である『神曲』（一三〇七―二一年）などが生まれ、その刺激を受け、スペインのみならず、フランス、オランダ、ドイツなどヨーロッパ各地でラテン語などに対抗し、俗語の価値を強調する論が現れてくる。つづいて、ラテン語以外の言語も「優れた言語である」ことを「証明」する手段として、文法書が次々と発表されていく。こうした文法を持てるぐらいラテン語と同格であるという意識は、ほぼ同時期に、ヨーロッパのメジャーな言語のみならず、エストニア語（一五三五年）、ルーマニア語（一五四四年）、リトアニア語（一五四七年）、ウェールズ語（一五四六年）といったヨーロッパの「辺境」の言語に至るまで教理問答集・祈禱書の翻訳があちこちで生まれる原因となった。(3)

わけのわからぬ言語によって書かれた書物を基にした「由らしむべし、知らしむべからず」的な態度が改められ、キリスト教を日常使われている口語で伝えることが重要であるという発想が定着していった。それは、宗教改革によって、よりキリスト教の知識を広めようとしたプロテスタント側のみならず、カトリック側においても同じであった。ヨーロッパ外での布教においても、その土地の言葉で伝え、翻訳事業に勤しむことは、この時に生まれた伝統を引き継いだものと言えよう。

そういった事業の例として、東アジアにおける事例を見てみよう。文体には基本的に二つある。口語体つまり話し言葉をベースにしたものと文語体、書き言葉を主体とした文体である。

金成恩は、『宣教と翻訳——漢字圏、キリスト教、日韓の近代』で、東アジアにおいて、聖書の翻訳のネットワークが独自の発展を遂げたことを明らかにした。その一例は、第二章で検討されるバニヤンの『天路歴程』（*The Pilgrim's Progress*）の翻訳の過程に見える(4)。

バニヤンの本の漢語訳が出版されたのは一八五三年、W・バーンズの手による訳であり、『天路歴程』と題された。最初に文言訳（古代漢語を元にした文語文訳）が出されたが、読み解く人が少ないと見るや、口語に近い官話訳（近代中国語の標準語に相当）も出された。

日本語訳は村上俊吉が作成した。出版は一八七六年。タイトルは「天路歴程意訳」として、元々は新聞での連載をまとめたものだった。

朝鮮語訳は一八九五年、J・S・ゲール訳であり、名前は中国語と変わらず『ティョンロリョッディヨン（天路歴程）』というものだった。日韓中の三言語の間では、重訳が行われることが多いが、『天路歴程』に関しては、朝鮮語訳は官話訳から、日本語訳は文言訳からの翻訳（重訳）であった。朝鮮語訳は口語に近い官話文を参考にし、翻訳者のゲールは、目標言語である朝鮮語での自然さに重きを置き、平易な表現にすることを目的とした。

一方の日本語は文言訳を参考にし、堅苦しい漢字の多い翻訳を作った。もっとも、日本語にはルビ（ふりがな）という強力な「武器」があり、漢字の横に振ることによって、難しい表現も「やわらげる」ことができた。

例えば、「此方不可」と書いて、その横に「とてもいけません」とルビを振ったのである。このような形で、日本語の特徴を最大限生かし、文言訳でも十分吸収可能な訳としたのである[5]。

官話訳は、中国語の口語に普段接する機会の少ない日本人にとって遠く感じられたのも選ばれなかった原因ではないかと金は分析するが、中国語、朝鮮語訳と違い、『天路歴程』の日本語訳を行ったのは外国人宣教師ではなく、日本人牧師であった。このことも、文語的でありながら口語的でもありうるという柔軟な翻訳を行えた理由であるかもしれない。

では、日本には聖書翻訳などに見えるヨーロッパ伝統の「民衆の言葉で伝える」という発想での翻訳が試みられなかったのだろうか。この点について、金は『宣教と翻訳』第三章で、「七一雑報」を取り上げ、口語体志向がいかに文語体へと変わっていったかについて分析している。

「七一雑報」は一八七五年から八年間神戸市で発行された日本最初のキリスト教定期刊行物である。この新聞は、宣教の材料としても、ヒントとしても使われた新聞であった。当初目標とされた読者層は「婦女子」すなわち女性だったため、一般庶民に分かりやすい言葉が目指された。とはいえ、庶民が読者層足りうるかという疑問が発刊当初からあったようである。というのも、キリスト教以外でも「まいにちひらがなしんぶんし」という新聞も刊行されたのだが、支持を得られず、失敗したという事例があったからである。文語的表現に慣れた知識人は書かれた平易な口語の文体に不満を持ち、民衆の言葉で書けば読めると思われた庶民には購買力も識字力もなかった。「七一雑報」の投書欄から見える読者層は様々だったが、次第に士族階級（知識階級）の青年（学生）の投稿が目立つようになった。なお、当初読者対象としていた女性もわずかながら存在したが、本当にわずかだった。また、創刊当初とその後の読者層の変化は、日本において、キリスト教の信者として士族階級が多く現れることと符合するといわれる。こうして、彼らの好む文体が徐々に選ばれていったというのが、口語体から文語体への推移で見えることである[6]。

対する近代朝鮮においてなされた一般的な読書形態は共同体的読書というものであり、「小説は買って読むものではなく、講読師を頼んで一日二日かけて読んでもらうもの」であった。つまり文字を読むのは個人の営みではなく、集団で行うものであったということである。また、ある宣教師の朝鮮読書文化の紹介（一九〇六年）を引用して、「実はこれが相当のレベルの芸術であり、我々の小説に優る、なぜならば、朗読者の訓練された話しぶりと語調は、ただ小説を読むときには感じられない演劇性を加えている……[7]」と当時の様子を描いている。多くの人が小説を「聞く」、共同体的読書の習慣が、著しく低かった識字率と相まって、宣教師たちが、『天路歴程』をハングルに翻訳させ、「聞く」読書をもって浸透を図る戦略だったのではと金は考察している[8]。

翻訳の対象、すなわち「メディアを通して伝えるべき読者（聴者）は誰か」「読者（聴者）はどのような文化的な特徴もっているか」を理解した上で翻訳においてふさわしい文体を探した結果、『天路歴程』は日本においては文語体、朝鮮半島においては、口語体に落ち着いたのである。

余り軽々しく結論付けることはできないかもしれないが、このような選択は、結果的に、その後のキリスト教の浸透度にも大きく影響したのかもしれない。朝鮮半島におけるキリスト教の占める割合は二五パーセントと高く、一パーセント未満と言われる日本とでは大きな差異がある。

3　文字の選択について

聖書の民衆語への傾向を決定的にしたルターの翻訳が現れてほどなくして、日本語にもキリスト教文献の翻訳が現れた。宣教師たち自身によって翻訳された文献は、その当時から大衆に広めることを目的として、口語での翻訳をめざしたが、その表記においても、独自の選択がなされた。一六世紀、日本におけるキリスト教の宣教にはひらがなが選択されたのである。ローマ字を使うという選択肢もあったであろうが、大衆にとってなじみのある文字体系がすでにあり、それも、仏教などで使用された文字体系とは別の体系を持っているもの、つまり、ひらがな専用の表記が良いと考えたのである。宣教師たちが選択した口語体とそれを表記するためのひらがな専用の表記体系は、その当時の民衆に受け入れられた。その後、禁教に至り、伝統が潰えてしまうが、この時の表記体系が現在まで残っていたならば、日本語の姿は今とは大きく変わっていたものになっていただろう。

ここで重要なのは、文字の選択も大きな意味を持ちうるということである。ヨーロッパの言語学において、かつて、文字は、音を反映させただけのものという考え方が長く存在していた。果たしてそうだろうか？

世界全体での文字の使用状況を見ると、文字は文化的なつながりや勢力圏を明示しているように見える。かなり大胆な見方になるが、全体的に見て、文字は、宗教とかなり結びついたものにはなっていないだろうか。例えば、日本人にとってはアラビア文字というと、それだけでイスラーム教が想起され、インド系の文字は、仏教圏の言語ではないかと、その言語が判断できないながらも考えたりする。そう考えると、ラテン文字はカトリックやプロテスタントと結びつき、ギリシャ文字とその派生として誕生したキリル文字はギリシャをはじめ様々な地域名の付く正教との関わりが想起される。

東アジアにおいては漢字文化圏という言葉があるが、そこには、儒教や漢字を使った経典を持つ仏教が信仰されている国々が含まれていると捉えることはできないだろうか。

もちろんこれだけの事例で説明できない地域もあるだろう。文字使用に関して、考えられるもうひとつの説明原理は、別の宗教を信仰する国の支配下に一定期間置かれたことに起因するといったものであるかもしれない。ヨーロッパのどこかの植民地であった経験によって、ラテン文字を使用し始めた言語もあるだろうし、壮大な実験とされたソ連という社会主義国家において、キリスト教を信仰する地域を除く領域下、あるいはモンゴルのように「衛星国」と呼ばれ、勢力下にあった言語がキリル文字化されたこともその証左と言えるだろう。

ある国によって統治された領域を一つの文字で統合しようとする試みの極端な例として、元朝のフビライ・

ハーンによるパスパ文字の導入と、それを国家語であるモンゴル語のみならず、中国語や朝鮮語など、その版図にある言語の文字として、一時期であれ使用するように指示したこともあげられるだろう。余談だがパスパ文字の影響下に朝鮮語はハングルを生み出したのではないかともいわれている。

このように何らかの形で新しい表記法を導入しようとするのは、新しい勢力圏、「なわばり」を設定することだとも考えられる。一六世紀のキリスト教宣教師によるひらがな専用表記の選択は、より民衆に近い言葉を書き表す可能性のあるものであると同時に、異質なものではなく従来から使用されていた親しみのあるものとして、別のなわばりをつくりあげる可能性を有すると見なされたと考えるのは、うがちすぎだろうか。

いずれにしても、話した時に全く支障なく通じるのに、別の文字を選択することで、別の言語であるという印象を与えることもある文字の持つ力は否定しえないであろう。

4　新たな文体への対応について

結論に至る前に、もうひとつ若干予備的な議論もしなければならないだろう。

聖書が書かれる言語と、それを使う人々の言語との関係である。

モンゴルにおいて従来の社会主義的な体制から、民主化へ体制を移行していった時期、モンゴルにも様々な宣教師たちがやってきて、キリスト教の教えをモンゴル人たちに伝えるため、翻訳を始めた。翻訳を行った主体は当初においては、モンゴル人ではなく、宣教にやってきた外国人であった。それから二〇年以上の月日が経ち、モンゴル人自身にとって、腑に落ちる翻訳を作ろうという動きが始まっている。日中韓においても同様のプロセスがあり、次第に、「帰化」していくという経緯をたどり、今に至っている。

ヨーロッパにおいても、ルネサンス期にルターが出て、民衆が理解しやすい言葉を使って、聖書を翻訳し、その教えを直接人々に理解させるプロセスを経るまでに、さまざまな葛藤があった。民衆の言語になる以前、最初はヘブライ語、ギリシャ語、ラテン語のような、異郷の言語であったのが、翻訳を経て、日常使っている言語に近いものになったわけである。

　東アジアでの宣教においては、この「外国語」期は、それぞれの地域で書記言語が存在し、また宣教側でも口語による宣教を重要と考える時期になっていたため、意識的に短くされたわけであるが、接触の最初はいずれの地域においても外国語を用いざるを得ない。聖書の言語は、はじめ外国語期があり、その後、宣教師による外国人が翻訳した聖書の時期を経て、最後は、母語話者の信者による再翻訳という形でだんだんと、日常の言葉に近づくというプロセスを経ている。

　果たしてこの先があるのだろうか？

　インターネットが普及し、文字離れが進んだと呼ばれる近年、新しい文体が現れたといわれている。「打ちことば」と呼ばれるこの新しい文体は、「話しことば」と「書きことば」の中間にあるといわれる。

最大の特徴と呼ばれるのは、その身体性にある。話しことばには、表情や声色、身振り手振りなどで表れる身体性が、その言葉が皮肉であるのか、話している内容に話者が反対であるのか賛成であるのかなど言語外の諸々の情報を聞き手に伝えている。研究者によっては、話しことばによって伝えられているのは全情報の三割ほどだと主張するほどである。書きことばは文字に頼った情報伝達のみの手段であり、基本的には身体性は持ち込まれない。しかし、打ちことばは、文字で情報を伝えつつ、身体性を絵文字や（笑）、（爆）などを添えることによって伝えようとしている。

　もちろん、家族や友人間の携帯電話のメッセージなどで「了解」を「り」、「おかえりなさい」を「おか」のみで表すなど、日常的な言語をさらに省略して伝えようとするなど、新たな文体を生み出してもいる。

　セントルイス大学の教授であり、イエズス会の司祭でもあったW・オングが『声の文化、文字の文化[9]』で、文字のない状態の言語が文字を持つことによって、その言語を話す人間の思考に大きな変化が起きたことを示したように、打ちことばの登場は新たな思考様式を生み出すのではないかと予想される。
　現に、インターネットを通じて日常的に打ちことばに触れることにより、今まで使用していた文体は慣れないものとなり、遠ざけられ、読まれない可能性まで出てくることは容易に想像できる。極端な例を一つ挙げよう。
　二〇一六年一〇月二一日、青山学院大学相模原キャンパスでのチャペルウィークとして企画された礼拝の最後を飾るものとして、キリスト新聞社発行の季刊誌「Ministry」編集長、松谷信司氏の講話が行われた。その講話題目は「イエスぱねぇ マジネ申（神）すぎてワロタｗｗ」という強烈なものであった。このセンセーショナルなタイトルは、ＳＮＳなどを中心に開催前から話題を呼び、当日は行列ができ、四〇〇人収容するチャペルの一階席、二階席ともに満席になるほど注目され、講話の前からツィッターなどでも賛否両論を呼び起こした。講話に関してインターネット・サイト「クリスチャントゥデイ」の記事には、話の中で次のような訳が紹介されたと載せられている。

　何とかして何人かでも救うためです。福音のためなら、わたしはどんなことでもします。それは、わたしが福音に共にあずかる者となるためです。
（Ｉコリント九・二二―二三、新共同訳）

　とりまみんなのハートをキャッチするためです。イエスのぱねぇ感を拡散するためなら、どんな無理ゲーでもします。神対応をシェアする者となるためです。(10)

　松谷氏が「中二訳」と称した訳をどうして必要だと思ったのだろうか。直接話を聞いたクリスチャントゥディの記者は、礼拝後のインタビューから松谷氏の次の言葉を紹介している。

こちらの思惑と学生の反応は、微妙に違ったような気がしたが、それはそれで、反応してくれたことは素直にうれしい。学生がどのくらい今日の話を理解し、今後につなげてくれるかは分からない。しかし、今の時代、今の若者に聖書を伝えるためには、この世代に合わせた言葉、仕掛けが必要。そのための努力は怠ってはいけないと思う。聖書のコンテンツ自体には、ものすごい魅力があることを知ってほしい[11]。

聖書は理解され続けるために、人々の理解できる言葉に近づけていかねばならない。はじめは異郷のことばを翻訳し、すでに文語体があるのなら文語体へ、あるいは口語体へと、文体を人々の価値に合うよう近づけていき、その後、必要であれば、さらにさまざまな「方言」へと文体を近づけていった。「方言」の中には独立して新たに言語となるものもある。この営みは、本書にある「ケセン語」への翻訳の試みにも通じる。

地域の方言の場合、文字のないものにあえて文字を持たせたということになるが、「中二訳」は文字文化の新たな発展の中で現れた。同列に扱うことに疑問を覚える人もいるかもしれないが、「ケセン語」と「中二訳」いずれも、標準語のようなだれもが疑わない顕在的な権威のあることばではないという意味では同じである。

ただ、「中二訳」を含め、社会方言でアピールするというのは、インターネット上に出現した新たな文体によって、文体の分断が進んでいる今の我々の暮らしの中で、特に若者に訴えかけるのに、必要になってきた新たな現象といえる。

また、標準語が心に響かない人々へのアピールをする手段という意味でも同じである。これらの営為は、今後継承されていくものもあるかもしれないし、一時的な現象で終わるかもしれない。しかし、標準的な文体になれないものにあえて挑戦し、「地域方言」、「社会方言」いずれの形でも、今後も、新たな「読者」を獲得しようとする試みは行われていくであろう。

注

（1）CATに関する文献として、テーヤ・オステハイダ「言語意識とアコモデーション――『外国人』『車いす使用者』の視座から見た『過剰適応』」（山下仁他編『言語意識と社会――ドイツの視点・日本の視点』三元社、二〇一一年、九―三五頁）、Gallois, Cyndy; Ogay, Tania; Giles, Howard, "Communication Accommodation Theory: A Look Back and a Look Ahead", Gudykunst, William B., ed., *Theorizing About Intercultural Communication*, Thousand Oaks, CA: Sage, 2006, pp. 121-148 などを参照。

（2）ピーター・バーク『近世ヨーロッパの言語と社会――印刷の発明からフランス革命まで』原聖訳、岩波書店、二〇〇九年、二六―二八頁（Burke, P., *Languages and Communities in Early Modern Europe*, Cambridge University Press, 2004）。

（3）同、一〇五―一〇六頁。

（4）金成恩『宣教と翻訳――漢字圏・キリスト教・日韓の近代』東京大学出版会、二〇一三年、三五―五八頁。

（5）同、七八頁。

（6）同、八四―一〇二頁。

（7）同、一〇三頁。

（8）同、一〇二―一〇九頁。

（9）Ong, Walter J., Orality and Literacy: The Technologizing of the Word. London & New York: Methuen, 1982, pp. 36-56. W・J・オング『声の文化と文字の文化』桜井直文・林正寛・糟谷啓介訳、一九九一年、藤原書店。

（10）「『イエスぱねえ マジネ申すぎてワロタ ww』松谷信司氏、青学でメッセージ」(https://www.christiantoday.co.jp/articles/22369/20161022/shinji-matsutani-kirishin-ministry.htm, 最終閲覧日二〇二〇年八月二六日)

（11）同。

第15章　接吻と香り――聖書翻訳にみる日本とモンゴルの文化の癖

芝山　豊

帝国主義の時代の幕が上がった一九世紀、英国系プロテスタントグループによるモンゴル語への聖書翻訳が始まる。ほぼ時を同じくして、中国でのプロテスタントによる聖書の漢語訳活動が活発化した。それらの最初の成果が刊行されると、"Term Question" と呼ばれる用語論争が起こり、漢語訳、モンゴル語訳ともに批判に晒されることとなった(1)。

幕末の日本でも、米国系プロテスタントによる聖書の日本語訳が再開された。浦上四番崩れの苛烈な迫害の後、一八七三（明治六）年、ようやくキリシタン禁教が解けたが、当時、キリシタン時代の聖書翻訳経験は既に失われており、聖書翻訳は漢語訳聖書を手本に行われた。

こうした経緯から、日本の聖書翻訳史研究は、日本語と、原テクスト、西欧語、漢語との比較においてのみ論じられる傾向にある。しかし、二一世紀の聖書翻訳史研究においては、西洋中心の言説を批判的に読み解き、漢字の強い影響下にある日本語訳の特殊性を相対化することを忘れてはならない。それには、日本のキリシタン時代も含め、アジア各言語での翻訳体験を、通時的、共通時的に比較考察していく作業が必要であろう。そうした試みの一つとして本章では、日本語とモンゴル語のキリスト教用語の比較を通して、一国史的な聖書翻訳史からは見えてこない翻訳文化の「癖」を探ってみたい。

1　接吻とKISS

二〇一八年の秋、一六歳での来日以来、日本の「伝統」にこだわり続けたモンゴル人横綱日馬富士は、引退式に臨み、土俵に「キス」をした(2)。

神事相撲と興行相撲の意識的な混同によって発明された近代的「伝統」を盾に、女性が土俵上にあがることを拒み続けてきた日本相撲協会をはじめ、外国人力士の「品格」にのみ、目くじらをたてる自覚なき差別主義者たちも、神聖なものに息を吹きかけたり、唾を飛ばしたりすることを憚る禁忌を持ち出して、横綱の行動を非難することはなかったし、モンゴルの伝統主義者が、「モンゴル人にはロシア人のように大地にキスをする習慣はない」といってSNSが「炎上」するなどという騒動も起こらなかった。

いまや世界中のスポーツ愛好者たちにとって、神聖な競技場への愛着や敬意を示す行為としてのキスは、競技の種類の如何を問わず、普遍的な儀礼と見做されているらしい。

しかし、儀礼におけるキスは、かつて、日本語の聖書翻訳者たちに懊悩を与える大問題であった。

なぜなら日本には、敬意や感謝、あるいは親愛を表す挨拶としてのキスの習慣も、それを表すことばも、それを支える思想を説明することばも存在しなかったからである。

キリシタン文学研究者米井力也は、キリシタン時代における聖書の中のキスを日本語にすることの意味を、「PRELUDE TO A KISS(3)」という洒落た題名の論考で以下のように述べている。

宣教師は、目に見えない神への愛だけではなく、隣人に対する愛の重要性も伝えるという使命を帯びていた。したがって聖書をはじめ多くのキリスト教の書物にくりかえし描き出されるキスという行為をどのような日本語であらわすか、という問題をなおざりにすることはできない。それはキリスト教の愛の観念を象徴する行為であると同時に、現実におこなわれる挨拶として視覚的なイメージをともなうため、日本語への翻訳が不可欠である。

米井は、その課題達成のために、キリシタン時代、日本語の中から性愛の行為としての語彙を排して、キスに対応する新たな訳語がいかに選ばれたかについて具体的に論じている。

論文中で検討されている訳語は、口を吸ふ、拝む、いただく、抱きつく、顔に顔をあてる、足を吸ふ、手を吸ふ、顔を吸ふ、面を吸ふ、無事のしるしなどであって、「くちづけ」や「接吻」ではない。

「くちづけ」や「接吻」が日本語の語彙の中に登場するのは、明治維新から十年余も過ぎて後のことである。初出には諸説あるが、小学館の『日本語大辞典』の示す「接吻」の最も古い用例は、『和蘭字彙』（一八五五—五八年）であり、語誌に、漢語訳聖書や中国の口語体で書かれた白話小説からの借用語としての接吻の初出は、蘭仏辞書の翻訳である『道訳法児馬』（一八一五年）であるとしている。

接吻のよみとしての「くちづけ」の用例としては、『引照新約全書』（一八八〇年）の「我が接吻《くちつけ》する者は夫《それ》なり」があがっている。一八八六年のヘボンによる『和英語林集成』には、「くちつけ」が接吻という漢字とともにkissの対応語として見出し語にあり、彼のひらかなのみで出版された聖書には「くちつけ」が使われている。当時、「くちつけ」と「くちづけ」は等価な語ではない。明治二二年に出た大槻文彦の『言海』は「接吻（せっぷん）」はあげているが、「くちづく」「くちづけ」は、「口馴る」や「口癖となる」の意味であげるのみで、キスの意味は示していない。

日本人一般に、「接吻」ないし「くちづけ」という語彙が理解され、使用されるようになったのは、明治の文語訳聖書の刊行以降のことと考えて、まず間違いはないだろう。

近代の日本語訳聖書の歴史を略述すれば、ヘボンらを中心とする翻訳委員社中（横浜聖書翻訳委員会）が一八七四（明治七）年から翻訳を始め、一八八〇（明治一三）年『新約全書』を完成。旧約聖書は、一八七八（明治一一）年に東京聖書翻訳常置委員会が組織され、欽定訳英語聖書、ブリッジマン&カルバートソンの漢語訳聖書などを参考に、米国、英国、スコットランドの聖書協会の援助の下、作業が進められ、一八八七（明治二〇）年までに全巻（分冊版）を刊行。後に「明治訳」と言われる文語訳の旧約聖書である。その翌年には、合冊版の『旧約全書』、そして新約聖書と合わせた『旧新約全書』が刊行された。正教のニコライ訳が一九〇一（明治三四）年に、一九一〇（明治四三）年には、カトリックのラゲ訳が出版され、一九一七（大正六）年には明治訳の新約聖書は大正改訳として知られる文語訳に改訂された。一九五五（昭和三〇）年に完成するプロテスタントによる日本語訳聖書の口語訳等の試みの後、第二バチカン公会議を受けて、一九六八年、聖書協会世界連盟（ＵＢＳ）とローマ・カトリック教会の間で協議の結果、聖書翻訳の「標準原則」がまとめられ、世界各国で「共同訳」の翻訳が開始され、実に、一八年の歳月を経て、一九八七（昭和六二）年『聖書 新共同訳』が刊行された。

この間、プロテスタントの口語訳において、接吻のルビは「くちつけ」から「せっぷん」に変わり、新共同訳、さらに二〇一八年の聖書協会共同訳に引き継がれる。

新共同訳には、くちづけには、「口づけ」と「くちづけ」と二表記があり、箴言一か所、雅歌の二か所だけがすべてかな書きで「くちづけ」となっている。これらの箇所は聖書協会共同訳では、「口づけ」に統一されている。「口づけ」は、主に創世記一〇か所をはじめとする旧約聖書の中と、ローマの信徒への手紙等の書簡に見られるのだが、「接吻」は、三福音書、マタイ二六章四八節、マルコ一四章四五節、ルカ七章三八、四五節、一五章二〇節、二二章四七節の九か所に出現する（この他に使徒言行録に一か所、旧約には三か所）。この接吻には、「くちづけ」とルビがふられることはない。

日馬富士の新聞記事からも明らかなように、今日、挨拶としてのkissの日本語の訳語はカタカナ語のキスであって、接吻《せっぷん》ではない。そうした日本語の変化にも拘らず、今日まで日本語訳聖書は接吻を保持し続けた。何故、二〇一八年に満を持して発刊された最新の『聖書　聖書協会共同訳』の中でも、なお、ユダは「私が接吻《せっぷん》するのが、その人」だと語るのだろうか？

2　日本語訳聖書の癖

その問いへの答えは、日本語の中にある漢字・漢文の偏重という翻訳に関する文化の「癖」の中にある。

翻訳における漢字偏重は、ブリッジマン＆カルバートソン訳漢語聖書を基に日本語の文語訳聖書を作ったプロテスタント系翻訳者たちだけに限ったことではない。カトリック教会、正教会でも、聖書翻訳の試みにおいて、この文化の癖は共通していた。正教のニコライ訳（一九〇一年）は、当初から、接吻に明治訳の「くちつけ」とは異なる「せっぷん」のルビをふり、二〇世紀に文語を用いたカトリックのラゲ訳（一九一〇年）も、また、「イエズスを売りしもの彼等に合図を與へて、我が接吻《せっぷん》する所の人其れなり」と接吻を使い「せっぷん」というルビを付したのである。

このラゲ訳は明治訳や高橋五郎訳『聖福音書』（一八九五―九七年）を参照している。しかし、そもそも、モリソンの『神天聖書』（一八二三年）をはじめ、ブリッジマン＆カルバートソン訳の『新約聖書』（一八六一年）等の漢語訳聖書は、中国のカトリック（天主教）教会の公式聖書であるラテン語ウルガタ訳聖書を底本とした漢語訳聖書の参照に負うところが大であった。天主教のイエズス会の適応主義への批判を歴史的事実として知る彼らは、既存の用語との距離感に注意を払いつつも、多くの訳語を継承した。その歴史的な経緯を考えれば、日本のカトリック聖書の翻訳がプロテスタントの文語訳を参照したのは不思議なことではない。

むしろ、近代日本語による聖書翻訳における漢文依存のルーツは、カトリックの中国宣教戦略そのものにこそあったと言える。

イエズス会の日本宣教の経験に基づいて始まった明末の中国宣教では、教義を教養人たる士大夫へ広めることが最優先とされていた。そのために書かれたのが、利瑪竇ことマテオ・リッチの『天主実義』（一六〇三年）であり、その中では、『詩経』『易経』などを縦横に引いて、「天主は古経書に称するところの上帝である」ことが説かれた。

そうした宣教戦略の文脈の中で、新約聖書抄訳を含む『聖経直解』がイエズス会のディアス（Emmanuel Diaz）によって編まれ、一六三六年に出版された。その成果はさらに、ジャン・バセ（Jean Basset）による『四史攸編』へと引き継がれた。これらは、主日のミサを意識した四福音書を合わせて、イエスの事蹟を追う（英語でThe Harmony of the Gospelsと呼ばれるような）翻訳形式の聖書である。

一九世紀の英語圏プロテスタントのミッションによる中国語訳に大きな影響を与えたのがこれらの翻訳である。『天主実義』からの読書人階級への宣教という方針の下で編まれた福音書翻訳を含む要理書『聖経直解』は、当然のことながら、当時の白話ではなく、士大夫の操る古典籍の言語、漢文で訳された。この聖書漢文訳の目的は、中国庶民への福音宣教のツール提供ではなく、漢文的価値を共有する知的世界に向けて、漢文の「聖教」を提供することである。これによって明国人も、清国人も、朝鮮人も日本人も琉球人も、共有し得るテクストとしての聖書が出現したことになる。その点で、『天主実義』と『聖経直解』は、極めて大きな影響を長く世界に与えたといえる。

一六世紀イエズス会におけるキリスト教土着化（受肉化）の経験は、中華世界でのキリスト教概念の漢文化へと繋がり、慕華意識の強い江戸期の日本は、平田篤胤の著作でも明らかなように、キリスト教思想の漢文化の精華である『天主実義』に刺激されつつ、明治期を迎えた。

しかし、キリシタン時代、おそらく一五九〇年以前に翻訳されていたはずの日本語訳新約聖書（『バレト写本』等の部分的なものしか現存せず）と、『聖経直解』の翻訳方針は大きく違っていた。

『バレト写本』では、ザビエルからヴァリニャーノへと受け継がれた日本のイエズス会幹部の方針と、東アジアの翻訳論の大原則、即ち、唐の玄奘三蔵がサンスクリット語の仏教経典を漢語訳する際に唱えた、「五種不翻の原則」が一致していた。キリスト教の中心的概念を無理に翻訳せず、原語（といっても、この場合は、ギリシャ語ではなく、ラテン語、あるいはポルトガル語なのだが）をそのまま使用している。この方針は、明治の禁教期間中のプティジャンの『後婆通志與《ごばつしよ》』（一八七三年）の頃まで継承された。しかし、『天主実義』の流れを汲む『聖経直解』では、人名や地名を除いて、キリスト教の中心的概念には漢字の音を用いた原語主義は用いず、可能な限り漢文に既存の語彙を用いて翻訳を行っている。これは漢族社会における天主教（カトリック）の究極の土着(受肉化)を目指す画期的な試みであったと同時に、ヨーロッパのリンガ・フランカであったラテン語の聖書を東アジアのそれであった漢文の聖書へと移植する作業であった。『バレト写本』が「エウカリスチャ」としたものを『聖経直解』では「聖体」に、「サントス」は「聖人」と訳されている。それらの用語のほとんどが、中国のみならず、後の日本のキリスト教用語となって定着し、現在に及んでいる。漢文訳聖書の存在が近代日本のキリスト教用語形成に有効に働いたのである。

しかし、聖書が漢文になったからと言って、すべてが漢文の読み下しとして日本語翻訳が完成するわけではなかった。

文語訳聖書が世に出る少し前、中村正直は『西国立志編』の中で「母の一親嘴我をして画工ならしめたり」の親嘴に右ルビでキスと英語を表記し、さらに左ルビで「クチヲホウニツケルコト」と注を付している。親嘴は、音読みの「しんし」では普通の日本語辞書に登録されていない。この語は音として認識されることはなく、ヨーロッパの言語を知る人々、例えば、森鷗外のような知識人たちに翻訳の符牒として用いられたに過ぎず、当時、一般に使われることは、ほとんどなかったと思われる。

中国語の新約聖書の翻訳では、親嘴はひろく使われている。プロテスタント初の新約聖書の漢語翻訳であるモリソンの『新遺詔書』の中でも、親嘴が使われている。プロテスタントのみならず、天主教（カトリック）教会で現在使われているフランシコ会の聖書でも、接吻という語は使われていない。接吻を使っているのは、「我接吻者即彼也」とある、明治訳の親本、ブリッジマン&カルバートソン訳の漢語訳聖書である。

日本語訳聖書で、親嘴が使われない理由は定かではないが、「くちばし」という文字によって思い浮かべられる視覚的イメージが影響しているからかも知れない。中国人にとっては考えられないことだが、日本人にとって、ルビという形でしばしば文字化される漢字のよみの音は、漢字の文字の形と意味を、引き付けたり、切り離したりする特性をもっている。吉本ばななの小説『TUGUMI』が「鶫」と書かれることは決してなく、梶井基次郎の『檸檬』は、「ねいもう」とは発音されず、レモンと発音されてもカタカナやひらがなで書かれることはない。一般の日本人にとって、檸も檬も鶫も、植物か鳥類であろうと想像できても、具体的な視覚的なイメージを喚起しない。それにも拘わらず、画数の多い非日常的な漢字の組み合わせやローマ字のもつ視覚的イメージが、作品や作家と一体化するのである。

福音書の中の接吻《せっぷん》の場合は、詩編や雅歌の中の和語「くちづけ」とは違い、漢字の形が、それぞれの漢字の意味、つまり、吻が「くちびる」を、接が「ふれる」という意味であるという知的認識をさせた後、「くちづけ」の生々しい視覚的イメージを浮かび上がらせ、それをあらためて、「せっぷん」という和語らしからぬ発音で、具体的なイメージをより抽象的な意味へと遠ざけるという操作を頭の中で行わせている。そこで、ようやく性的なイメージを払拭して、挨拶としてのキスへの認識に至らしめるという仕掛けになっているのである。

実は、聖書の漢文翻訳の先駆けであった『聖経直解』においては、接吻、親嘴ともに使われていない。マタイ二六章四八節相当部分は、「茹答謂兵預告之曰我攸禮即是」、続く箇所は、「近耶蘇行禮曰」となっている。キスを単に「禮」（礼）と訳していることがわかる。『聖経直解』の訳者にとっては、この文脈では、子弟の平和の挨拶が裏切りの合図になることがわかればよいのである。漢人士大夫が人前では行わないキスの身体的イメージを視覚的に伝えることは不要であり、士大夫の礼儀にかなう挨拶を想像すれば翻訳の目的は達せられるのである。

3　接吻と香り

しかし、モンゴル語の場合には日本語や漢文のような面倒は起こらなかった。

清朝末期には、南モンゴルを中心に、漢語を自由に操るモンゴル人、例えば、自ら小説や詩を書き、『紅楼夢』や『中庸』等をモンゴル語に翻訳したインジャンナシ（ᠢᠨᠵᠠᠨᠨᠠᠰᠢ 一八三七―一八九二）のような知識人も少なからず存在した（彼が『天主実義』のような漢文籍に触れなかったはずはない）。一九三〇年代にモンゴル人民共和国で活躍したモンゴル人の中にも漢文に精通した知識人がいなかったわけではないが、モンゴルの場合、漢人社会と共生を余儀なくされた南モンゴルの一部地域の特権階級や、その他地域で清朝行政機構の末端を担った者を除き、言語生活において漢文に精通している必要はなく、いわんや、漢文をモンゴル語より知的なものとして、ありがたがるという文化的な姿勢は存在しなかった。

社会言語学者田中克彦は、一九七〇年代の状況のモンゴルの言語生活について、「モンゴル語が当面してきたこういう問題を、明治のはじめ、ヨーロッパ語の移植に心をくだいた日本語の経験にひきあてて考えてみるのはある点では正しいとしても、大きな思いちがいをおかすことになる。というのは、モンゴル語は漢語に頼ろうにも、まずその文字を受けつけておらず、語彙も、極めて限られた範囲の語彙しかとりいれていないからだ」[4]と記している。新元号「令和」をめぐっての出典論議にみられるように、日本の知識人の漢文籍へ寄せる憧憬は、律令制国家を目指したころからあまり変わらないのだが、大モンゴル時代から今日に至るまで、モンゴル語聖書の翻訳者たちは、日常性から離れた、柳父章のことばを借りれば「カセット効果」[5]のある漢字による造語や、漢文読み下し調の文体に頼る明治の日本のような手法を使うことはなかったのである。[6]

従って、挨拶のキスを示すギリシャ語「フィレオー」(φιλέω、ラテン語 osculatus)の場合も、それに相応しい訳語を既存のモンゴル語の中から選択することになる。

現代モンゴル語において、英語のキスの翻訳語は名詞であれば、「ウンスルト」(ᠦᠨᠦᠰᠦᠯᠲᠡ унсэлт)であり、その動詞は「ウンスフ」(ᠦᠨᠦᠰᠦᠬᠦ унсэх)である。この動詞ウンスフを現代中国で出版された『新蒙漢詞典』から拾うと、「〔动〕①嗅、闻味、②吻」となっている。つまり、モンゴル語では、この一つの動詞(ウンスフ)が「匂いを嗅ぐ」と「キスする」という意味をもっているのである。現代中国語の「闻(聞)味」は「かぐ(匂いを知る)」という意味である。「味」という漢字には味と匂いの意味があり、日本語でも、「香をきく」とか「きき酒」といった言葉が使われるように、匂いと味の感覚、鼻と口は繋がっている。モンゴル人民共和国時代に編まれた、現代モンゴル国語辞典であるツェベルの辞書の語義説明によれば、「ウンスフ」の基本的な意味は、匂いを嗅ぐことであり、子供に頬ずりするように、親愛の情をもって、鼻と唇を顔に寄せるような動作を意味している。

この単語はモンゴル語の中に古くから存在するもので、一三世紀に書かれた『モンゴルの秘めたる綴り』(ᠮᠣᠩᠭᠣᠯ ᠤᠨ ᠨᠢᠭᠤᠴᠠ ᠲᠣᠪᠴᠢᠶᠠᠨ 漢訳名『元朝秘史』)の、チンギスの母ホエルンの略奪の場面にも次のように登場する。『元朝秘史』のオリジナルはウイグル文字によるモンゴル語で書かれたが、今に伝わるのは、漢字で音写したモンゴル語本文に漢文の逐語の傍訳を付したものである(次頁図版参照)。

後にチンギスの母となるホエルンとその新郎チレドゥが、チンギスの父イェスゲイ・バートルに襲撃され、ホエルンが「命を遁れ、我が香を嗅ぎて行け」と「短衣《みじかぎぬ》を脱ぎて」与える場面である。[7] 女が私の匂いを忘れるなと肌着を脱いで渡し、男は肌着を手に、一閃、駿馬に鞭をいれ駆け去るという、『元朝秘史』の文学作品として

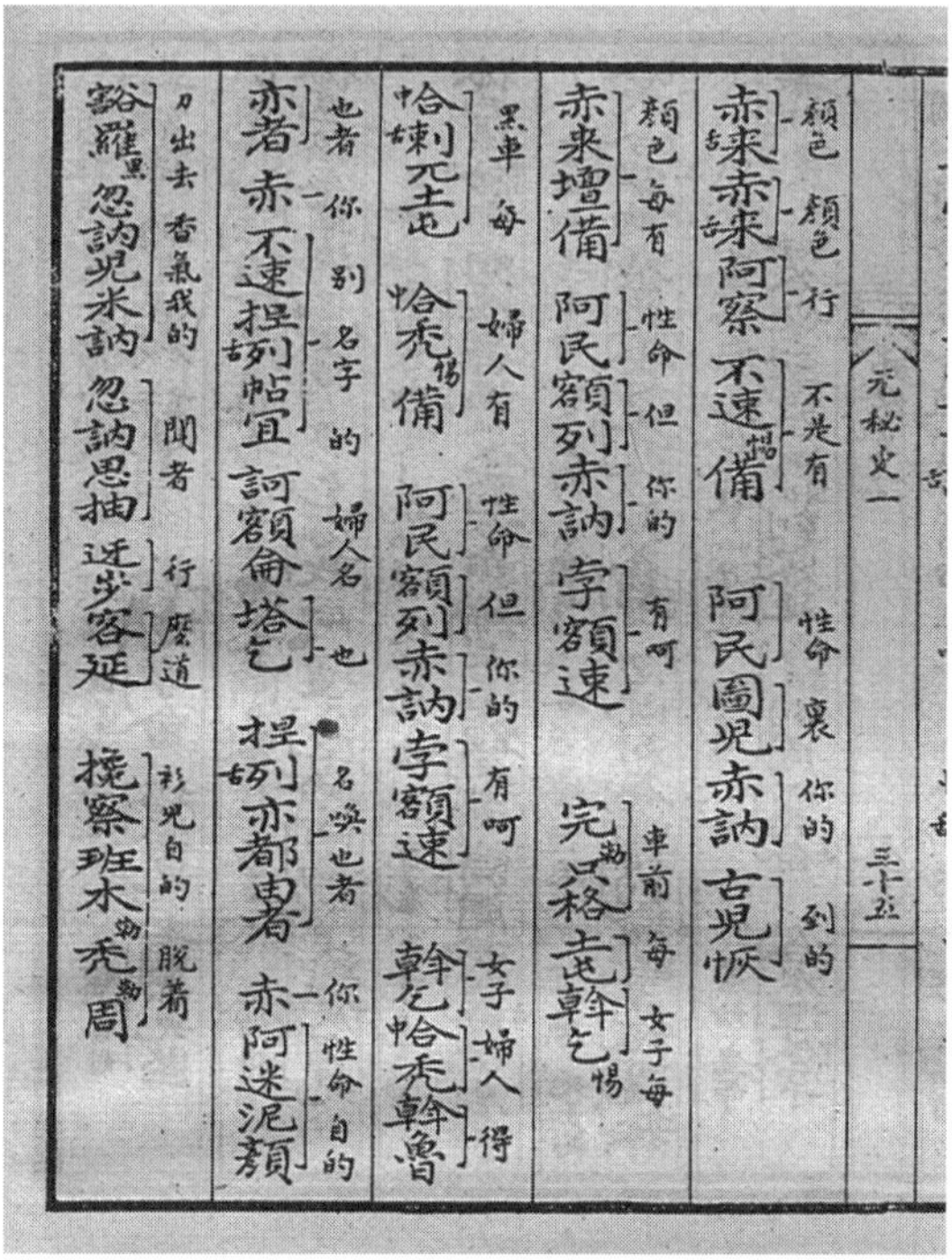
元秘史一　三十五
額色　額色　行　不是有　性命　裹　你的　到的
舌來舌來阿察不速備　阿民圖兒赤訥古兒
額色　每有　性命　但　你的　有呵　車前　每　女子　每
赤來壇備　阿民額列赤訥孛額速　完格屹斡乞
黑車　每　婦人有　性命　但　你的　有呵　女子　婦人　得
哈敕兀屹　哈禿備　阿民額列赤訥孛額速　斡乞哈禿斡魯
也者　你　別　名字　的　婦人名　也　名與也者　你　性命　自的
亦者　赤不速捏列帖宜　訶額侖塔乞　捏列亦都者　赤阿迭泥顏
刀出去　香氣我的　聞者　行　歷道　衫兒　自的　脫着
谿羅忽訥兒米訥　忽訥思抽迭客延　攙察班木禿周

図1　元朝秘史（『元朝秘史三種』中文出版社、1975年、四部叢刊本該当箇所）

の面目躍如ともいうべき一節である。

頁最終行の漢文傍訳に、香氣我的の後、「聞者」と示された部分がウンスフにあたる。ちなみに、この肌着（チャムチャ）について、村上正二訳注『モンゴル秘史』には興味深い注が付されている。そこには、「……貴族が身に着けた上等な木綿あるいは麻のシュミーズのこと。洋の東西を問わず、中世では肌身に着けた衣装を与えることは、相手方への深い愛情の印として、多くの歌謡・戯曲・物語の中に歌われた」とした後、この語「チャムチャ」はアラビア語から出たもので、これがイタリア語、フランス語に入って「シュミーズ」になったと説明し、イタリア産のリンネルの肌着がジェノヴァの商人の手を経て当時のモンゴルの奥地まで深く入り込んでいたのであろうとの説を紹介している。(8)

モンゴル語のウンスフは、「匂い」という脳への直接的な刺激と繋がっているし、『元朝秘史』の用例にみる通り、性的なイメージを喚起する余地がないとは言えない。

しかし、キスの習慣は、スラブ系の挨拶が示すように、また、西ヨーロッパでも、フランスの“bise”がローマ時代の名残を留めるように、ヨーロッパから、中東、ユーラシアの草原ベルト地帯まで民族の多くにおいて認められるものであり、儀礼的なキスには、顔を寄せて、匂いを嗅ぐという要素が含まれている。

この儀礼、挨拶としてのキスは、シュメールの時代から、ゾロアスター教徒、ユダヤ教徒、キリスト教徒、イスラーム教徒の歴史を通じて、長く、広くみられる慣習であり、第一章「モンゴルとキリスト教——近代以前」で触れたように、ゾロアスター教徒、ユダヤ教徒、キリスト教徒、イスラーム教徒と日々接触する機会のあったモンゴル人にとって、儀礼としてのキスは目新しいことではなかった。『かくれた次元』の中でE・T・ホールがアラブ世界の匂いについて語ったように、[9] 乾燥地帯に暮らす牧畜社会では、匂いを嗅ぐことが一般的な挨拶であったことは否定し難い。引用した『モンゴル秘史』の肌着の注に示されるように、モンゴル人たちはグローバル化する世界の中から生まれた人々であった。「フィレオー」が地中海沿岸から草原ベルト地帯に広がる世界において、親しみをこめた挨拶であったという認識にたてば、東シリア教会の時代から、モンゴル人はキスの習慣を共有していたと考えるのが妥当であろう。ストリブラスとスワンが一八四六年出版の新約聖書で、ギリシャ語の「フィレオー」の訳語として、「ウンスフ」を選んだのは極めて自然なことのように思える。そして、この訳語は現在も、モンゴル語聖書のすべての版で使われている。

ただ、モンゴル語には、キスに対応する可能性のある動詞として、もうひとつ、「オゾフ」（ᠣᠵᠣᠬᠤ озох）がある。スカンジナビア同盟宣教（The Scandinavian Alliance Mission）の活動（一九四九—五三年）として、一九世紀のモンゴル語文語訳聖書の大幅な改訳実務の必要性から編まれた、ハルトド・マタイ（Mattew Haltod）らによる一九五三年の辞書『モンゴル語英語実用辞典』（*Mongolian-English Practical Dictionary with English Word Reference List*）には、キスの訳語として、「ウンスフ」と「オゾフ」の二語が示されている。

現代語のオゾフは、『新蒙漢詞典』の定義によれば、「〔动〕①吮吸、②接吻、亲嘴」とあり、基本的な意味は、吸うことだとわかる。実は、一八三五年に出版されたシュミットの『モンゴル語ドイツ語ロシア語辞典』（*Mongolisch-deutsch-russisches Wörterbuch*）は、ドイツ語 "Kuss" の対応語としては「オゾフ」をあげるのみで、「ウンスフ」にはあくまでも嗅ぐという意味しか与えていない。

伝統的モンゴル文字で書き、多少は中国語や、ドイツ語も解した現代モンゴル文学の父とも称される詩人ダシドルジン・ナツァクドルジは、ヨーロッパ留学体験後のモンゴル近代文学の黎明期一九三〇年の作品に、恋人同士のキスに、「ウンスフ」を用いているが、彼の作品選集中に「オゾフ」の用例は見いだせない。

二一世紀のモンゴルで発刊された辞書、ガンホヤグの『モンゴル語英語辞書』(*Mongolian English Dictionary*)を見てみると、英語の対応語〝suck〟を示してから、〝love bite〟(real patch left on the skin after sucking during lovemaking) の意味とし「オゾソン・オロム」(オゾソン＝オゾフの形動詞形、オロム＝跡) という用例をあげており、現在では、この語を友人同士の挨拶としてのキスの意味で使うことは稀であろう。

モンゴル語聖書が「ウンスフ」を採った理由は、キスから性的な要素をできるだけ排除すべきだという、日本のキリシタン時代、明治の文語訳時代と共通する選択基準があったからだと想像できる。

日本語訳聖書では日常語としていまは誰も使わない漢語訳聖書からの借用語「接吻」が使い続けられ、モンゴル語訳では、『元朝秘史』以来のモンゴル語、おそらくプロトモンゴル共通の古い語彙で、いまも日常語として使われている「ウンスフ」が選ばれ、使われ続けている事実に、両語のもつ文化的背景の差を見てとることができるだろう。

例えば、旧約聖書の以下の箇所を考えてみよう。

ヤコブが近寄って口づけをすると、イサクは、ヤコブの着物の匂いをかいで、祝福して言った。「ああ、わたしの子の香りは　主が祝福された野の香りのようだ」

(創世記二七・二七)

羊の性質や行動など一切知らない、聖書世界の生業とはかけ離れた稲作中心の生業の中で培われた文化背景に生きる日本人にとって、新約聖書の羊飼いの譬え話の直訳は、譬えとしての機能を持ちえない。ましてや、旧約聖書の引用箇所を理解するためには、いくばくかの基礎知識と解釈操作が必要となる。しかし、伝統的な草原の生活を知るモンゴル人になら、キスと香りを嗅ぐということは、一連の行為であり、それが個人を同定する手がかりになることを察知できるであろうし、豊かな草原の香りが神に祝福され、嗣業を継ぐ資格に関わることだと容易に理解できるに違いない。

モンゴル人にとって、ワインと馬乳酒の違いはあっても、聖書の舞台たる世界の事物は自分たちの生活実感からある程度想像可能なものであった。むしろ、近代のモンゴル語訳者が煩悶したのは、目に見えないものをどう訳すかという問題であった。

漢字を共有しない近代モンゴルの聖書翻訳においては、目に見えないキリスト教独自の概念を、日本語訳のように、輸入した漢文訳聖書の儒仏語彙借用をさらに準用して済ますという方便はなかったのである。

4　愛の多様性と普遍性

一九世紀のストリブラス&スワン訳モンゴル語聖書を二〇世紀後半に改訳するに際して、キスの訳語「ウンスフ」が問題となることはなかった。問題となったのは、敬愛の「フィリア」と性愛のキスのとり違えの心配ではなく、より本質的な愛、「アガペー」(*αγάπη*)の訳語であった。

あなたがたに新しい掟を与える。互いに愛し合いなさい。わたしがあなたがたを愛したように、あなたがたも互いに愛し合いなさい。

（ヨハネ一三・三四）

この「愛する」を、二〇一三年アリオン・ビチェース協会版モンゴル語聖書（『アリオン・ビブリ』）では、「ハイルラフ」という語に訳している。一方で、一八四六年のストリブラス&スワンの翻訳では、「ヤナグラルチャフ」（動詞「ヤナグラフ」の共同形）と訳していた。

「アガペー」（*αγαπη*）と「エロース」（*ερως*）を峻別し、エロースの要素による誤解を排除し得るか否かという観点から、一九五〇年代の改訳において、恋愛、性愛を含意する「ヤナグラフ」（янаглах）には問題があるとされ、「ハイルラフ」（хайрлах）という語に変更されたのである。愛を「ハイル」（хайр）と訳すことは、これはプロテスタント聖書だけでなく、現在のカトリックの翻訳の中でも同じである。

英語の"love"や現代日本語の「愛」がそうであるように、「ハイル」も多義的であり、エロースの要素を完全に排除して使われているわけではないが、「ヤナグ」（янаг）が恋愛を思い起させるのに比べて、より意味の広がりの大きな語であると認識されたためである。

漢語訳としての「アガペー（カリタス）」は、既に『天主実義』の中に「愛人是愛天主的果效」のような形で現れている。リッチは愛が仏教用語としては問題のあることを知っていたが、儒教正典の中にある用法としては、カリタスの訳語としての愛には問題がないと判断していたと思われる。『天主実義』以降、「愛」という漢文の訳語は、中国で、カトリック、プロテスタントを問わず継承された。近代の日本人は、キリシタン時代の日本で工夫した「御大切」ではなく、キリシタンが仏教用語として排除した「愛」を、明治期西洋からの輸入品としての漢語訳聖書から受け取って以来、現在も変わることなく使い続けている。日本語としての「愛」「御大切」「大事」などは、和語による訓読みではなく、漢字の音読みであり、漢文の借用語、ないしは借用を装う造語であって日常語からの距離は遠い。維新後過激な廃仏毀釈に走った日本にとって、仏教的な用法としての配慮より、漢文訳聖書の原点であるリッチらの採用した儒家用語、とりわけ、国民の精神の基盤とされた『孝経』などに見える「愛」や「愛敬」の用法が正統に見えていたのかも知れない。

常に、中華世界とは異なる文化の維持に民族的アイデンティティを持ちつづけた（元の北帰後の）モンゴルにおいては、儒教的な徳目が庶民の日常世界に影響を与えることはなかったし、儒教用語を積極的に援用するメリットはほとんどなかった。一四世紀には成立していたといわれるモンゴル語の最も早い時期の翻訳出版物である『孝経』の中に、愛という漢字に対応するモンゴル語が登場しているが、これは「タガラフ」（taalax）であって、「ハイルラフ」は使われていない[10]。

このように、モンゴルと日本、どちらも漢字の文化と隣り合いながらも、漢文や漢字に対してとった姿勢は大きく違っていた。訳語の選択には、それぞれの文化の違いと癖が明白に見てとれる。しかし、それでもなお、両者が共有する点がないとは言えない。

今日もなお、キリシタン時代の翻訳者が危惧した通り、日本語の「愛」は、エロース的な意味としてもっぱら使われ続けられている。「愛」は「アガペー」の訳語として不向きであると考える山浦玄嗣『イエスの言葉』のような主張もある[11]。しかし、近代化や西洋化の結果、現在の日本語の語彙としての「愛」には、アガペー的な意味が入ってきていることも確かであり、語用論的な観点からも、批判者世代が恥ずかしくて口にできないという「愛している」というフレーズは、より若い世代では日常レベルで多用されている。

現代モンゴル語の愛＝「ハイル」についても、一九三〇年代から五〇年代にかけてのモンゴル現代文学黎明期の「ヤナグ」と「ハイル」の用例を、今日のモンゴル文学における用例と比較すれば、二〇世紀になってからの西洋化（キリスト教的価値を含むものとして）の結果、「ハイル」の意味が広がり、深化してきた過程を容易に読みとることができる。

近年、キリスト教の教勢の高まるモンゴル、少子高齢化により教会の閉鎖がつづく日本、この全く対照的な両者において、聖書翻訳を通じて、それぞれの「エロース」を意味することばの中に「アガペー」の意味が浸潤しているとするなら、それはキリスト的な人間観の普遍性の共有に他ならず、信徒数の増減の変化よりも遥かに大きなケリュグマの証と評価できるかも知れない。

注

（1）Malan, Solomon Caesar, *A letter to the right honourable the Earl of Shaftesbury*. London: Bell & Daldy, 1856.
（2）「元日馬富士が引退相撲　土俵にキス、別れ告げる」（https://www.sankei.com/photo/story/news/180930/sty1809300018-n1.html，最終閲覧日二〇二〇年八月二五日）と見出しされた記事には、元横綱朝青龍のドルゴルスレン・ダグワドルジが日馬富士にキスする写真も掲載されている。
（3）米井力也「PRELUDE TO A KISS」『人文学報』七五、京都大学人文科学研究所、一九九五年、二二九—二四七頁（同『キリシタンと翻訳——異文化接触の十字路』平凡社、二〇〇九年所収）。「キスへのプレリュード」はデューク・エリントンの名曲のタイトルであり、同名の劇、映画もある。
（4）田中克彦「モンゴル人民共和国の言語生活」『言語生活』一九七五年一〇月号。
（5）柳父章『翻訳とはなにか——日本語と翻訳文化』法政大学出版局、一九七六年、二三—六三頁。
（6）中華人民共和国内モンゴルのモンゴル語と漢語、モンゴル国の現代モンゴルとの関係については、フフバートル「内モンゴルにおける「現代モンゴル語」の形成過程とその政治的側面——モンゴル人民共和国からの影響に焦点を当てて」（『学苑』八八三、二〇一四年、一—二二頁）等を参照。
（7）那珂通世訳注『成吉思汗実録』巻の一、一九〇七年、三四頁。なお、東北大学東北アジア研究センターのデータベース（モンゴル諸語と満洲語の資料検索システム）には、四部叢刊本『元朝秘史』の漢字表記モンゴル語、ローマ字転写、漢語の逐語訳（傍訳）が収められている。

（8）村上正二訳注『モンゴル秘史1』東洋文庫一六三、平凡社、一九七〇年、七四頁。
（9）E・ホール『かくれた次元』日高敏隆／佐藤信行訳、みすず書房、一九七〇年。
（10）栗林均編著『孝経――モンゴル語古訳本』（東北アジア研究センター報告12）、東北大学東北アジア研究センター、二〇一四年。
（11）山浦玄嗣『イエスの言葉――ケセン語訳』文春新書、二〇一一年。

あとがき

芝山　豊

第二次大戦後、朝鮮戦争中の一九五二年、香港での新しいモンゴル語聖書が出版された。これは今日のモンゴル語聖書につながる極めて重要な事業であったが、その翻訳過程に関わるメモや草稿などの貴重な資料の一部が廃棄されていたことが明らかとなった。しかし、幸いにも本書執筆メンバーの中国、アメリカ、北欧等への調査を通じて、同様の資料が発見され、辛うじて消滅を免れた。

記録や記憶を次世代へと引き繋ぐ仕事をする者にとって、時間は冷徹で容赦のないものに感じられる。

本書第一三章のモンゴルのカトリック教会の翻訳に関する章は、『英語モンゴル語カトリック用語辞典』の編者ピエール・パルーシエル神父に寄稿をお願いし、内諾を得ていたのだが、残念ながら、それは実現しなかった。二〇一八年九月、モンゴル国カトリック教会のリーダー、ウェンセスラオ・パディリャ（Wenceslao Padilla）司教が六八歳で急逝されたとりこみのためである。

司教叙階前のパディリャ神父と筆者が初めて会ったのは、モンゴル国とバチカンとの国交樹立後、初めてＣＩＣＭから三人のうちの一人として神父がフィリピンから派遣された一九九二年のことであった。聖堂をもたない住宅の中の教会として、在モンゴル国外国人のための英語のミサが始まったばかりの頃だった。外国人にまじって集まるモンゴル人の数は極めて限られていたが、再訪した二年後、ミサでは、既に、英語の聖書朗読の後、モンゴル人奉仕者によって同じ箇所がモンゴル語で朗読されていた。さらに一〇年後、パディリャ神父が司教に叙階された翌年二〇〇四年、ウランバートルの司教座聖堂の中であずかったミサでは、祭文も朗読も聖歌も、ミサの言葉はすべてモンゴル語によるものになっていた。ただ、居並ぶ司祭たちの中に、モンゴル人司祭はいなかった。モンゴル国で初めてのモンゴル人司祭、ヨセフ・バータリン・エンフ（Joseph Enkh Baatar）神父が叙階されたのは、二〇一六年八月のことである。翌年、宣教二五周年の区切りを迎えたモンゴル国のカトリック教会は、七教区と教区に準ずる三つの宣教拠点をもち、二〇か国を超える国々からの宣教関係者が入って様々な社会分野で活動するまでになっていた。司教がモンゴル国で活動した二七年間は、モンゴル国のカトリック教会の発展の歴史そのものであったと言える。

本書の出版準備が遅れる中で、現代モンゴルのキリスト教史上、特筆すべき、もう一人の司教の訃報が入った。モンゴル人初にして、ただ一人の司教、ヨセフ・馬仲牧・テグスベレグ司教（Joseph Ma Zhongmu Tegüs-bilig）が二〇二〇年三月二五日に帰天されたという知らせである。

一九一九年に内モンゴルのオルドス市オトク前旗城川鎮に生まれ、牧民生活を体験したのち、就学し、フフホトや大同の神学院に学び、一九四七年に司祭叙階、北京の輔仁大学を経て、フフホトの神学院で数学、物理、化学などの教鞭をとるが、一九五八年、「反革命分子」として、一一年にわたる「労働改造」を受けた後、一九六九年から一〇年にわたり水利事業の労働を強制された。一九七九年にようやく名誉回復、一九八〇年から司牧活動に復帰したのち、ボロ・バルガスンのモンゴル人の教会を再建し、使徒職養成にも力を尽くし、一九八三年、司教に叙階。二〇〇五年まで、中国政府と教皇庁との微妙な関係の中でマイノリティを代表する教会の現役司教としての聖務を果たし、その後も、モンゴル国内の信徒をはるかに凌ぐ数のモンゴル人信徒と、彼らと共生する漢人カトリック信徒の精神的な支柱として働き続けた、まさに不撓不屈の信仰の人である。
WEB上のメディアが伝えるところによれば、コロナ禍の最中にあるとの理由で、葬儀には極めて限られた人数の参列しか許されなかったという。

それらの報道の中には、「教区の記事によると司教が、彼のミサ典礼の翻訳の正式認可をローマに求めたが、バチカンにはモンゴル語が分かる者がおらず、承認を受けられていない」とする記事があったが、この情報はいささか正確さを欠くのではないかと思う。筆者は、幸運にも、二〇〇七年に、オトク前旗の教会に司教を訪ね、親しく話をうかがう機会を得た。その折、司教のローマ・ミサ典礼書と旧約聖書の翻訳の手書き原稿を見せていただいた。参照しておられたテクストも拝見している。参照されていた文献は、繁体字の漢語で書かれたミサ典礼書で、そこには一九八三年承認とラテン語で記してあった。つまり、二〇〇二年三月に教皇庁から発行された『ローマ・ミサ典礼書』に依拠したものではなかった。ヨセフ司教は、バチカンの正式の承認がラテン語原典からの翻訳であっても、相当な時間がかかることを十分知っておられたし、漢文を参照することは一種の方便であるという意味のことを自ら語っておられた。

ヨセフ司教の帰天から三か月後、教皇フランシスコは、ウェンセスラオ司教帰天後空席となっていたモンゴル国ウランバートルの司教に、イタリア出身のジョルジオ・マレンゴ（Giorgio Marengo）神父を任命した。間もなく韓国で教育を受けたもう一人のモンゴル人助祭も誕生する。

帰天されたフィリピン人とモンゴル人の司教の献身が、無情な時の移ろいに抗して、同じ言語を共有しながらも、大きく異なる政治的状況下で、普遍の信仰の中に生きようとするすべての人々とその同伴者の記憶に長く刻まれることを信じたい。

さて、本書の「聖書とモンゴル」というテーマは、モンゴル研究においても、聖書あるいはキリスト教の研究においても非常にマイナーなものである。かくもマイナーなテーマが共同研究を経て、如何にして本書に一つの結実をみたのかその背景をふりかえってみたい。

まず、一九九〇年の冷戦体制の終結による世界全体の宗教的構図の変化のなかで、モンゴルの人々が暮らすモンゴル国や中国内モンゴル自治区などにおいて、キリスト教が大きな意味をもってきたという事実である。特に社会主義体制崩壊後のモンゴル国において、キリスト教は大きな成長を遂げ、人々の社会生活と精神生活の両面において重要な役割を果たしてきた。モンゴルの人々が「伝統」と社会主義の歴史を背景にしつつ、キリスト教という「新しい」宗教をどのように彼ら自身のものにしていくのか。そのときに聖書の翻訳は、彼らの民族的アイデンティティとも関係する極めて重要な課題となった。一九九〇年以降、歴史上もっとも高い頻度で多くの種類のモンゴル語の聖書が翻訳、あるいは改訳されてきたことは、そのことを如実に示している。

つまり、現在のモンゴルの「民族」「宗教」を理解する上で、キリスト教と聖書翻訳はますます大きな意味をもつようになってきているのである。

さらに、そのプロセスのなかで、モンゴル人たち自身が改めてモンゴル語聖書の歴史に強い関心を寄せるようになった。そこには、宣教への実践的意味だけでなく、自分たちの歴史にとってキリスト教がことのほか重要な意義をもっていたという事実を改めて発見し、重視するようになったからである。

例えば、モンゴル語の活版印刷、ヨーロッパにおけるモンゴル語の辞書や文法書、その他モンゴル研究に関わる諸基盤は、すべて聖書翻訳をその発端としている。これらの歴史は、モンゴルの人々に共有されるものであるがゆえ、キリスト教は世界に離散したモンゴル系の多様な人々同士を結びつける紐帯とも受け止められている。

二〇世紀後半以降の翻訳論の発展のなかで、「翻訳」という営み自体がもつ極めて多面的な意義が改めて認識され、翻訳史への関心と研究が深まった。翻訳史において、聖書翻訳が常に中心的な課題であったことは、歴史的に考えても論理的に考えても当然のことと言える。なぜなら「聖書」は世界史においてもっとも多くの言語に翻訳された書物であり、またその論理の根底には「真理」としての神の言葉の意図が翻訳によって失われてはならないという前提がある。そのような性質ゆえに、「翻訳」そのものが内包する様々な問題が、聖書翻訳においてもっとも如実に示されてきたからである。

とりわけ、近代以降の聖書翻訳は、しばしば西洋近代社会とその他の社会の邂逅の最先鋒に位置してきた。翻訳元となった西欧諸言語による聖書の用語と宗教的諸概念の背後には、当時の西洋における人文・自然科学の知識体系が控えていたのであり、聖書翻訳はそれら近代的知識体系の翻訳とも密接に関連していた。それゆえ、当該社会に近代的精神を移植しようとするとき聖書翻訳は欠くべからざる要素であった。このような西洋近代との邂逅のダイナミズムを正しく捉えるためには、トランスナショナルな視点が欠かせない。しかし、残念ながら、東アジアの聖書翻訳の研究は、原典と西洋語翻訳と自国語をめぐる一国史的な研究か、せいぜい漢字文化圏の中の相互比較の域に留まるものだった。これまでアジアの聖書翻訳史のなかにモンゴルの事例を位置づける試みはほとんどなかったし、モンゴル研究の領域でも、モンゴルのキリスト教と聖書翻訳の歴史が、モンゴルをとりまく客観的な宗教史的ダイナミズムのなかでどれほどの意義をもつのかは、モンゴルにおける仏教や仏典の歴史ほど十分に研究されてこなかった。

近代におけるモンゴルの聖書翻訳事業は、内陸アジアの結節点にあって漢字文化圏だけではなく、満洲語やチベット語など近隣諸言語の聖書翻訳事業と密接に関わり合っており、また、冷戦後の聖書翻訳事業を理解するためには、モンゴル人民共和国時代の西洋近代用語のロシア語からの翻訳の影響も考慮しなければならない。さらに、翻訳先のモンゴル語の宗教用語に目を向ければ、チベット語、サンスクリット語、シリア語、ペルシア語などにまでその起源をたどっていくことになるのである。つまり、聖書翻訳という歴史的なダイナミズムの枠組みに、モンゴルというパーツを加えることで、その研究対象領域はユーラシア大陸全体にまで広がるといっても過言ではない。

本書に関わる共同研究は、以上のような背景からの問題関心を共有するメンバーによって二〇一三年に始められた。本書の刊行に至るまでには、七回の研究会と三回のシンポジウムを実施し、そこで多くの研究者および聖書翻訳者たちと学際的な議論を重ねてきた。

二〇一五年九月四日には、モンゴル国ウランバートル市のモンゴル日本センターにおいて国際シンポジウム“Bible Translation and the Intellectual History in Mongolia”を開催した。それは、現存する最古のモンゴル系言語による聖書（一八一五年にシュミットによって翻訳出版されたカルムイク語「マタイによる福音書」）の翻訳事業二〇〇周年を記念するものであり、アリオン・ビチェース協会（Mongolian Union Bible Society）、アントーン・モスタールト・モンゴル研究センター、モンゴル宗教研究者協会と共催で行われた。本書の編者を中心に、モンゴル国の研究者と聖書翻訳者を交え、学際的な研究対象としてのモンゴル語聖書の意義について確認されるとともに、翻訳論や翻訳史に関する実践者を交えた共同研究の可能性が開かれた。

また、二〇一六年一一月五日には、東京で、清泉女学院大学教育文化研究所（長野）と清泉女子大学キリスト教文化研究所（東京）の協働により、国際シンポジウム「モンゴル語聖書とアジアのキリスト教文化」が開催された。そこでは、本書の編者以外にもモンゴル語聖書翻訳実践者としてアリオン・ビチェース協会のG・バヤルジャルガル氏を招聘、また、チベット・モンゴル仏典研究者の金岡秀郎氏（国際教養大学）と東シリア教会に詳しい竹田文彦氏（清泉女子大学）にも参加いただき、アジアの宗教文化におけるモンゴル語聖書の意義について研究発表を行った。さらに『僕たちが聖書について知りたかったこと』などの著書で知られる通り、聖書への関心も深く、自身、様々な本の翻訳の仕事もされている作家、池澤夏樹氏のコメントを交えた総合討論では、日本の事例との比較も視野に入れながら、地域を超えた共通課題としての聖書翻訳の可能性について議論した。

これらのシンポジウムや研究会における他分野、他地域を専門とする研究者、そして聖書翻訳者との対話を通じて、聖書とモンゴルという研究対象が内包する研究史的な意義と課題がより具体的な形で次第に明らかとなってきた。特に、三陸地域のことばであるケセン語への聖書翻訳者である山浦玄嗣氏をゲストスピーカーとして招いた複数回にわたる研究会の議論では、ケセン語の事例と比較することによって、翻訳における動的等価性の問題や翻訳対象に向けていかに言語を構成するかというコミュニケーション・アコモデーションの問題などが、各時代のモンゴル語聖書翻訳においても大きな課題であったことが改めて浮き彫りにされた。

このように、本書に関わる共同研究は、日本語聖書翻訳史とか中国語聖書翻訳史とかいう、いわば、「一国史」的な研究のアプローチではなく、関連する多数の言語、宗教との比較を通じて、ユーラシアの宗教的ダイナミズムの中にモンゴル語聖書を位置づけ、聖書の翻訳という営為そのものを見直そうとする試みであった。その対象はまさにユーラシアの精神史全体に及ぶもので、僅か数年でなにかひとつの結論を得られるようなものではない。これからも引き続き、聖書の翻訳草稿や翻訳の方針・手法に関わる関連資料を丹念に調査し、それにもとづいて用語や文体の選択の背後にある諸要因を一つ一つ読み解いていく作業を続け、仏典をはじめ、様々な宗教経典や古典文学の翻訳の理論や経験の相互影響関係を明らかにして行かねばならない。そうした今後の課題を解決していくためには、より多様な研究領域からの研究者による共同作業が必要であり、その過程を通して、各々の研究者の関心が次々に呼び起こされていくに違いない。

「聖書とモンゴル」という一見不似合いな取り合わせのテーマの下で行われた学術交流において、執筆者たちが味わった知的興奮を本書がそのまま上手く届けられたという自信はないが、まさに「翻訳文化論の宝庫」のようなモンゴル語聖書の魅力を少しでも伝えられて、研究者のみならず、広くユーラシアの宗教文化や翻訳文化に関心をもつ一般の読者の方々に、本書によってなにかしら新たな視座を提供することができたならばまことに幸いである。

本書刊行にあたって、無理なお願いを聞き入れ貴重な原稿を提供いただいたフランシスコ会の碩学小高毅神父とアリオン・ビチェース協会のB・V・ドゥゲルマー先生に満腔の謝意を表したい。聖書一覧の情報提供には、アリオン・ビチェース協会の嶌村貴先生、モンゴル聖書宣教会の北村彰秀先生に御協力を頂いたことにも謹んで御礼を申し上げたい。この共同研究が始まった当初から常に温かいご協力と貴重なご示唆をいただいた、東北大学東北アジア研究センター教授岡洋樹氏と、同センター学術研究員堀内香里氏に深く感謝申しあげる。また、本書を、狭矮な内輪のことばでなく、より多くの方へ届けたいとの思いを共有し、忍耐強く惜しみない助言と支援を下さった教文館の倉澤智子さんに衷心より感謝を申しあげる。教文館とのご縁から、本書カバーには、かつてモンゴルの一部を旅した絵本画家赤羽末吉氏の名作『スーホの白い馬』（大塚勇三再話、福音館書店、一九六七年）の一場面を使わせていただくことができた。赤羽家の皆様、とりわけ、赤羽末吉研究者である茂乃様に本書の意義について深いご理解を賜り、本書に相応しい虹の草原を描いた作品の使用をご快諾頂けたことは誠に嬉しく、心より御礼を申しあげたい。また、ちひろ美術館・東京の上島史子様、安曇野ちひろ美術館の矢野ゆう子様にも大変お世話になったことを申し添え、感謝を表したい。

なお、本書の刊行に至る共同研究については、東北大学東北アジア研究センター公募型共同研究（二〇一三年度から二〇一六年度）、科学研究費補助金（基盤研究（C））「聖書翻訳史から見るモンゴルのキリスト教思想」（研究課題番号26370088）の助成を受けた。また、本書は、長崎大学多文化社会学部・研究科の助成を受けて出版されたものである。ここに記して謝意を表したい。

参考文献一覧

※本書に関連する主な文献をカテゴリーごとに示した。
本文中の引用文献等については各章の注を参照のこと。

モンゴル語聖書について

北村彰秀『聖書を訳して――モンゴル語聖書翻訳にかかわって』Thrusteppes, 二〇一〇年。

芝山豊『聖書とモンゴル――モンゴル語聖書の過去と現在』文化共生研究会、二〇〇五年。

滝澤克彦「一九世紀前半モンゴル宣教における聖書翻訳をめぐる諸問題とその意義」『東北宗教学』七、二〇一一年、一―一七頁

滝澤克彦／芝山豊編『聖書翻訳を通して見るモンゴル――東北アジア宗教文化交流史の文脈から』（東北アジア研究センター叢書62）東北大学東北アジア研究センター、二〇一七年。

長山博之「資料紹介――現代モンゴル語訳聖書の継起的進化について」『日本モンゴル学会紀要』三一、二〇〇一年、一二九―三一頁。

Bawden, C.R., W. A. Unkrig’s Correspondence with the British and Foreign Bible Society: A Contribution to the History of Bible Translation and of Printing in Mongolian in Russia in the Early Nineteenth Century, *Zentralasiatische Studien* 14(1), 1980, 65-108.

——English Missionaries in Siberia and Their Translation of the Bible into Mongolian, *Mongolian Studies* 6, 1980, 5-39.

——*Shamans, Lamas and Evangelicals: The English Missionaries in Siberia*, London, Boston, Melbourne & Henley: Routledge & Kegan Paul, 1985.

——*A Tract for the Buryats*, Wiesbaden: Harrassowitz Verlag, 2009.

——*Another Tract for the Buryats: with I. J. Schmidt's recently identified Kalmuck originals*, Wiesbaden: Harrassowitz Verlag, 2012.

Bayarjargal, Garamtseren, A History of Bible Translation in Mongolia, *The Bible Translator* 60(4), 2009, 215-223.

Bible Society of Mongolia, *About This Translation of the Bible*. Ulaanbaatar: Bible Society of Mongolia, 2015.

Broomhall, M., *The Bible in China*, Edinburgh: R. & R. Clark, 1934.

Crispin, Andrew, Mongolian Translation Issues in the book of Matthew: Lexical Ambiguity and Faithfulness to Form, 2008: retrieved January 26, 2021 from https://www.swarthmore.edu/sites/default/files/assets/documents/linguistics/2009_Crispin.pdf

Kara, György, Reading a New Mongolian Version of the New Testament, *Mongolian Studies* 20, 1997, 39-63.

Laufer, B. Burkhan, *Journal of the American Oriental Society* 36, 1916, 390–395.

Malan, S.C., *A Letter to the Right Honourable the Earl of Shaftesbury*, London: Bell & Daldy 1856.

Marthinson, A.W., The Revision of the Mongolian New Testament, *The Bible Translator* 5(2), 1954, 74-78.

Marthinson, Anders W., *Bibeln mitt öde: minnen från min verksamhet som bibelspridare i Mongoliet och Kina*. Stockholm: EFS-förl, 1972.

Rosén, Staffan. Ur Den Mongoliska Bibelns Historia, *Svensk Missionstidskrift* 1982(2), 1982, 23-49.

—— The Translation History of the Mongolian Bible, *Mongolian Studies* 30/31, 2008/2009, 19-41.

Sagaster, Klaus, Bible Terminology in Mongolian Translation, *Rocznik Orientalistyczny* 65(1), 2012, 171-179.

Svantesson, Jan-Olof, Cornelius Rahmn and his Works on the Kalmuck Language,『東北アジア研究』十三、二〇〇九年、二一一—二三六頁。

Teter, M. "Lost in Translation": The London Missionary Society's Mongolian Pentateuch, F. W. Knobloch (ed.), *Biblical Translation in Context*, Bethesda, Md: Univ. Press of Maryland, 2002, 145-154.

Taveirne, Patrick, *Han-Mongol Encounters and Missionary Endeavors: a History of Scheut in Ordos (Hetao): 1874-1911*, Leuven: Leuven University Press, 2004.

Ариун бичээс нийгэмлэг, Ариун Библийн орчуулга засварын тайлбар бичиг, УБ, 2015.

Кондаков А.П., Краткий обзор переводов Библии на калмыцкий язык, Родной язык 2, 2018, 150-166.

聖書翻訳について

海老澤有道『日本の聖書——聖書和訳の歴史』（新訂増補版）日本基督教団出版部、一九六四年（新訂増補版、二〇〇六年）。

小塩節『銀文字聖書の謎』新潮選書、新潮社、二〇〇八年。

――『「神」の発見――銀文字聖書ものがたり』教文館、二〇一七年。

加藤哲平『ヒエロニュムスの聖書翻訳』教文館、二〇一八年。

共同訳聖書実行委員会『新約聖書 共同訳 について』日本聖書協会、一九七八年。

金香花「中国人キリスト者の「訳語論争」への参加」『アジア・キリスト教・多元性』一四、二〇一六年、二一―三四頁。

金成恩『宣教と翻訳――漢字圏・キリスト教・日韓の近代』東京大学出版会、二〇一三年。

塩山正純『初期中国語訳聖書の系譜に関する研究』白帝社、二〇一三年。

上智大学キリスト教文化研究所編『日本における聖書翻訳の歩み』リトン、二〇一三年。

新改訳聖書刊行会編『聖書翻訳を考える――『新改訳聖書』第3版の出版に際して』いのちのことば社、二〇〇四年。

新日本聖書刊行会編『聖書翻訳を語る――『新改訳二〇一七』何を、どう変えたの』いのちのことば社、二〇一九年。

鈴木範久『聖書の日本語――翻訳の歴史』岩波書店、二〇〇六年。

土岐健治／村岡崇光『イエスは何語を話したか？――新約時代の言語状況と聖書翻訳についての考察』教文館、二〇一六年。

ナイダ、ユージン『神声人語――御言葉は異文化を越えて』（改訂増補）繁尾久／郡司利男訳、イーグレープ、二〇〇八年。

長澤志穂他「特集　漢字文化圏における聖書翻訳と信仰の表現」『アジア・キリスト教・多元性』一四、二〇一六年、一―七六頁。

永嶋大典監修『幕末邦訳聖書集成』全二七巻、ゆまに書房、一九九九年。

日本聖書協会「聖書の翻訳とは――『聖書新共同訳』発刊二〇年、そして次の聖書翻訳に向けて」『聖書セミナー』一五、日本聖書協会、二〇一一年。

――『聖書 聖書協会共同訳について』日本聖書協会、二〇一八年。

日本聖書協会編『聖書 聖書協会共同訳――発行記念講演集』日本聖書協会、二〇一九年。

日沖直子「高橋五郎訳『聖福音書』をめぐって――明治のカトリック教会についての一考察」『アジア・キリスト教・多元性』一四、二〇一六年、五五―七二頁。

沼野治郎『現代中国語訳の聖書――モリソン訳から改訂和合本聖書に至る翻訳史』せせらぎ出版、二〇一四年。

橋本功『聖書の翻訳――旧約原典からみた』英潮社、一九九六年。

伏見英俊「キリスト者たちにとってのチベット仏教――チベット語訳聖書の成立をめぐって」『現代密教』一六、二〇〇四年、二四九―二六八頁。

都田恒太郎『ロバート・モリソンとその周辺――中国語聖書翻訳史』教文館、一九七四年。

ナイダ、E・A『神声人語』いのちのことば社、二〇〇八年。

柳父章『ゴッドと上帝――歴史の中の翻訳者』岩波書店、二〇〇一年。

山浦玄嗣『イチジクの木の下で』（上・下）、イー・ピックス、二〇一五年。
米井力也「PRELUDE TO A KISS」『人文学報』七五、京都大学人文科学研究所、一九九五年。
Darlow, T.H., and Moule, H.F., *Historical catalogue of the Printed Editions of Holy Scripture in the Library of the British and Foreign Bible Society*, London: Bible House (2 vols.), 1903-1911.
Horne, Thomas Hartwell, *A Manual of Biblical Bibliography; Comprising a Catalogue, Methodically Arranged, of the Principal Editions of the Holy Scriptures; Together with Notices of the Principal Philologers, Critics, and Interpreters of the Bible*, London: T. Cadell, Strand, 1839.
Knobloch, Frederick W., *Biblical Translation in Context*, Bethesda, Md: Univ. Press of Maryland, 2002.
Tadmor, Naomi, *The Social Universe of the English Bible*, Cambridge University Press, 2014.

翻訳一般について

アプター、エミリー『翻訳地帯——新しい人文学の批評パラダイムにむけて』秋草俊一郎／今井亮一訳、慶應義塾大学出版会、二〇一八年。

池澤夏樹編『日本語のために』（日本文学全集三〇）河出書房新社、二〇一六年。

稲垣直樹『翻訳技法実践論——「星の王子さま」をどう訳したか』平凡社、二〇一六年。

李漢燮『近代漢語研究文献目録』東京堂出版、二〇一〇年。

イリイチ、I&サンダース、B『ABC——民衆の知性のアルファベット化』（岩波モダンクラシックス）丸山真人訳、岩波書店、二〇〇八年。

ウスティノフ、ミカエル『翻訳——その歴史・理論・展望』（文庫クセジュ）服部雄一郎訳、白水社、二〇〇八年。

岡本隆司『宗主権の世界史——東西アジアの近代と翻訳概念』名古屋大学出版会、二〇一四年。

オング、W＝J『声の文化と文字の文化』桜井直文他訳、藤原書店、一九九一年。

ガイバ、フランチェスカ『ニュルンベルグ裁判の通訳』武田珂代子訳、みすず書房、二〇一三年。

柿木伸之『ベンヤミンの言語哲学　翻訳としての言語、想起からの歴史』平凡社、二〇一四年。

郭南燕編著『キリシタンが拓いた日本語文学』明石書店、二〇一七年。

亀井俊介『近代日本の翻訳文化』中央公論社、一九九四年。

——『日本人の「翻訳」——言語資本の形成をめぐって』岩波書店、二〇一四年。

河原清志『翻訳等価再考——翻訳の言語・社会・思想』晃洋書房、二〇一七年。

北村彰秀『東洋の翻訳論』（全三巻）私家版、二〇〇七―二〇一〇年。

木村直樹『〈通訳〉たちの幕末維新』吉川弘文館、二〇一二年。

クワイン、W・V・O『ことばと対象』（双書プロブレーマタ三）大出晁／宮館恵訳、勁草書房、一九八四年。

桑田禮彰『議論と翻訳――明治維新期における知的環境の構築』新評論、二〇一九年。

今野喜和人編『翻訳とアダプテーションの倫理――ジャンルとメディアを越えて』春風社、二〇一九年。

齊藤美野『近代日本の翻訳文化と日本語――翻訳王・森田思軒の功績』ミネルヴァ書房、二〇一二年。

佐藤＝ロスベアグ・ナナ編『トランスレーション・スタディーズ』みすず書房、二〇一一年。

山東功『日本語の観察者たち――宣教師からお雇い外国人まで』岩波書店、二〇一三年。

篠原有子『映画字幕の翻訳学　日本映画と英語字幕』晃洋書房、二〇一八年。

柴田邦臣／吉田仁美／井上滋樹『字幕とメディアの新展開』青弓社、二〇一六年。

杉本つとむ『江戸時代翻訳語の世界――近代化を推進した訳語を検証する』八坂書房、二〇一五年。

髙三啓輔『字幕の名工――秘田余四郎とフランス映画』白水社、二〇一一年。

瀧田寧／中島佑『機械翻訳と未来社会――言語の壁はなくなるのか』社会評論社、二〇一九年。

武田珂代子『東京裁判における通訳』みすず書房、二〇〇八年。

坪井睦子『ボスニア紛争報道――メディアの表象と翻訳行為』みすず書房、二〇一三年。

鳥飼玖美子／野田研一／平賀正子／小山亘編『異文化コミュニケーション学への招待』みすず書房、二〇一一年。

長沼美香子『訳された近代――文部省『百科全書』の翻訳学』法政大学出版局、二〇一七年。

ナイダ、ユージン・A『翻訳学序説』成瀬武史訳、集文社出版、一九七二年。

ナイダ、ユージン・A他『翻訳――理論と実際』沢登春仁／升川潔訳、研究社、一九七三年。

中村桃子『翻訳がつくる日本語――ヒロインは「女ことば」を話し続ける』現代書館、二〇一三年。

新居洋子『イエズス会士と普遍の帝国――在華宣教師による文明の翻訳』名古屋大学出版会、二〇一七年。

早川敦子『翻訳論とは何か――翻訳が拓く新たな世紀』彩流社、二〇一三年。

東森勲『翻訳と語用論』（龍谷叢書）開拓社、二〇一八年。

ピム、アンソニー『翻訳理論の探求』（新装版）みすず書房、二〇一〇年。

広田紀子『翻訳論――言葉は国境を越える』上智大学出版／ぎょうせい、二〇〇七年。

ベイカー、モナ／サルダーニャ、ブリエラ編『翻訳研究のキーワード』（抄訳）藤濤文子監修翻訳、研究社、二〇一三年。

ベルマン、アントワーヌ『他者という試練――ロマン主義ドイツの文化と翻訳』藤田省一訳、みすず書房、二〇〇八年。

牧野成一『日本語を翻訳するということ——失われるもの、残るもの』（中公新書）中央公論社、二〇一八年。

真島一郎編『だれが世界を翻訳するのか——アジア・アフリカの未来から』人文書院、二〇〇五年。

丸山真男／加藤周一『翻訳の思想』（日本近代思想体系）岩波書店、一九九一年。

マンデイ、ジェレミー『翻訳学入門』（新装版）鳥飼玖美子監訳、みすず書房、二〇一八年。

――『翻訳と日本の近代』（岩波新書）岩波書店、一九九八年。

水野麻子『語学力ゼロで8ヶ国語翻訳できるナゾ』（＋α新書）講談社、二〇一〇年。

三ッ木道夫『思想としての翻訳——ゲーテからベンヤミン、ブロッホまで』白水社、二〇〇八年。

――『翻訳の思想史——近現代ドイツの翻訳論研究』晃洋書房、二〇一一年。

ムーナン、ジョルジュ『翻訳の理論』伊藤晃他訳、朝日出版社、一九八〇年。

モンゴメリ、スコット・L『翻訳のダイナミズム——時代と文化を貫く知の運動』大久保友博訳、白水社、二〇一六年。

ヤーコブソン、ロマーン『一般言語学』（新装版）川本茂雄監修、みすず書房、二〇一九年。

柳父章『翻訳語の論理——言語にみる日本文化の構造』法政大学出版局、一九七二年（新装版二〇〇三年）。

――『翻訳とはなにか——日本語と翻訳文化』法政大学出版局、一九七六年（新装版二〇〇三年）。

――『翻訳文化を考える』法政大学出版局、一九七八年（新装版二〇〇二年、改装版二〇〇三年）。

――『未知との出会い――翻訳文化論再説』法政大学出版会、二〇一三年。

柳父章／長沼美香子／水野的編『日本の翻訳論——アンソロジーと解題』法政大学出版局、二〇一〇年。

山本真弓編著『文化と政治の翻訳学——異文化研究と翻訳の可能性』明石書店、二〇一〇年。

與那覇潤『翻訳の政治学——近代東アジア世界の形成と日琉関係の変容』岩波書店、二〇〇九年。

米原万里『不実な美女か貞淑な醜女か』（新潮文庫）新潮社、一九九八年。

ライス、カタリーナ／フェアメーア、ハンス・ヨーゼフ『スコポス理論とテクストタイプ別翻訳理論——一般翻訳理論の基礎』
藤濤文子監訳、晃洋書房、二〇一九年。

レイノルズ、マシュー『翻訳——訳すことのストラテジー』秋草俊一郎訳、白水社、二〇一九年。

مقدّمة في علمِ الترجمة، ترجمة محمّد رشاد الحمزاوي، الدار العربيّة للكتاب، ١٩٨٦.

Clements, Rebekah. *A Cultural History of Translation in Early Modern Japan.* Cambridge University Press, 2017.

Eckart, Penelope. *Meaning and Linguistic Variation: The Third Wave in Sociolinguistics,* Cambridge University Press, 2018.

Kade. O. *Zufall und Gesetzmässigkeit in der Übersetzung,* Leipzig, 1968.

Katharina Reiß and Hans J. Vermeer (2015) *Towards a General Theory of Translational Action: Skopos Theory Explained.*

London, New York: Routledge, 2015 (Translated by Christiane Nord).
Lenart de Regt, ed. *Of Translations, Revisions, Scripts and Software: Contributions Presented to Kees De Blois*, Crawley: United Bible Societies, 2011.
Schulte, Rainer & Biguenet, John, eds. *Theories of Translation: AnAnthology of Essays from Dryden to Derrida*, University of Chicago Press, 1992.
Snell-Hornby, Mary, *The Turns of Translation Studies: New Paradigms or Shifting Viewpoints?*, John Benjamins Publishing Company, 2006.

モンゴルのキリスト教について

【研究書】

井上岳彦「モラヴィア派入植地サレプタ――カルムイク人との交流と宣教師の記録」望月哲男／前田しほ編『文化空間としてのヴォルガ』（スラブ・ユーラシア研究報告集四）二〇一二年、二五―三四頁。

江上波夫『モンゴル帝国とキリスト教』サンパウロ、二〇〇〇年。

芝山豊「ヨーロッパ中世末期の宗教寛容論に果たしたモンゴルの役割――クザーヌス『信仰の平和』の中のタルタルについて」『清泉女学院短期大学研究紀要』一九、二〇〇〇年、一〇一―一一九頁。

――「オルドス地域におけるキリスト教の現在――オトク前旗のカトリック教会を中心に」『Humanitas Catholica』2、二〇一一年、九四―九九頁。

――「キリスト教と民族的アイデンティティー――モンゴルの場合」『Humanitas Catholica』6、二〇一五年、四二―五八頁。

芝山豊編『南北モンゴルカトリック教会の研究』清泉女学院教育文化研究所、二〇〇八年。

滝澤克彦『越境する宗教　モンゴルの福音派――ポスト社会主義モンゴルにおける宗教復興と福音派キリスト教の台頭』新泉社、二〇一五年。

都馬バイカル「スウェーデンのモンゴルミッションについて」『日本とモンゴル』五三（二）、二〇一九年、九二―一〇一頁。

――「モンゴルのオルドス地域におけるキリスト教の過去と現在――ウーシン旗の「エルケウン」について」『桜美林論考人文研究』四、二〇一三年、九九―一一五頁。

――「モンゴル帝国時代の仏教とキリスト教――カラコルムの宗教弁論大会を中心として」『国際哲学研究』別冊六、二〇一五年、二一二―二一八頁。

バッジ『元主忽必烈が欧洲に派遣したる景教僧の旅行誌』佐伯好郎訳補、待漏書院、一九九二年。

平山政十『蒙疆カトリック大観』張家口・蒙古聯合自治政府、一九三九年（復刻版、アジア学叢書21、大空社、一九九七年）。
フォルツ、R・C『シルクロードの宗教――古代から15世紀までの通商と文化交流』（常塚聴訳）教文館、二〇〇三年。
森部豊「ソグド人と東ユーラシアの文化交渉」『アジア遊学』一七五、二〇一四年。
楊海英「変容するオルドス・モンゴルのカトリック――神父ジョセフ一族のライフ・ヒストリーを中心に」『西日本宗教学雑誌』一六、一九九四年、一三―二三頁。
吉田順一／チメドドルジ編『ハラホト出土モンゴル文書の研究』雄山閣、二〇〇八年。
宝貴貞／宋長宏『蒙古民族基督教宗教史』宗教文化出版社、二〇〇八年（バイカル抄訳『Humanitas Catholica』1、3、5、二〇一〇、二〇一二、二〇一五年）、二〇〇八年。
利瑪竇『天主教東傳文獻』臺灣學生書局、一九六五年。
艾儒略等撰『天主教東傳文獻三編』臺灣學生書局、一九七二年。
唐暁峰『元代基督教研究』社会科学文献出版社、二〇一五年。
徐光啓等撰『天主教東傳文獻續編』臺灣学生書局、一九八六年。
刘青瑜『塞外苦耕――近代以来天主教传教士在内蒙古的社会活动及其影响（1865-1950）』内蒙古大学出版社、二〇一一年。
Bondfield, G.H., *Mongolia: A Neglected Mission Field,* London: The British and Foreign Bible Society, 1910.
Gaby Bamana, A. Mönkhtsêtsêg, Christianity and Mongolia: Past and Present, *proceedings of the Antoon Mostaert Symposium on Christianity and Mongolia, August 2006*, Ulaanbaatar: Antoon Mostaert Mongol Sudlalyn Töv, 2006.
Johansson, Karin, *Inblick i Inre Mongoliet: Breven från Sven Skallsjö berättar.* s.l.: K. Johansson, 2003.
____ *De vågade sig ut : en studie av Svenska mongolmissionens missionärer och verksamhet 1910-1938. Lund: Teologiska institutionen*, Lunds universitet, 2008.
____ *Vid karbidlampans sken: Signes dagbok berattar fran 1917-1919*, Varfarda: Karin Johansson Books on Demand, 2009.
Kemp, H.P., *Steppe by Step: Mongolia's Christians from Ancient Roots to Vibrant Young Church*, London: Monarch Books, 2000.
Li Tang, *East Syriac Christianity in Mongol-Yuan China*, Wiesbaden: Harrassowitz Verlag, 2011.
Lovett, R., *James Gilmour of Mongolia: His Diaries, Letters and Reports*, London: Religious Tract Society, 1892.
Serruys, S., Mongol Textes Regarding an Anti-Christian Conspiracy in 1903, *Mongolian Studies* 4, 1977, 39-55.
Stauffer, *The Christian Occupation of China*, Shanghai: China Continuation Committee, 1922.
Patrick, Taveirne, The CICM Apostolate in Mongolia, late 19th-early 20th century, 2020, Unpublished and Revised Paper presented at the Conference on "The Importance of the History of Evangelization Taking CICM as an Example" Fu Jen

Catholic University, Taipei City 30 November 2019.
Verbiest Institute K. U. Leuven, ed., *Christianity and Sino-Mongolian studies: From Historical Aspects to New Perspectives*, Leuven Chinese Studies 28, 2013.
Bland Stäppens Folk: År ur Svenska Mongolmissionens historia, *Evangeliska Östasienmissionen*, nr 6 (juni/juli), Årg 6, 1987, 28-45.

【宣教師の旅行記・回想録・自伝など】

飯沼二郎編『熱河宣教の記録』未來社、一九六五年。
カルピニ、ルブルク『中央アジア・蒙古旅行記』（講談社学術文庫）護雅夫訳、講談社、二〇一六年。
ギルモア、ジェイムズ『蒙古人の友となりて』後藤富男訳、生活社、一九三九年。
熱河会編『荒野をゆく――熱河・蒙古宣教史』未來社、一九六七年。
ラルソン、F・A『蒙古風俗誌』高山洋吉訳、改造社、一九三九年。
Hagner, Johan, *I tempel och mongoltält: minnen och intryck från en resa till Mongoliet*, Stockholm: Svenska Mongolmissionen, 1930.
Jacobson, Agnes & Lydia Sundin, *Ett stycke missionshistoria: Svenska mongolmissionen 1897-1922*, Stockholm: Svenska Mongolmissionen Förlag, 1922.
Johansson, Karin, *De vågade sig ut: en studie av Svenska mongolmissionens missionärer och verksamhet 1910-1938*, Lund: Teologiska institutionen, Lunds universitet, 2008.
Karin Johansson, *Inblick i Inre Mongoliet: Breven från Sven Skallsjö berättar*, s.l.: K. Johansson, 2003.
Leatherwood, R., *Glory in Mongolia. Pasadena*, CA: William Carey Library, 2006.
Lidman, Sven, *Min Dotter Far Till Kina: Ulla Lidmans Brev Från Kina Och Mongoleit*, Stockholm: Albert Bonniers Förlag, 1935.
Ollén, Gerda, *En resa i Mongoliet: Berättelse för ungdom*, Stockholm: Kvinnliga missions arbetare, 1918.
――― *Vem vill gå?* Stockholm: Kvinnliga missions arbetare, 1920.
――― *Något om Mongoliet och dess kvinnor*, Stockholm: Svenska Mongolmissionen, 1920.
――― *Det heliga riddarskapet*, Stockholm: Svenska Mongolmissionen, 1921.
――― *I mongolfält och genom öknar*, Stockholm: Svenska Mongolmissionen, 1923.

——— *Vår skuld*, Stockholm: Svenska Mongolmissionen, 1925.

Ollén, Gerda & Joel Eriksson, *Vid Gobiöknens gränser*, Stockholm: Svenska Mongolmissionen, 1943.

Ollén, J.M., *Svenska Missionsbragder: Skildringar Ur Svenskt Missionsliv*, Stockholm: Svenska Missionforbundets Forlag, 1921.

Svenska Mongolmissionen, *Stäppens folk: folklivs- och missionsbilder från Mongoliet: tecknade av Svenska mongolmissionens missionärer*, Stockholm: Svenska Mongolmissionen, 1933.

——— *Färdeminnen från Mongoliet: Skildrade av Svenska mongolmissionens missionärer*, Stockholm: Svenska Mongolmissionen, 1940.

Swan, William, *Letters on Missions*. London: Westley and Davis, 1830.

Marthinson, Anders W., *Möte med Mongoliet och Maos Kina: spännande upplevelser bland rövare och andra*, Vällingby: Harrier, 1975.

——— *Mongolerna och deras land*, Herrljunga: Harrier, 1985.

Marthinson, Evert, *Mitt liv som mongol, kines och svensk*, Värnamo: Semnos, 2006.

モンゴル語辞典（本書と関連度の高いもの）

北村彰秀『モ日英辞典――今までの辞書にない単語』Улаанбаатар: Нахиа, 一九九三年。

――『モ日英辞典　第2巻――今までの辞書にない単語』Улаанбаатар: Нахиа, 一九九六年。

――『現代モンゴル語類義語辞典――蒙・和・英文説明付』Улаанбаатар: Нахиа, 二〇〇一年。

Haltod, Matthew et al.(comp.), *Mongol-English Practical Dictionary with English Word Reference List*, S.l.: S.n., 1953c.

Palussière, Pierre et al.(comp.), *English-Mongolian Christian Catholic Dictionary: With an Appendix of Hundred Expressions Defined, Clarified with Mongolian and Latin Indexes*, Ulaanbaatar, 2008.

Schmidt, Isaak Jakob, *Mongolisch-deutsch-russisches Wörterbuch*, bei den commissionairen der Kaiserlichen akademie der wissenschaften, W. Graeff und Glasunow, 1835.

その他モンゴル関係

荒井幸康『「言語」の統合と分離――一九二〇―一九四〇年代のモンゴル・ブリヤート・カルムイクの言語政策の相関関係を中心に』三元社、二〇〇六年。

小野浩「とこしえの天の力のもとに――モンゴル時代発令文の冒頭定型句をめぐって」『京都橘女子大学研究紀要』二〇、一九九三年、一〇七—一二九頁。

佐口透『モンゴル帝国と西洋』平凡社、一九七〇年。

田中克彦『言語と思想』(岩波現代文庫)岩波書店、二〇〇三年。

那谷敏郎『十三世紀の西方見聞録』(新潮選書)新潮社、一九九三年。

松川節「大元ウルス命令文の書式」『待兼山論叢(史学篇)』二九、一九九五年、二五—五二頁。

宮紀子『モンゴル時代の「知」の東西』(上・下)名古屋大学出版会、二〇一八年。

楊海英『チンギス・ハーン祭祀——試みとしての歴史人類学的再構成』風響社、二〇〇七年。

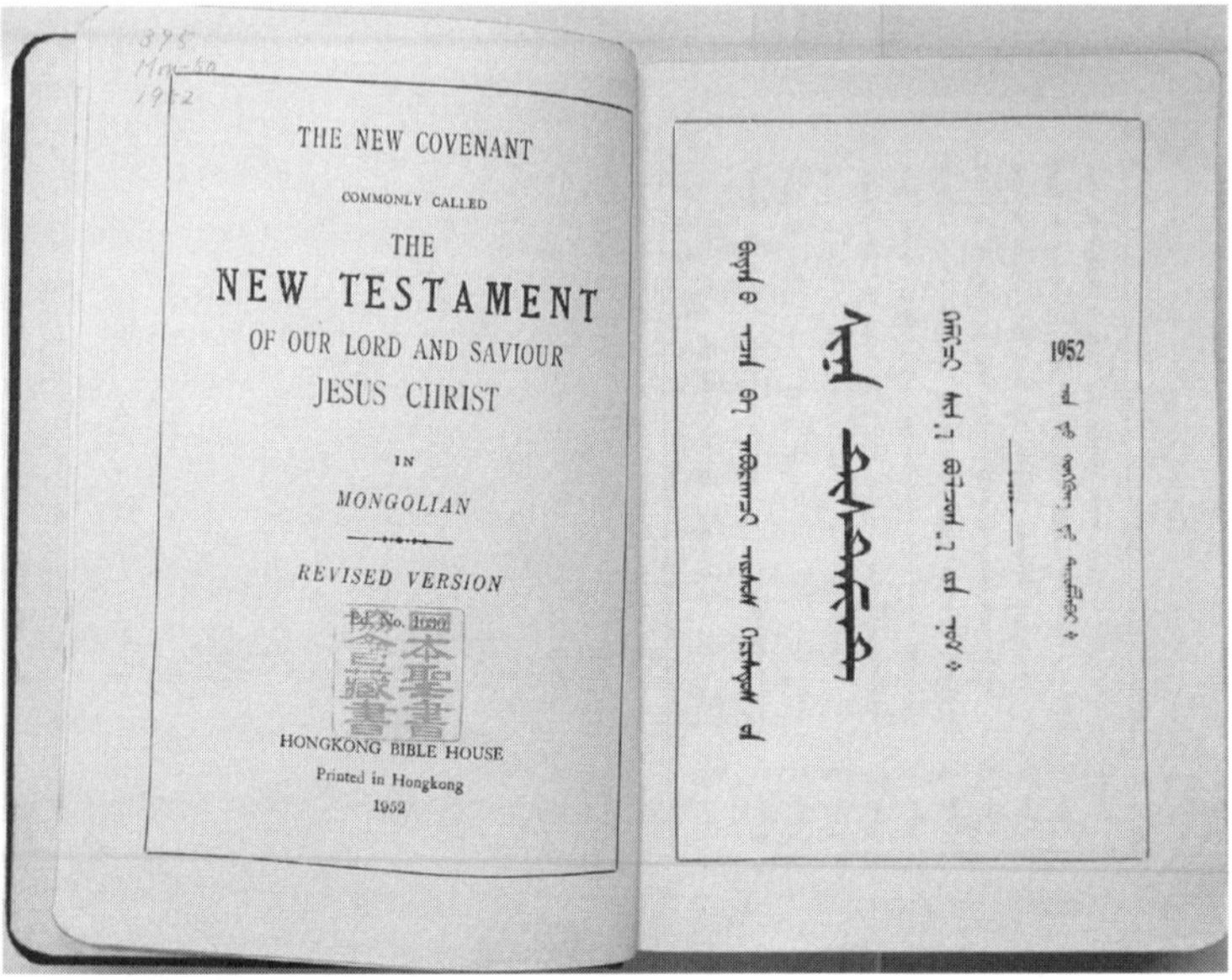

図 10　マーティンソン他訳モンゴル語『新約聖書』（1952）日本聖書協会蔵〔47〕
スウェーデン人宣教師エリクソン、マーティンソン、アメリカ人宣教師グンゼル、モンゴル人信徒リンチンドルジ、ハルトド・マタイ、仏教徒ワンチンドルジらが共同で翻訳。左頁に英語、右側にモンゴル語で書名と奥付。翻訳者名の記載はない。1952 年に香港で出版。

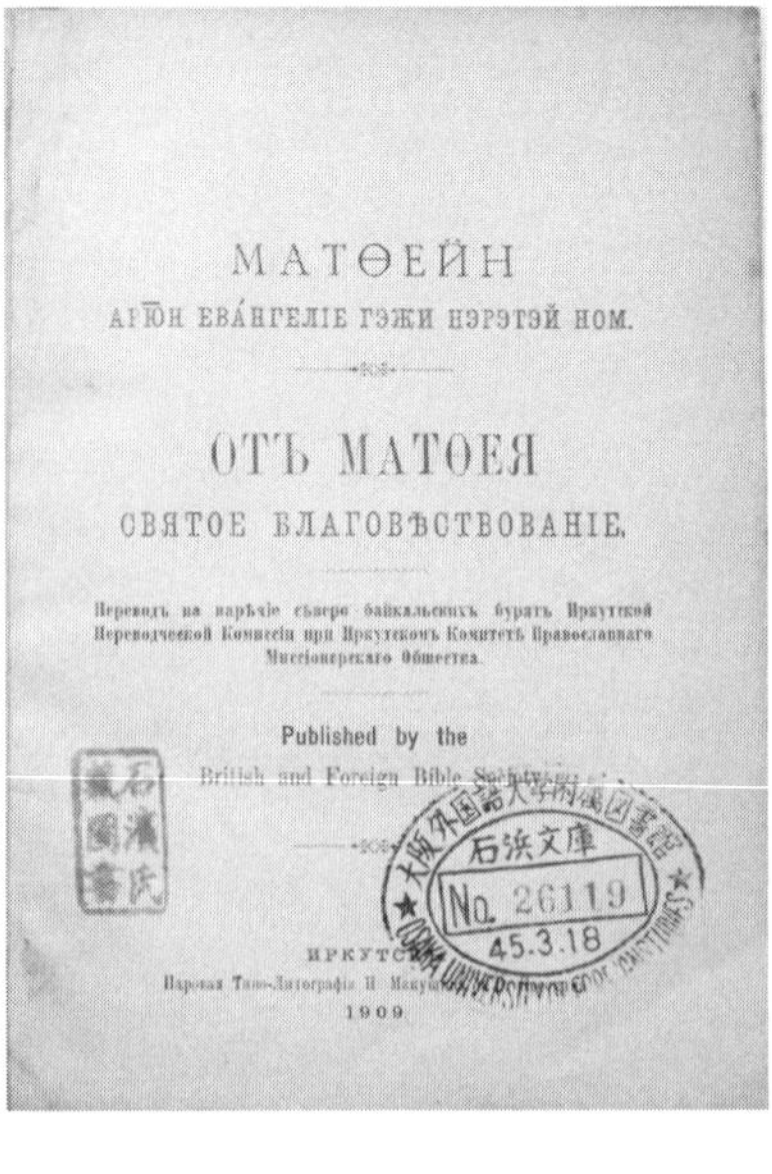

図 11　チストヒン訳ブリヤート語『マタイによる福音書』（1909）大阪大学附属図書館石濵文庫蔵〔35〕
初めてキリル文字で出版されたモンゴル系言語による聖書。“I” や “Θ” など現在使われない古いキリル文字が使用されている。ロシア正教会が製作し、英国外国聖書協会の出資により出版された。ブリヤート語、ロシア語の両方で書名が記載されているが、発行者である聖書協会の名は英語の記載のみ。

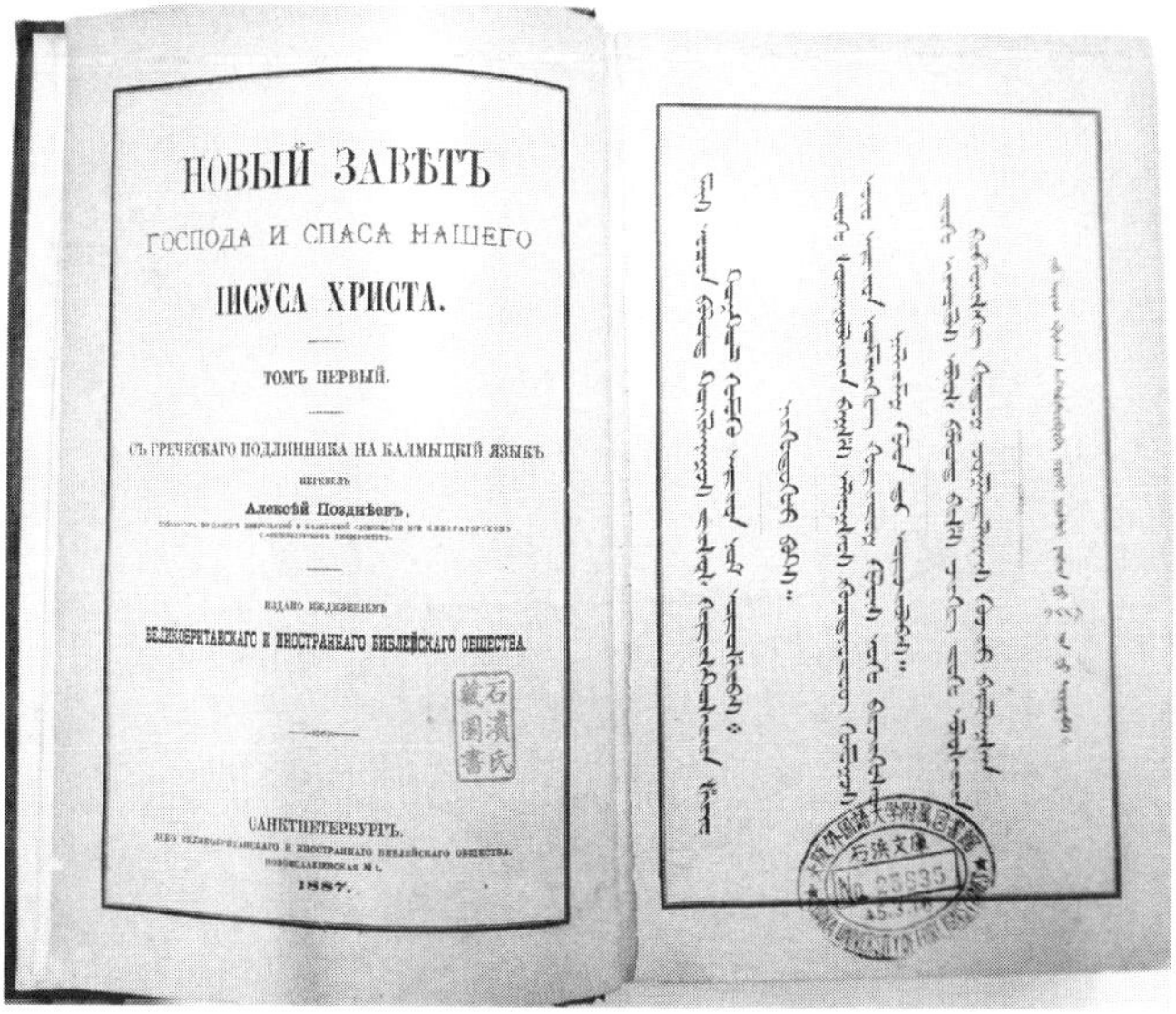

図8　ボズネエフ訳カルムイク語『新約聖書』第1巻「四福音書」(1887) 大阪大学附属図書館石濱文庫蔵〔33〕 タイトル頁。左側にロシア語、右側にカルムイク語で書名と書誌情報。1880年モンゴル語版（図7）とは異なり、翻訳者としてボズネエフの名が明記されている。

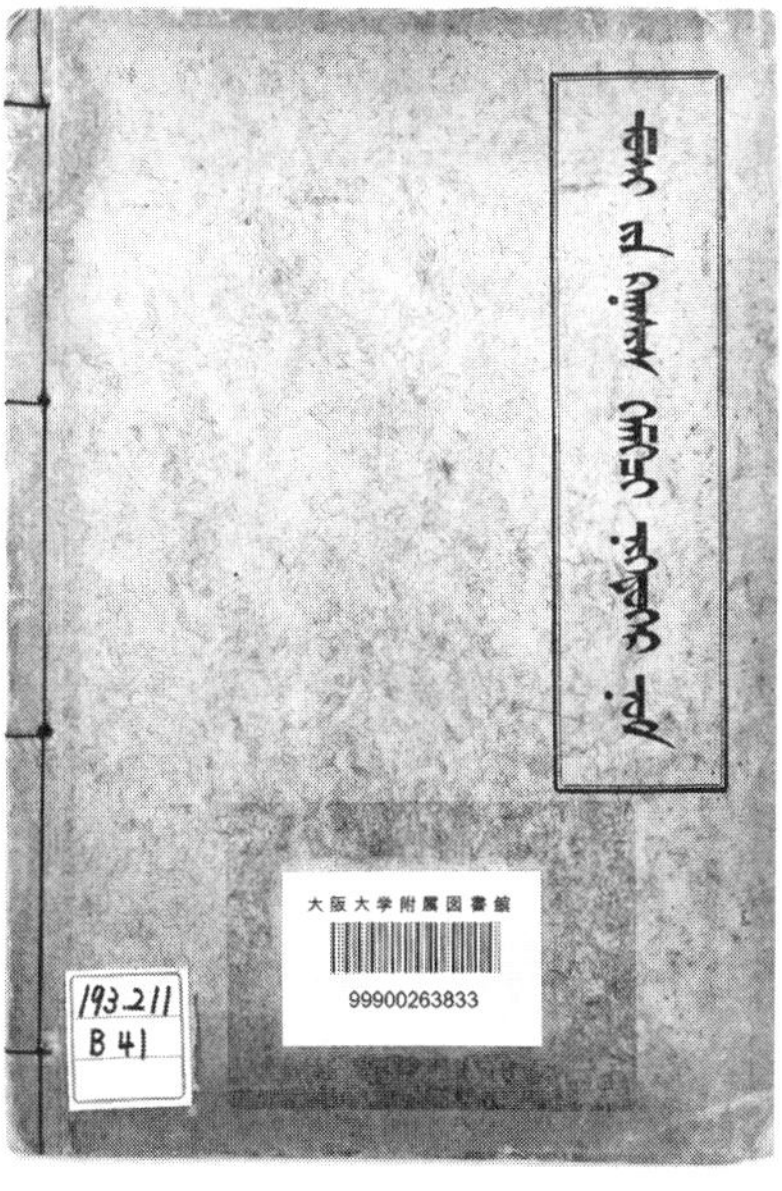

図9　ストリブラス＆スワン訳モンゴル語『創世記』(分冊改版、1913) 大阪大学附属図書館石濱文庫蔵〔29a〕 四ツ目綴じ、左開き。

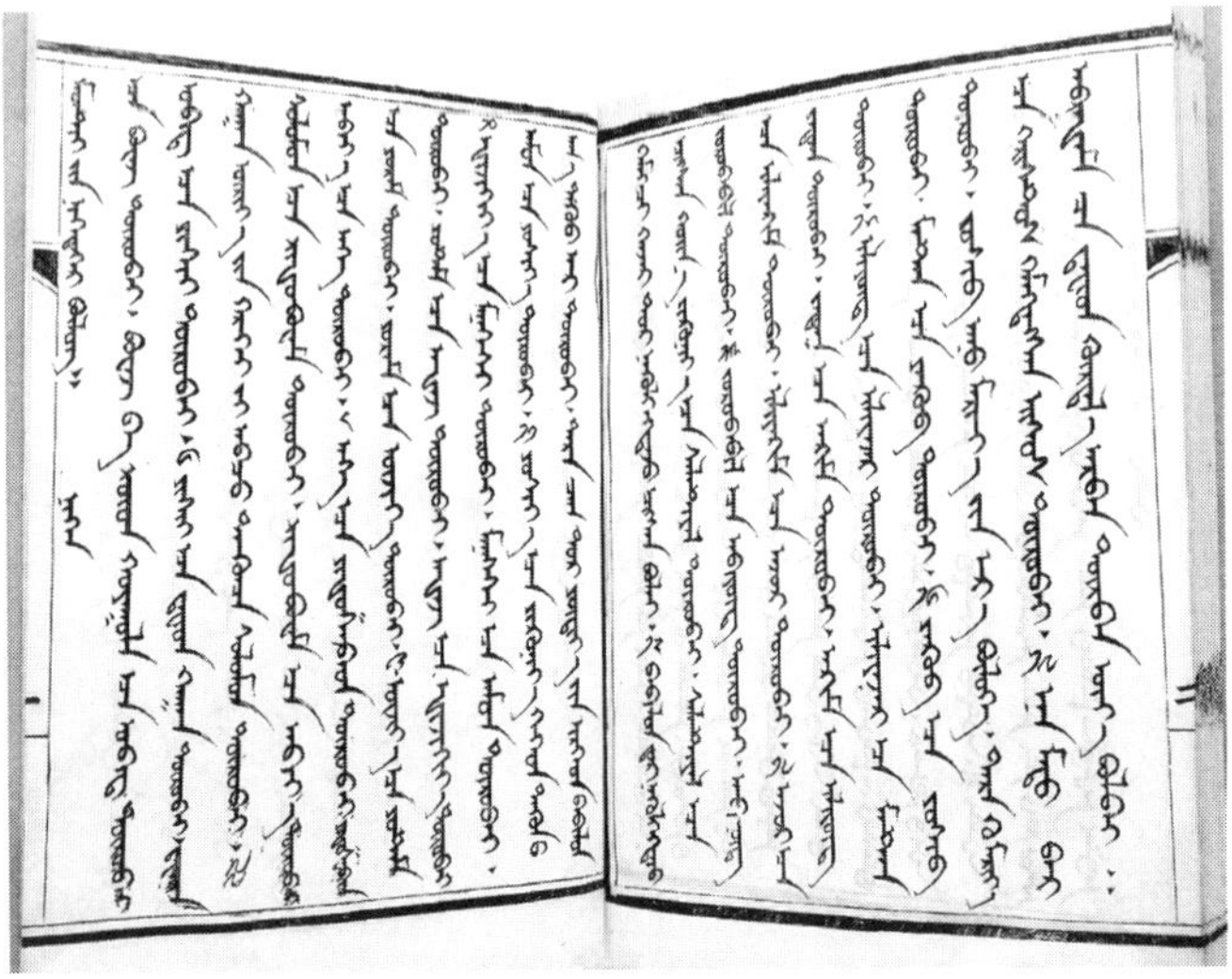

図6　エドキンス＆シェレシェフスキー改訂モンゴル語『マタイによる福音書』（1872）ケンブリッジ大学図書館蔵〔31〕

袋綴じ、左開き。袋綴じの折り目に漢数字で折数の記載あり。左頁1行目にモンゴル語で書名・章数・折数の記載。

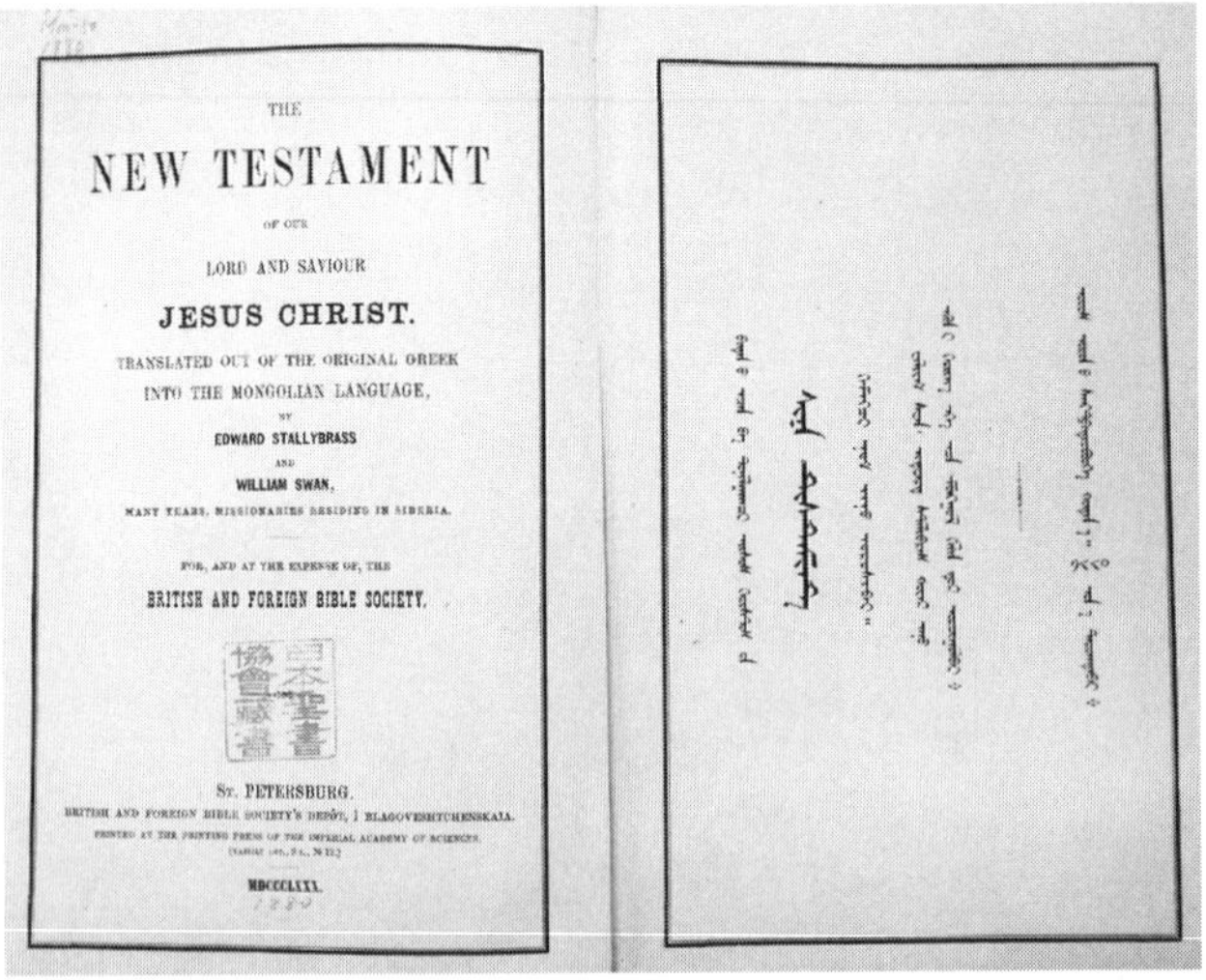

図7　シフナー＆ポズネエフ改訂モンゴル語『新約聖書』（1880）日本聖書協会蔵〔32〕

書名、発行年、発行場所が書かれたタイトル頁（左頁に英語、右頁にモンゴル語）。1846年版のもの（図5）がモンゴル文字に直されたが、ストリブラスとスワンによる訳で、1880年サンクトペテルブルクで出版されたという内容は同じ。ポズネエフらの名の記載はない。

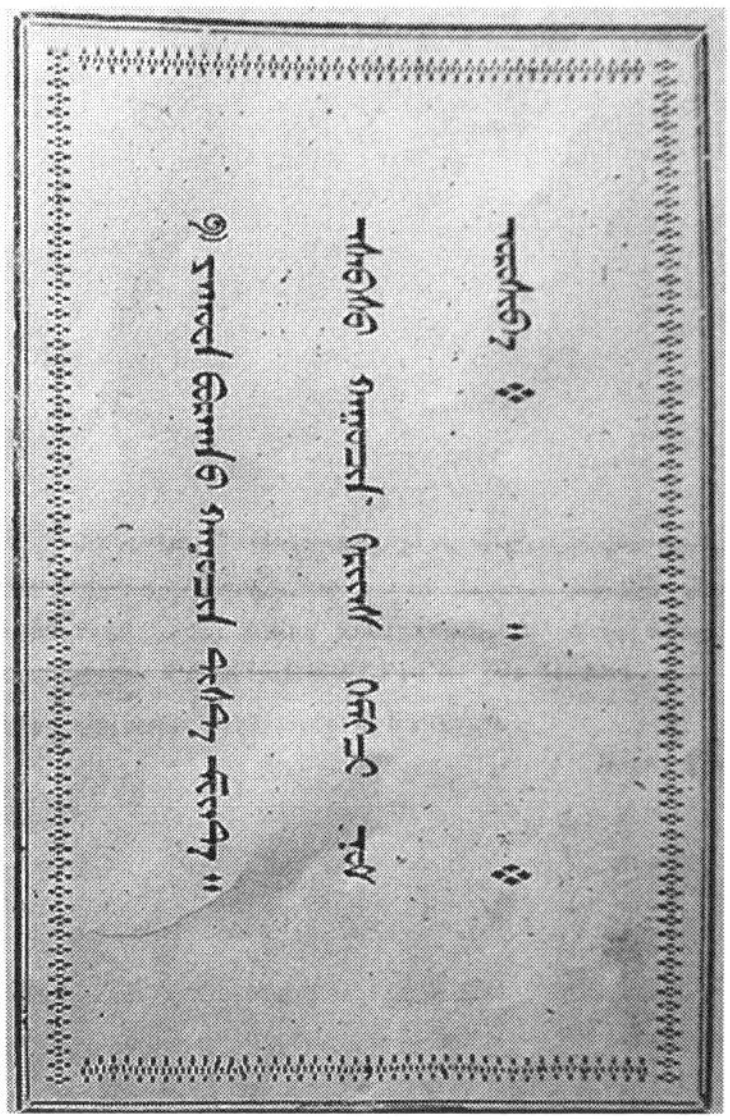

図4　ストリブラス＆スワン訳モンゴル語『旧約聖書』（1840）ケンブリッジ大学図書館蔵〔29〕
図版は書名部分の抜き出し。『イェホワ神の古いティスタミイント、すなわち古い遺書という名の書』と書かれている。最古のモンゴル系言語による旧約聖書全書の翻訳聖書。

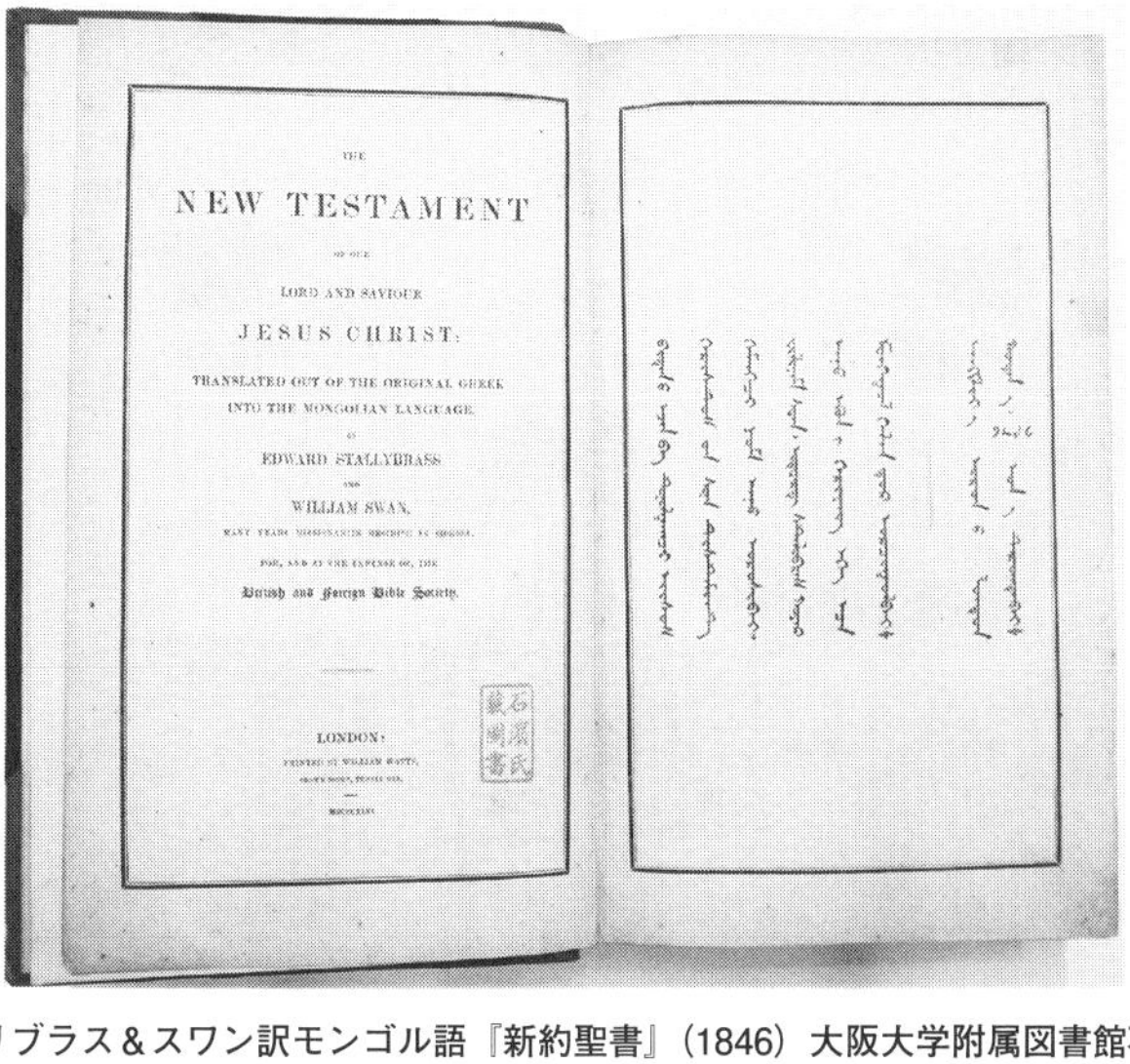

図5　ストリブラス＆スワン訳モンゴル語『新約聖書』（1846）大阪大学附属図書館石濱文庫蔵〔30〕
左頁：英語での書名と奥付。右頁：左側からモンゴル語での書名があり、右側にはストリブラスとスワンによるギリシャ語原典からの訳で、1846年にロンドンで出版されたことが記されている。ストリブラスとスワンがイギリスへ帰国後に出版。モンゴル文字の活字がなかったため、聖書協会保有の満洲文字で代替された。1952年版『新約聖書』まで各改訂版の基礎となった。

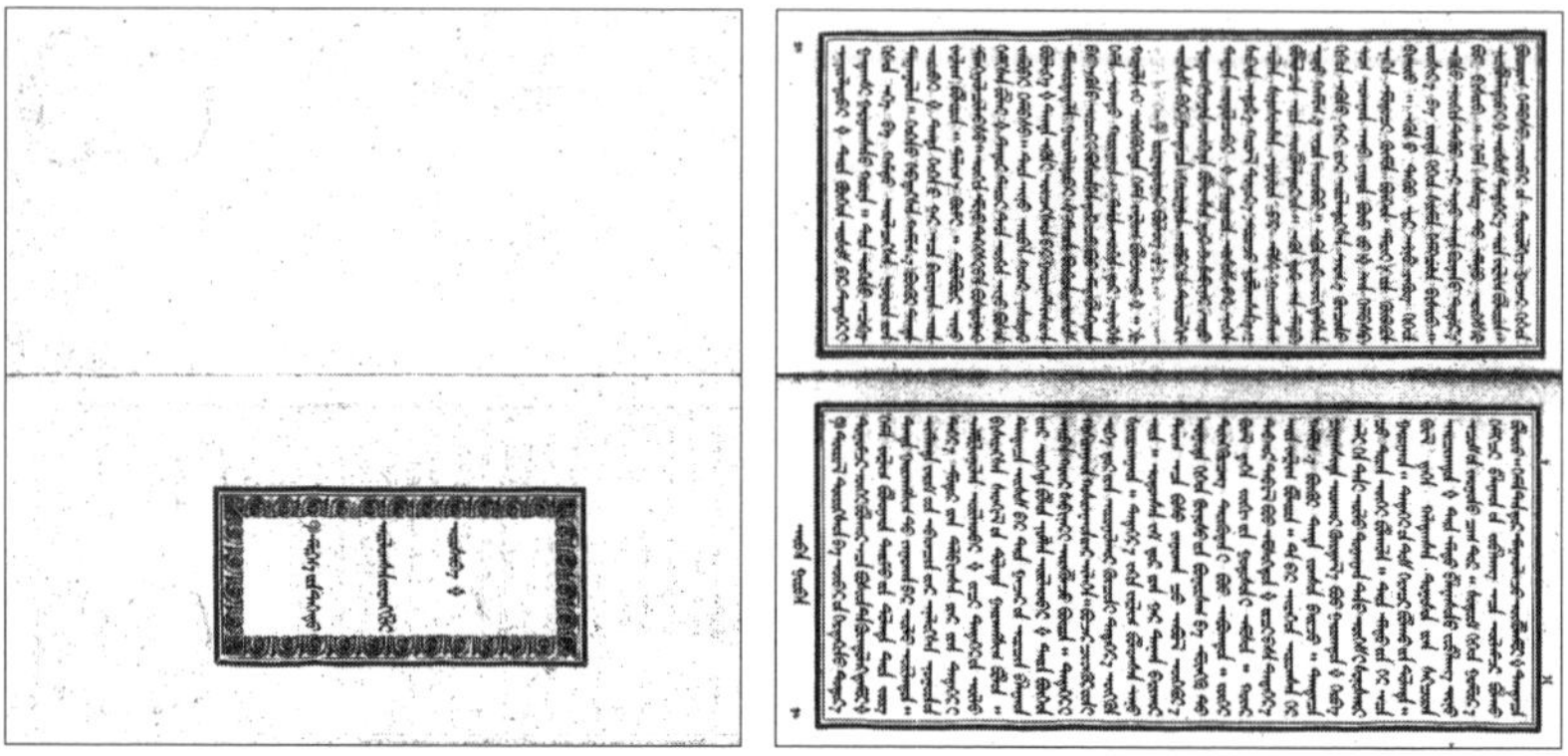

図２　シュミット訳モンゴル語『マルコ福音書・ルカ福音書』（1821、合冊版）個人蔵〔10〕
長辺綴じ、上開き。左はマルコ福音書のタイトル頁、右は同本文。本文（右）は経文様式で割り付け。

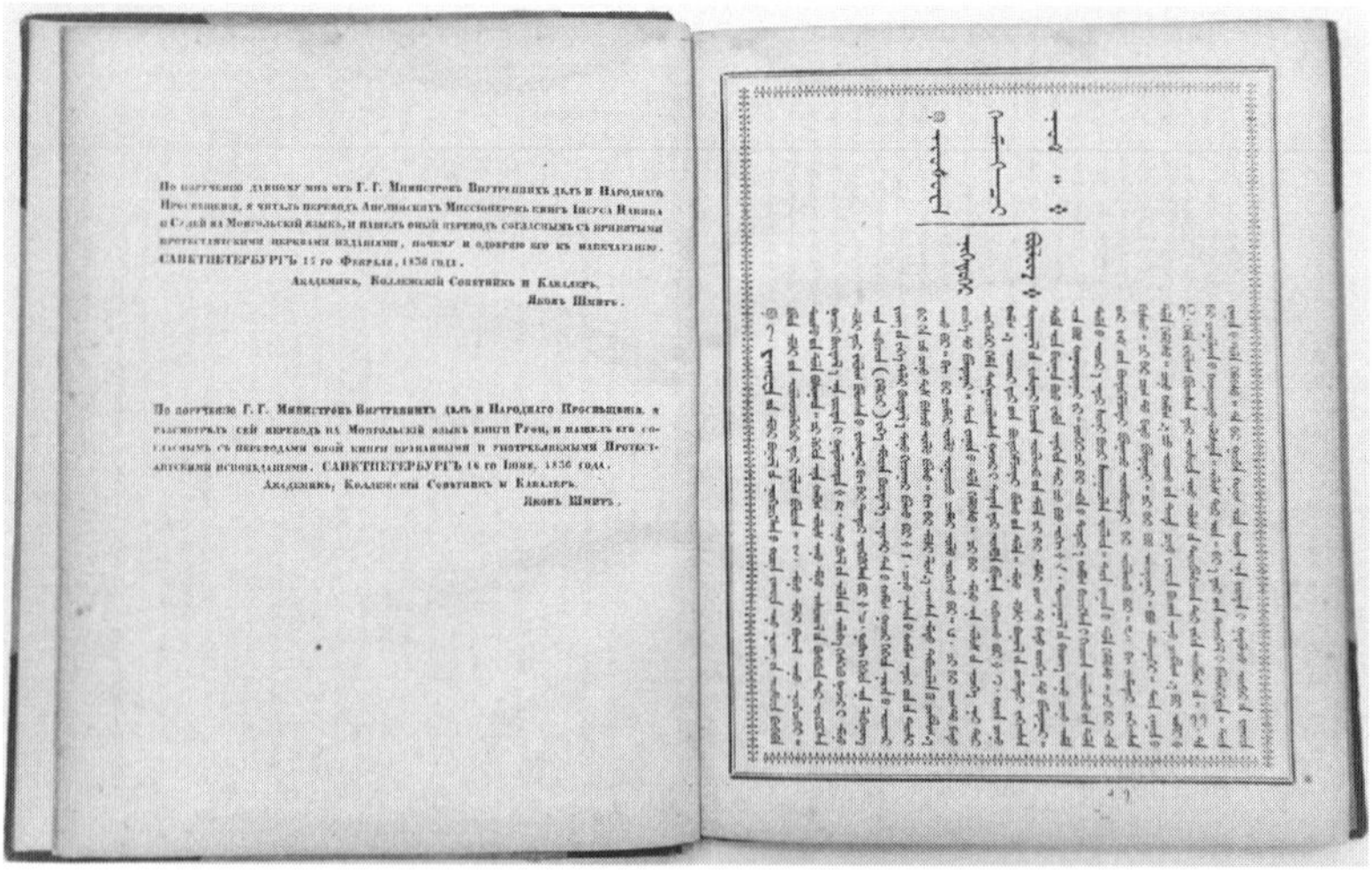

図３　ストリブラス＆スワン訳モンゴル語『ヨシュア記・士師記・ルツ記・サムエル記上・サムエル記下』（1837、合冊版）大阪大学附属図書館石濱文庫蔵〔21〕
ストリブラスとスワンの旧約聖書各版は、シュミットによる校閲を経ることを条件にロシア帝国により翻訳出版を許可された。2頁（左頁）にその校閲結果が記載されている。長辺綴じ、左開き。

カバー挿画　赤羽末吉
『スーホの白い馬』(1967年) より
装　　幀　熊谷博人

長崎大学多文化社会学叢書 3
聖書とモンゴル ── 翻訳文化論の新たな地平へ

2021年3月25日　初版発行

編　者　芝山　豊／滝澤克彦／都馬バイカル／荒井幸康
発行者　渡部　満
発行所　株式会社　教　文　館
〒104-0061　東京都中央区銀座4-5-1　電話03(3561)5549　FAX03(5250)5107
URL http://www.kyobunkwan.co.jp/publishing/
印刷所　モリモト印刷株式会社

配給元　日キ販　〒162-0814 東京都新宿区新小川町9-1
電話03(3260)5670　FAX03(3260)5637
ISBN 978-4-7642-7448-8　Printed in Japan

執筆者紹介

荒井幸康（あらい・ゆきやす）

一橋大学言語社会研究科修了、博士（学術）。現在、北海道大学スラブ・ユーラシア研究センター共同研究員、公益社団法人日本モンゴル協会理事。亜細亜大学、芝浦工業大学、青山学院大学、東京女子大学、一橋大学、東京大学、国際基督教大学非常勤講師。専門はモンゴル学、社会言語学（言語の社会史、言語政策、ソヴィエト言語学論、リテラシー、翻訳論）。

著書　『「言語」の統合と分離——1920～1940年代のモンゴル・ブリヤート・カルムイクの言語政策の相関関係を中心に』（単著、三元社、2006年)、「モンゴル諸民族、ソヴィエト初期言語政策に見る文字と政治」（単著論文『ことばと文字』2015年)、『聖書翻訳を通してみるモンゴル——東北アジア宗教文化交流史の文脈から』（共著、東北アジア研究センター、2017年）など。

池澤夏樹（いけざわ・なつき）

1945年北海道生まれ。作家・詩人。

著書　『スティル・ライフ』（1988年、芥川賞)、『マシアス・ギリの失脚』（1993年、谷崎潤一郎賞)、「池澤夏樹＝個人編集　世界文学全集」（2010年、毎日出版文化賞・2011年朝日賞）ほか、『カデナ』『アトミック・ボックス』など多数。従兄弟である聖書学者・秋吉輝雄との聖書に関する作品として『ぼくたちが聖書について知りたかったこと』（小学館、2009年)、『雅歌——古代イスラエルの恋愛詩』（教文館、2012年）がある。

小高　毅（おだか・たけし）

1942年京城（ソウル）生まれ。1978-80年ローマ、アウグスティニアヌム教父研究所に学ぶ。1984年上智大学大学院神学部博士課程修了、神学博士号取得。聖アントニオ神学院教授（組織神学・教父学)。現在、カトリック長野教会協力司祭。

著書　『古代キリスト教思想家の世界——教父学序説』（創文社、1984年)、『よくわかるカトリック——その信仰と魅力』（教文館、2002年)、『原典古代キリスト教思想史』1-3（編書、教文館、1999-2001年）『古代教会の説教』（編書、教文館、2012年）ほか多数。

金岡秀郎（かなおか・ひでろう）

1958年東京都生まれ。東京外国語大学モンゴル語学科卒。同大大学院アジア第一言語専攻修了。東京大学大学院印度哲学印度文学専修課程修了。大倉精神文化研究所研究員、東京外国語大学大学院講師、国際教養大学准教授を経て、現在、国際教養大学特任教授、國學院大學・日本社会事業大学等の講師。日本モンゴル協会総合研究所研究員（教授)。専攻はモンゴル学・仏教学。特にインド・チベット文化のモンゴル的変容を研究する。

著書　『モンゴルは面白い——みんなが知りたいモンゴルのすべて』（トラベルジャーナル、1993年)、『モンゴルまるごと情報局』（トラベルジャーナル、1995年)、『実用リアル・モンゴル語［CDブック］——わかりやすい文法ナビ』(明石書店、2009年)、『仏教漢文読本』(共著、春秋社、1990年)、『挑戦する仏教——アジア各国の歴史といま』（共著、法藏館、2010

年)、『モンゴルを知るための65章』(明石書店、2012年)、『文学・美術に見る仏教の生死観』(NHK出版、2012年)、『高等学校教科書——現代倫理』(共著、清水書院、2013年)ほか多数。

芝山　豊（しばやま・ゆたか）

1979年大阪外国語大学（現大阪大学外国語学部）大学院修了。清泉女学院大学人間学部教授（現職）。2015—2019年清泉女学院大学及び同短期大学学長。日本モンゴル文学会名誉会長。

著書　『近代化と文学——モンゴル近代文学史を考える』（アルド書店、1987年)、『地球村の思想』（共著、新評論、2001年)、『モンゴル文学への誘い』（共編著、明石書店、2003年)、『经典解读——达・纳楚克道尔基』（共著、北京・民族出版社、2009年)、『聖書翻訳を通して見るモンゴル』（共編著、東北大学東北アジア研究センター、2017年）など。

滝澤克彦（たきざわ・かつひこ）

1975年広島県生まれ。2008年東北大学大学院文学研究科博士課程修了。博士（文学)。現在、長崎大学多文化社会学部教授。専門は宗教学、モンゴル研究。

著書　『越境する宗教——モンゴルの福音派ポスト社会主義　モンゴルにおける宗教復興と福音派キリスト教の台頭』（新泉社、2015年)、『ノマド化する宗教、浮遊する共同性——現代東北アジアにおける「救い」の位相』（編著、東北大学東北アジア研究センター、2011年)、『無形民俗文化財が被災するということ——東日本大震災と宮城県沿岸部地域社会の民俗誌』（共編、新泉社、2014年）など。

ベスド・ヴァンルーギーン・ドゥゲルマー（Бэсүд овогт Ванлуугийн Дүгэрмаа）

1953年生まれ。アリオン・ビチェース協会職員。生物学博士（PhD)。『アリオン・ビブリ』の2004年改定、2013年改訂、および「標準モンゴル語訳」のプロジェクトに参加。

著書　Эзэний монгол нэрс（主のモンゴル語の名について), 2008, Сайнмэдээнд сатаа мундахгүй（福音にサター多し), 2008-2013, Уламжлалт хийгээд христэч монгол хурим（伝統的・キリスト教的モンゴルの婚礼), 2009ほか、翻訳・監修など含め多数。

都馬バイカル（とば・ばいかる）

1963年中国内モンゴル自治区シリンゴル盟正藍旗生まれ。1990年内モンゴル師範大学大学院修了。1991年来日。2000年東洋大学大学院博士後期課程修了、インド学・仏教学専攻。文学博士。新潟産業大学を経て、現在、桜美林大学准教授。

著訳書　『内モンゴル歴史概要』（共訳、中国内モンゴル教育出版社、1990年)、『モンゴルのためにつとめた詩人』（モンゴル国ジコム・プレス出版社、2013年)、『サイチンガ研究——内モンゴル現代文学の礎を築いた詩人・教育者・翻訳家』（論創社、2018年)、『スウェーデン宣教師が写した失われたモンゴル』（桜美林大学叢書004、論創社、2020年)、「スウェーデンのモンゴルミッションについて」（公益社団法人日本モンゴル協会『日本とモンゴル』第53巻第2号、2019年）ほか多数。

ガラムツェレンギーン・バヤルジャルガル（Гарамцэрэнгийн Баяржаргал）

1973年生まれ。アリオン・ビチェース協会「標準モンゴル語訳」（Стандарт Монгол Орчуулга）プロジェクトリーダー。2013年ケンブリッジ大学にて聖書学博士（PhD）。

著書　A History of Bible Translation in Mongolia. *The Bible Translator* 60(4), 2009, pp. 215-223; Re-establishment of the Christian Church in Mongolia: The Mongolian Standard Version Translation by National Christians. *Unio cum Christo*, 2(2), 2016, pp. 49-66.

山浦玄嗣（やまうら・はるつぐ）

1940年東京市生まれ。1966年東北大学医学部卒業、1971年東北大学大学院にて医学博士。東北大学抗酸菌病研究所において外科学、癌の実験病理学、放射線医学を専攻し、1981年同研究所放射線医学部門助教授。1986年郷里大船渡市盛町において山浦医院を開業。現在に至る。医学のかたわら、ふるさと気仙地方のことば「ケセン語」の研究に余暇を捧げ、『ケセン語訳新約聖書／四福音書』全4巻（イー・ピックス、2002-2004年）を刊行。

著書　『ケセン語入門』（共和印刷、1986年。日本地名学会風土研究賞受賞）、『ケセン語大辞典』（無明舎出版、2000年。岩手日報文化賞学芸部門受賞）、『イエスの言葉 ケセン語訳』（文藝春秋、2011年）ほか多数。

聖書とモンゴル年表

モンゴル	中国	その他
		前3-1世紀　ギリシャ語訳「70人訳」 405　ラテン語訳「ウルガタ」 431　東シリア教会、成立
7世紀　蒙兀、蒙瓦、中国の正史『旧唐書』『新唐書』に登場	635　唐の長安に東シリア教会宣教使節到着、教勢を拡大。 景教、経典アラボン『序聴迷詩所経』『一神論』に一部の翻訳	
9世紀　タタル（モンゴルの直接祖先とされる）登場。 九姓タタル、モンゴル高原に移動	781「大秦景教流行中国碑」	
11世紀　ケレイト部族（九姓タタルの後裔）台頭。ケレイト王、キリスト教化（東シリア教会）		
		1054　東西ローマ教会分裂（大シスマ）
1206　チンギス、全モンゴル統一 フランシスコ会士プラノ・カルピニ、ローマ教皇庁の正式な使節としてグユクのモンゴル帝国ハーン即位式を決議するクリルタイに列席 フランシスコ会士ルブルク、カラコルムに入る 1287-88　東シリア教会の聖職者バール・サウマ（オングート出身）イルハン国アルグンの使者として西欧へ出発し、東ローマ帝国皇帝、ローマ教皇、フランス王フィリップ4世、英王エドワード1世らに謁見 1294　モンテコルヴィノ、元の大都（北京）に入る 1299　最初のカトリック教会建設 1307　儒教経典『孝経』ボル・トゥムル訳 仏教経典『金光明経』シャラブ・センゲ訳 モンテコルヴィノ訳「四福音書」「詩編」（14世紀初頃） 1310頃　泉州にカトリック修道院創設		
1363-77　『王の辞書』（アラビア語、ペルシャ語、トルコ語、ギリシャ語、アルメニア語、モンゴル語対照辞書、イエメン・ラスール朝）		チェコ語聖書（ドレスデンにて）
1370　順帝トゴンテムル、モンゴル高原に帰還	明朝、興る	
1382-89　『華夷訳語』完成、モンゴル語成立		ウイクリフ聖書
1389-98　モンゴル秘史の漢字音訳『元朝秘史』成立		
		1448　ロシア正教会成立 1522　ルター訳（ドイツ語） 1540　イエズス会、ローマ教皇パウルス3世により承認

モンゴル	中国	その他
		1549　フランシスコ・ザビエル来日
		1591　『バレト写本』（ローマ字綴りの日本語訳キリスト教文書集）
		1592　クレメンス版「ウルガタ」
	1604　マテオ・リッチ『天主実義』	1611　ジェームズ王欽定訳
	1636　イエズス会エマヌエル・ディアス『聖経直解』	
	1644　清、北京遷都。明、滅亡	
	1645-　典礼論争（-1715）	
1697　モンゴル、清の支配下に	1700-07　パリ・ミッションのジャン・バセ『四史攸編』	
1717-20　チベット大蔵経モンゴル語訳『ガンジョール』（108巻）	1723　雍正帝、キリスト教の布教を禁止	
		1739　ジョン・ウェスレー、メソジスト派創設
1742　『翻訳名義集』（チベット語モンゴル語対訳辞典）		
1742-49　チベット大蔵経モンゴル語訳『ダンジョール』（125巻）		1773　教皇クレメンス14世、イエズス会解散命令
1787-94『五体清文鑑』（全36巻、満洲・モンゴル・漢・チベット・ウイグルの5言語の対照語辞典）乾隆帝の勅命により出版	1800頃　イエズス会ポワロ『古新聖経』 イエズス会ドゥ・プア訳満洲語『聖書』	1804　英国外国聖書協会設立
1815-27　シュミット訳「新約聖書」〔No. 1-12〕		1816　アメリカ聖書協会設立
1834-46　ストリブラス＆スワン訳「新約聖書」「旧約聖書」〔No. 13-30〕	1822　リポフツォフ訳満洲語「マタイ福音書」	1823　プロテスタント宣教活動
1834　プロテスタントの用語論争、始まる		
	1823　モリソン『神天聖書』	
	1835-39　四人組訳（第1回改訂）	1837　ギュツラフ訳『約翰福音之伝』
1842　南京条約（英国、清より香港割譲）	1840-42　アヘン戦争	1841　ロシア、正教以外の宣教師を国外追放
1844　黄埔条約（フランス、カトリック宣教者派遣）		
1858　天津条約（ロシア・アメリカ・イギリス・フランス4国、清でのキリスト教宣教の自由と宣教者保護を獲得）	1852-58　代表委員訳（第2回改訂）	1850　ギリシャ正教独立
	1864　ブリッジマン＆カルバートソン訳	
	1868　ゴダード訳	
1872　エドキンズ＆シェレシェフスキー訳「マタイ福音書」〔No. 31〕		1871　ゴーフル訳『摩太福音書』
1872/99-1900　ステンベルグによる福音書、使徒言行録の改訳事業（未刊行）		1872-73　ヘボン＆ブラウン訳
		1876　英国・米国聖書協会日本支社設立、東京聖書翻訳委員会による聖書翻訳始まる
1880　ギルモア『蒙古人の友となりて』		
1887　キリスト教宣教団創設		1887　文語訳（旧約聖書、明治訳）
1889　義和団事件（モンゴル地域でもキリスト教徒・宣教者が襲撃された）（-1900）		1890　TEAM（福音同盟ミッション）、アメリカのシカゴで創立

モンゴル	中国	その他
1893　ラーション、内モンゴルで宣教開始		
1899　スウェーデンのモンゴル・ミッション設立（ストックホルム）		1901　ニコライ訳
1911　モンゴル独立宣言（活仏ジェプツンダンバ・ホトクト8世、首班）。外（北）モンゴル独立	1911　辛亥革命	1910　ラゲ訳
1911-13　ラーション他改訂「新約聖書」〔No. 38-42〕		
1914-20　『要理書』モスタールト訳（上海にて）		
1915　キャフタ条約（南北モンゴル統合ならず。南は中国支配下に）		
1917　ウルガ宣教所での宣教開始（-1924） モンゴル語訳『新約聖書の概要』『旧約聖書の概要』『讃美歌』（ハローンオス宣教所）	1919　中国、五・四運動 『和合本』	1917　文語訳（新約聖書、大正改訳）
1921　モンゴル人民革命。活仏、ボリシェビキの援助で首都ウルガの中国勢力を排除、モンゴル政府独立を回復		
1922　グルチャガン宣教所での宣教開始（-1943）		
1924　活仏死去、社会主義国モンゴル人民共和国成立 宣教師国外追放 ドヨン宣教所での宣教開始（-1942）		
1927　ハダンスム宣教所での宣教開始（-1944）		
1935-　日本による熱河宣教 モンゴル語『古経大略』（ボロ・バルガスンにて） ギルモア、ラーションの著作、日本語訳		1937　日本聖書協会設立
		1939　ノモンハン戦争、第二次世界大戦
1940-48　エリクソン＆オレン訳「新約聖書」〔No. 43-46〕		
1947　内モンゴル自治区の成立		1946　改訂標準訳（英語）
		1948　聖書協会口語訳
	1949　中華人民共和国成立	
1951　スウェーデン・モンゴル・ジャパン・ミッション設立		
1952　マーティソン他訳「新約聖書」〔No. 47〕		
1953　ハルトド他『モンゴル語英語実用辞典』		1955　口語訳
		1958　フランシスコ会訳（-2002）
		1962-65　第2バチカン公会議
	1968『思高聖経』	1964　バルバロ訳
	1970『呂振中訳本』	1970　新改訳
		1976　グッドニューズ・バイブル
1982　スウェーデン東亜福音会設立	1979『当代訳本』『現代中文訳本』	1979「新ウルガタ」（ラテン語新約聖書第3版）
		1987　新共同訳
1990　聖書協会世界連盟版（ギベンス訳）「新約聖書」〔No. 64, 65〕	1989『新標点和合本』	
1992　新憲法施行。モンゴル人民共和国、モンゴル国となる。バチカンとの外交関係樹立	1993『聖経新訳本』	
1996　モンゴル聖書翻訳委員会「新約聖書」〔No. 79〕		1995　岩波書店版『旧約聖書』『新約聖書』（-2004）
1998　現代モンゴル聖書翻訳連盟版「新約聖書」〔No. 53〕	1999『牧霊聖経』	

モンゴル	中国	その他
2000　モンゴル聖書翻訳委員会「聖書」（全書）〔No. 81〕		
2002　モンゴル語『要理書』『祈禱書』（ボロ・バルガスンにて）		
	2003　回復訳	
2004　モンゴル国カトリック教会『要理書』『祈禱書』		
2008　パルーシエル『英語モンゴル語キリスト教・カトリック用語辞典』（モンゴル国にて）	2006　『和合本修訂版』（新約聖書）	
2011　モンゴル国カトリック教会『コンペンディウム』	2010　『和合本修訂版』（旧約聖書）	
2016　アリオン・ビチェース協会、聖書協会世界連盟に加入		2018　聖書協会共同訳

モンゴル語聖書一覧

（作成・滝澤克彦）

凡　例

・各版について、発行年、書名、発行地、発行者（所蔵／ダーロウ＆モール目録収載番号）を記す。ただし、重版については書名、発行地、発行者が同じ場合、当該項目を省略した。
・書名はすべて斜体で記す。
・通し番号の枝番は重版・復刻版、記号は分冊版を表す。
・縦書きのウイグル式モンゴル文字（トド文字を含む）による書名等はローマナイズした。ただし、K は外国語転写用字の ᠺ を表す。
・略記については以下の通り。

BFBS	英国外国聖書協会（British and Foreign Bible Society）
C	ケンブリッジ大学図書館聖書図書館
Y	ハーバード燕京図書館
I	インディアナ大学図書館
石	大阪大学附属図書館石濱文庫
聖	日本聖書協会
東	東洋文庫

・ダーロウ＆モール目録収載番号（DM）とは、ダーロウ＆モール編『英国外国聖書協会図書館における聖書各版の史的目録』（T. H. Darlow and H. F. Moule, *Historical Catalogue of the Printed Editions of Holy Scripture in the Library of the BFBS*（2 vols.）. London: Bible House, 1903-1911）の収載番号である。この目録には、編纂当時の英国外国聖書協会図書館に所蔵されていたあらゆる言語による聖書の情報が解説付きで収録されている。
・所蔵については主要な図書館の情報のみ示す。
・1990 年以降の聖書に関しては、初版のみ記載。希少な版以外は、所蔵を省略した。
・要約版や子供用聖書は除外した。

[A] シュミット訳（カルムイク語・トド文字表記）

初版 1815–1827 年頃。モラヴィア兄弟団信徒で後にロシア帝国科学アカデミー会員となる東洋学者シュミット（I. J. Schmidt）による翻訳。英国外国聖書協会出資。サンクトペテルブルクで出版。1815–1821 年ころまでに四福音書と使徒言行録が翻訳出版された後、その改訂版に他の書を加えた新約聖書全書が 1827 年頃出版された。

（1）マタイ福音書

1815, *Evangelium St. Matthaei in Linguam Kalmucco-Monglicam*, Petropoli, Apud Fridericum Dreschlerum（C 石／ DM：6830）［本書のみ、タイトルがラテン語表記。現存する最古のモンゴル系言語による聖書］

（2）マタイ福音書

1820c, *bidani ezen ye:zus kiristusiin šine testamentein mate:yusiin de:du ariluqsan ewange:li-yum keme:ku uridu baq*（C ／ DM：6832）［発行地・発行者無記載。製本は 3 との合冊および 3、4 との合冊］

（3）ヨハネ福音書

1820c, *yo-anesiin de:du ariluqsan ewanggeli-um orošibui*（C ／ DM：6831）［発行地・発行者無記載。製本は 2 との合冊および 2、4 との合冊］

→（3-1）縮小復刻版 1878c, London, BFBS（C ／ DM：6835）

（4）使徒言行録

1820c, *de:du ariluq-san afüstoloüd-yin üyiledbüriin toüzi oroši-bui*（C ／ DM：6833）［発行地・発行者無記載。製本は 2、3 との合冊］

（5）マルコ福音書＋ルカ福音書（合冊版）

1821c, *marḳusiin de:du ariluqsan ewangeli-yum orošibüi; lüḳasiin de:-du ariluqsan ewanggeli-yum orošibai*（C ／ DM：6834）［発行地・発行者無記載］

（6）新約聖書（全書）

1827c, *k(b?)idani ezen bolo:d tonilγaqci yezüs kiristusiin šine gere:s toqto:l keme:qdekü xamuq sudur noγoüdiin nigen-du xü(sic)ra:qsan orošibüi*（C ／ DM：6834a）［発行地・発行者無記載］

[B] シュミット訳（モンゴル語・モンゴル文字表記）

初版 1819–1827 年頃。ブリヤート人首長バドマ（Badma）とノムトゥ（Nomtu）が、シュミット訳カルムイク語聖書からのモンゴル語訳。英国外国聖書協会出資。サンクトペテルブルクで出版。1822 年までの四福音書と使徒言行録の翻訳出版後、その改訂版に他の書を加え新約聖書全書を 1827 年頃出版。

（7）マタイ福音書

1819, *biden-ü ĕjen eyĭjüs keris-tows-un sine tis-ta-miin-ta-yin: matfii-yin degedü ariluγsan*

yiwanggili kemekü̈i angqan debter, Россійскаго Библейск Общества（C／DM：6821）［発行者：ロシア聖書協会、発行地無記載。製本は 8 との合冊および 8、9 との合冊］

→（7-1）復刻版 2019, *matfii-yin degedü ariluγsan yiwanggili*, Улаанбаатар, Ариун Бичээс Нийгэмлэг［2019 年にシュミット訳のマタイ福音書 200 年を記念してアリオン・ビチェース協会よりウランバートルにて復刻された。原典のモンゴル文字とローマ字転写、キリル文字が併記されている］

（8）ヨハネ福音書

1819, *eyiwan=a-yin degedü ariluγsan yiwanggili orusiba*（C／DM：6821a）［発行地・発行者無記載。製本は 7 との合冊および 7、9 との合冊］

（9）使徒言行録

1820, *ariluγsan afus-towl-üd-ün üiledbürin-ü tuγuǰi orušiba*, St. Petersburg（C 東／DM：6822）［発行者無記載。製本は単体および 7、8 との合冊］

（10）マルコ福音書＋ルカ福音書合冊版

1821, *marken=e-yin degedü ariluγsan yiwanggili orusiba; lüken=e-yin degedu ariluγ-san yiwanggili orusiba*, St. Petersburg（C／DM：6823）［発行者無記載］

（11）四福音書・使徒言行録

1822c, St. Petersburg（C／DM：6823）［発行者無記載。7–10 の合冊版。タイトルは各書ごとで、7–10 に同じ］

（12）新約聖書（全書）

1827c, *biden-u eǰen ba tonilγaγči eyisus keristüs-ün sine geriyes toγtaγal kemegdekü qamuγ sudur nuγud-un nigen=e quriyaγsan orusiba.*（C／DM：6823）［発行地・発行者無記載。11 の改訂版に、他の書の新たな翻訳を加えたもの］

［C］ストリブラス＆スワン＆ユイル訳（モンゴル語・モンゴル文字表記）

初版 1834–1827 年。ロンドン宣教協会の宣教師ストリブラス（E. Stallybrass）、スワン（W. Swan）、ユイル（R. Yuille）がシベリアで行った翻訳。英国外国聖書協会出資。シュミットの校閲を経て出版。1834 年以降各書が順次出版、1840 年に旧約聖書全書が完成。全書にまとめられる際、モーセ五書は改めて翻訳し直されている。1990 年代に入るまで唯一のモンゴル語旧約聖書。1934 年『創世記』（13）のみバイカル湖東岸のセレンギンスクで、それ以外はそれより東のホドンにて出版された。

（13）創世記

1834 年にバイカル湖東岸のセレンギンスクで出版された。所蔵等詳細不明。

（14）出エジプト記

1835, *iqsodus kemegči mosi-yin qoyaduγar nom orusibai*, qodon（C／DM：6824）［発

行者無記載]

(15) レビ記

1836年にセレンギンスク東方のホドンで出版された。所蔵等詳細不明。

(16) 民数記

1836年に、セレンギンスク東方のホドンで出版された。所蔵等詳細不明。

(17) 申命記

1836, *Duiteronomi kemegči mosi-yin tabuduγar nom orusibai.* qodon（C／DM6824）[発行者無記載]

(18) 箴言＋コヘレト（合冊版）

1836, *solomown-u erdeni üges; iglisiyestis kemegči nom.* qodon（所蔵不明）[発行者無記載]

→（18-1）箴言（復刻版）2016, Улаанбаатар, Ариун Бичээс Нийгэмлэг

モンゴル語聖書翻訳（モンテコルヴィノ）710年、聖書全訳（ストリブラス＆スワン）170年を記念してアリオン・ビチェース協会よりウランバートルにて復刻された。原典のモンゴル文字とローマ字転写、キリル文字が併記されている。1846年版新約聖書のヨハネ福音書と合わせて出版(30-1)。タイトルは元の版に同じ。

(19) 雅歌

1836, *solomown-u duu kemegči nom,* qodon（C東／DM：6825）[発行者無記載]

(20) 創世記・出エジプト記

1837, *mosi-yin Kenesis kiged iqsodus kemegči nigedüger kiged qoyaduγar nom-ud orusibai,* qodon（所蔵不明）[発行者無記載]

(13) と (14) のそれぞれの改訂版を合冊したもの。

(21) ヨシュア記・士師記・ルツ記＋サムエル記上・サムエル記下（合冊版）

1837, *iošuwa kiged sigügčid ba rüd kemegči nom-ud orusiba; samuyil kemegči-yin nigedüger kiged qoyaduγar nom-ud orusiba,* qodon（C石／DM：6825）[発行者無記載]

(22) 詩編

1838, *maγtaγal-un duu nuγud: esebes fsalm=a nuγud kemegči nom orusiba,* qodon（C／DM：6825）[発行者無記載。他の書より小型。旧約聖書全書にまとめられる際、内容そのままで他と同じサイズに改版されている]

(23) レビ記・民数記・申命記

1839, *mosi-yin liwitikus kiged toγ=a ba Duitironomi kemegčid γurbaduγar kiged dörbedüger ba tabuduγar nom=ud orusiba,* qodon（C／DM:6825）[発行者無記載。15、16、17それぞれの改訂版を合冊したもの]

(24) 列王記上・列王記下＋歴代誌・エズラ記・ネヘミヤ記・エステル記（合

冊版）

1839, *qad-un tuγuǰi-yin nigedüger kiged qoyaduγar nom-ud orusiba; čaγ-un tuγuǰi-yin nigedüger kiged qoyaduγar nom ba: ïǰra kiged nihimiy=a ba istir kemegči nom-ud orusiba*, qodon（石）［発行者無記載］

（25）ヨブ記

1839, *iob kemegči nom orusibai*, qodon（C／DM：6825）［発行者無記載］

（26）ダニエル書＋ホセア書＋ヨエル書＋アモス書＋オバデヤ書＋ヨナ書＋ミカ書（合冊版）

1839, *daniyel kemegči forofit-un nom; hosiy=a kemegči forofit-un nom; ǰo-yil kemegči forofit-un nom; amos kemegči forofit-un nom; obadiy=a kemegči forofit-un nom; ǰona kemegči forofit-un nom; miKa kemegči forofit-un nom*, qodon（所蔵不明）［発行者無記載］

（27）イザヤ書＋エレミヤ書＋哀歌＋エゼキエル書（合冊版）

1840, *isaiy=a kemegči forofit-un nom; ǰirimiy=a kemegči forofit-un nom; ǰirimiy=a-yin γasiγudal-tu üges kemegči nom; ïǰikiyel kemegči forofit-un nom*, qodon（C／DM：6825）［発行者無記載］

（28）ナホム書＋ハバクク書＋ゼファニア書＋ハガイ書＋ザカリヤ書＋マラキ書（合冊版）

1840, *nahüm kemegči forofit-un nom; habaKük kemegči forofit-un nom; ǰifaniy=a kemegči forofit-un nom; haKai kemegči forofit-un nom; ǰiKariy=a kemegči forofit-un nom; malaKi kemegči forofit-un nom*, qodon（所蔵不明）［発行者無記載］

（29）旧約聖書（全書）

1840, *yeqowa burqan-u qaγučin tista-miinta esebesü qaγučin geriyes kemegči nom orusiba*, qodon（C聖東／DM：6825）［発行者無記載。18–28を合冊したもの。書名は『イェホワ神の古いテスタメント、すなわち古い遺言という名の書』。「テスタメント」（testament）に「ゲレース」（geriyes＝遺言）があてられている］

→（29-1）復刻版 2003, *qaγučin ger=e*, Монголын Сайн Мэдээ Нийгэмлэг［発行地無記載］

（29a）創世記（分冊改版）1913, *mosi-yin Kenesis kemegči nigedüger nom: 創世記*, Shanghai, BFBS（C石東）

→（29a-1）重版 1932（Y東）

（29b）ヨナ記（分冊改版）1913, *ǰona kemegči forofit-un nom: 約拿*, Shanghai, BFBS（Y東）

（29c）箴言（分冊改版）1921, *solomown-u erdeni üges: 箴言*, Shanghai, BFBS（C Y石東）

（29d）出エジプト（分冊版）1933, *mosi-yin iqsodus kemegči qoyaduγar nom: 出埃及記*,

Shanghai, BFBS（ＣＹ東）

(29e) ダニエル書（分冊版）1934 , Kalgan, S.D.A. Mongol Mission Press（Ｃ）［セブンスデー・アドベンチスト・モンゴル・ミッションによるものと思われる。タイトル等詳細未確認］

(29f) 詩編（分冊版？）1939, *Maγtaγal-un duu nuγud: esebesu fsalm=a kemegči nom orusiboi*, China, China Bible House, BFBS and American Bible Society（Ｃ）

[D] ストリブラス＆スワン訳（モンゴル語・満洲文字表記）

シベリアで旧約聖書を翻訳したストリブラスとスワンが 1841 年にイギリスへ帰国後 1846 年に出版。英国外国聖書協会出資。モンゴル文字の活字をシベリア退去時に売却してしまっていたため、聖書協会が保有していたモンゴル文字に近似の満洲文字で代替。1952 年版『新約聖書』まで、各改訂版の基礎となった。

(30) 新約聖書（全書）

1846, *biden-ü ejen ba tonilγaγči eyisüs keristüs-un sine tistaminta kemegči nom anu orusibai*, London, BFBS, William Watts（Ｃ石東／ DM：6826）

→ (30-1) ヨハネ福音書（分冊復刻版）2016, *iowan-u ewanggili*, Улаанбаатар, Ариун Бичээс Нийгэмлэг［モンゴル語聖書翻訳（モンテコルヴィノ）710 年、聖書全訳（ストリブラス＆スワン）170 年を記念してアリオン・ビチェース協会よりウランバートルにて復刻された。原典のモンゴル文字とローマ字転写、キリル文字が併記されている。1836 年版『箴言』と合わせて出版（18-1）］

[E] エドキンス＆シェレシェフスキー改訂（モンゴル語・モンゴル文字表記）

モンゴル人ラマが、1846 年版新約聖書（30）を土台に中国語版、満洲語版を参考にして準備した草稿を、ロンドン宣教協会の宣教師エドキンス（J. Edkins）と上海の聖公会主教シェレシェフスキー（S. I. J. Schereschewsky）が校訂し出版。英国外国聖書協会出資。中国式の袋綴じ製本、折り目に漢数字の頁番号あり。文体はハルハ方言の口語体。

(31) マタイ福音書

1872, *mattii-yin bayar-un čimege kemegči nom*, neyislel qota（北京）（ＣＹ／ DM：6839）［発行者無記載］

→ (31-1) 縮小復刻版 1894（Ｃ／ DM：6840）

[F] シフナー＆ポズネエフ改訂（モンゴル語・モンゴル文字表記）

ロシア帝国科学アカデミー会員シフナー（A. Schiefner）とサンクトペテルブルグ大学の東洋学者ポズネエフ（A. M. Позднеев）による改訂。英国外国聖書協会出資。用語や文体の点で大きな変化なし。活字が満洲文字からモンゴル文字に直された。四福音書と使徒言行録の分冊版が、英国外国聖書協会から何度かにわたり出版されている。1895 年の分冊版は英語タイトルのみで、1900 年以降に上海で出版されたものは、表紙にモンゴル語、扉にモンゴル語と中国語、扉裏に英語でタイトルが記されている。

(32) 新約聖書（全書）

1880, *biden-ü ějen ba tonilγaγči eyisüseristüs-ün sine tistaminta kemegči nom anu orusibai*, St. Petersburg, BFBS（C聖東／DM：6827）

→ (32-1) 復刻版 1939, China, China Bible House, BFBS and American Bible Society（C聖）

(32a) マタイ福音書（分冊版）1895, The Gospel of Matthew in Classical Mongolian, BFBS（C／DM：6828）[発行地無記載]

→ (32a-1) 重版 1900, *mattii-yin iwanggili kemegči nom*: *馬太福音書*, Shanghai, BFBS（C／DM：6828a）

→ (32a-2) 重版 1902（C／DM：6828a）→ (32a-3) 重版 1908（東）

(32b) マルコ福音書（分冊版）1895, The Gospel of Mark in Classical Mongolian, BFBS（C／DM：6828）[発行地無記載]

→ (32b-1) 重版 1900, *marKa-yin iwanggili kemegči nom*: *馬可福音書*, Shanghai, BFBS（C／DM：6828a）

→ (32b-2) 重版 1902（C／DM：6828a）

1908 年版の存否は未確認だが、存在の可能性は高い。

(32c) ルカ福音書（分冊版）1895, *The Gospel of Luke in Classical Mongolian*, BFBS（C／DM：6828）[発行地無記載]

→ (32c-1) 重版 1900, *lüKe-yin iwanggili kemegči nom*: *路加福音書*, Shanghai, BFBS（C Y／DM：6828a）

→ (32c-2) 重版 1902（C／DM：6828a）→ (32c-3) 重版 1908（東）

(32d) ヨハネ福音書（分冊版）1895, *The Gospel of John in Classical Mongolian*, BFBS（C／DM：6828）[発行地無記載]

→ (32d-1) 重版 1900, *iowan-u iwanggili kemegči nom*: *約翰福音書*, Shanghai, BFBS（Y／DM：6828a）

→ (32d-2) 重版 1902（C／DM：6828a）→ (32d-3) 重版 1908（東）

(32e) 使徒言行録（分冊版）1900, *afostul-ud-un üiledbüri kemegči nom*: *使徒行傳書*, Shanghai, BFBS（C／DM6828a）[四福音書同様 1895 年版が存在するか

は不明]
→（32e-1）重版 1902（Y）→（32e-2）重版 1908（東）

[G] ポズネエフ訳（カルムイク語・トド文字表記）

初版 1887–1894 年。英国外国聖書協会出資。2 巻本で、第 1 巻に四福音書、第 2 巻に残りの書を収録。第 1 巻の各福音書は同時に分冊版が発行され、その縮小復刻版が 1896 年に出されている。第 2 巻は、第 1 巻との合冊形式で製本。翻訳は [F] と同じポズネエフによるもので、第 1 巻は、アストラハンの正教会主教スミルノフ（П. Смирнов）に協力を仰いだが、スミルノフは完成をまたずに死去した。また第 2 巻については、サンクトペテルブルグ大学講師のカルムイク人クトゥーゾフ（Д. Кутузов）の支援を受けている。

（33）四福音書（『新約聖書』第 1 巻）

1887, *mani ezen bolo:d tonilγaqci yisus kiristosiin šine toqto:l keme:kü ariun nom orošibai: nigedüge:r bü(o?)ti*, St. Petersburg, BFBS（C 石東／ DM：6836）
製本は単体および（34）との合冊。

（33a）マタイ福音書（分冊版）1887, *matfiin de:dü ewanggeli keme:kü ariun nom anu orošibai*, St. Petersburg, BFBS（C ／ DM：6836）

→（33a-1）縮小復刻版 1896, *mani ezen yisus kiristosiin de:dü ewanggeli keme:kü ariun nom orošiba: matfiin ewanggeli neretü nom*, Shanghai, BFBS（石東）

（33b）マルコ福音書（分冊版）1887, *marḳa-in de:dü ewanggeli keme:kü ariun nom anu orošibai*, St. Petersburg, BFBS（C ／ DM：6836）

→（33b-1）縮小復刻版 1896, *mani ezen yisus kiristosiin de:dü ewanggeli keme:kü ariun nom orošiba: marḳain ewanggeli neretü nom*, Shanghai, BFBS（東）

（33c）ルカ福音書（分冊版）1887, *luḳain de:dü ewanggeli keme:kü ariun nom anu orošibai*, St. Petersburg, BFBS（C ／ DM：6836）

→（33c-1）縮小復刻版 1896, *mani ezen yisus kiristosiin de:dü ewanggeli keme:kü ariun nom orošiba: luḳain ewanggeli neretü nom*, Shanghai, BFBS（東）

（33d）ヨハネ福音書（分冊版）1887, *yoqa:ni de:dü ewanggeli keme:kü ariun nom anu orošibai*, St. Petersburg, BFBS（C ／ DM：6836）

→（33d-1）縮小復刻版 1896, *mani ezen yisus kiristosiin de:dü ewanggeli keme:kü ariun nom orošiba: yoqa:ni ewanggeli neretü nom*, Shanghai, BFBS（石東）

（34）使徒言行録～ヨハネ黙示録（『新約聖書』第 2 巻）

1894, *mani ezen bolo:d tonilγaqci yisüs kiristosiin šine toqto:l keme:ku ariun nom orošibai: xoyoduγa:r boti*, St. Petersburg, BFBS（C 石東／ DM：6837）[製本は 33 との合冊]

[H]　チストヒン訳（ブリヤート語・キリル文字表記）

1890–1901年のあいだに正教会のブリヤート人宣教師チストヒン（Я. А. Чистохин）がロシア語聖書を土台にブリヤートの口語に翻訳、イルクーツクの正教宣教協会翻訳委員会の校閲を経て出版。英国外国聖書協会出資。校閲の際、参照されたというブリヤート人ボルドノフ（Н. С. Болдонов）による1867年版ブリヤート口語聖書は現存しない。プロテスタントである出資した英国外国聖書協会の名は英語でのみ記されており、ロシア語では書かれていない。

（35）マタイ福音書

1909, *Матвейн Арюн Евáнгеліе гэжи Нэрэтэй Ном*, Irkutsk, BFBS（石）

（36）マルコ福音書

1912　［記録はあるが、タイトル不明。所在等は未確認］

（37）マタイ福音書・マルコ福音書

1975, *Матвейн Еванглие Буряад Хэлэн Дээрэ, Маркын Евангелие Буряд-Ород Хэлэн Дээрэ*. Stockholm, Institute for Bible Translation（C）［35と36の復刻合冊版。ソビエト連邦科学アカデミーのモンゴル語学者ベルタガエフ（Т. А. Бертагаев）によるブリヤート語についての解説序文（ロシア語）付き。マルコ福音書はロシア語との併記］

[I]　ラーション他改訂（モンゴル語・モンゴル文字表記）

初版1913年。キリスト教宣教同盟のラーション（F. A. Larson）とスカンジナビア同盟宣教のアルムブラッド（A. F. Almblad）の2人のスウェーデン人宣教師が、モンゴル人ゲンデン（Gendun）とセリム・ポンソク（Serim Ponsok）の協力を得て行ったストリブラス＆スワン訳聖書の改訂版。英国外国聖書協会出資。ステレオマトリクス（鉛版印刷用の母型）は横浜製（福音印刷合資会社と思われる）。複数回にわたる重版は、1933年まで上海の英国外国聖書協会発行、1939年のみ中華聖經會（China Bible House）発行（発行地不詳）。

（38）マタイ福音書

1913, *mattii-yin bayar-un medege kemegči nom*: *馬太福音書*, Shanghai, BFBS（C東）

→（38-1）重版1925（セゲト大学図書館）→（38-2）重版1929（Y東）

→（38-3）重版1933（石）→（38-4）重版1939, China, China Bible House（聖）

［1822年版の存否は不明］

（39）マルコ福音書

1913, *marKa-yin bayar-un medege kemegči nom*: *馬可福音書*, Shanghai, BFBS（C東）

→（39-1）重版 1922（王立デンマーク図書館）→（39-2）重版 1925（セゲト大学図書館）
→（39-3）重版 1929（ＹＩ東）→（39-4）重版 1933（石聖）
→（39-5）重版 1939, China, China Bible House（聖）

（40）ルカ福音書

1913, *lüKe-yin bayar-un medege kemegči nom*: *路加福音書*, Shanghai, BFBS（Ｃ）
→（40-1）重版 1922（ブリガムヤング大学図書館）→（40-2）重版 1925（セゲト大学図書館）
→（40-3）重版 1929（Ｉ東）→（40-4）重版 1933（Ｙ石聖）
→（40-5）重版 1939, China, China Bible House（聖）

（41）ヨハネ福音書

1913, *ioqan-u bayar-un medege kemegči nom*: *約翰福音書*, Shanghai, BFBS（Ｃ）
→（41-1）重版 1925（セゲト大学図書館）
→（41-2）重版 1929（東）→（41-3）重版 1933（ＣＹＩ聖）
→（41-4）重版 1939, China, China Bible House（国立北京図書館）[1822 年版の存否は不明]

（42）使徒言行録

1913, *elči nar-un üiledebüri kemegči nom*: *使徒行傳書*, Shanghai, BFBS（Ｃ）
→（42-1）重版 1925 →（42-2）重版 1929（東）→（42-3）重版 1933（Ｙ東）
→（42-4）重版 1939, China, China Bible House（聖）[1822 年版の存否は不明]

[J] エリクソン＆オレン訳（モンゴル語・モンゴル文字表記）

スウェーデン・モンゴル宣教（SMM）の宣教師エリクソン（J. Eriksson）とオレン（Gerda Ollén）が、モンゴル人信徒ダシジャブ（dasiǰab）、リンチンドルジ（erinčingdorǰi）らの協力を得て翻訳。英国外国聖書協会出資。中国語の聖書を土台とし、スウェーデン語の聖書によって確認された。以前の翻訳と比べ用語選択に変化あり。1952 年版のための試作版で、意見や反応を得るため宣教所で配布された。

（43）マタイ福音書

1940, *mattii-yin bayar-un medege kemegči nom*: *馬太福音書*, China, China Bible House（ＣＩ）
→（43-1）重版 1947（ＣＩ聖）

（44）マルコ福音書

1940, *marKa-yin bayar-un medege kemegči nom*: *馬可福音書*, China, China Bible House（ＣＩ）
→（44-1）重版 1947（ＣＩ）

(45) ルカ福音書

1947, *lüKe-yin bayar-un medege kemegči nom*: *路加福音書*, China, China Bible House（C I）

(46) ヨハネ福音書

1948, *ioqan-u bayar-un medege kemegči nom*: *約翰福音書*, China, China Bible House（I）

[K] マーティンソン他訳（モンゴル語・モンゴル文字表記）

Jの四福音書を改訂、残りの書の新訳を合わせた新約聖書全訳が、1952年に香港で出版された。SMMのエリクソン、マーティンソン（A. Marthinson）、アメリカ人宣教師グンゼル（S. J. Gunzel）、モンゴル人信徒のリンチンドルジ、ハルトド・マタイ（qaltud maγadbürin）、仏教僧侶のワンチンドルジ（wangčingdorji）ら、多くの宣教師やモンゴル人信徒が関与。

(47) 新約聖書

1952, *biden-ü ĕjen ba abraγči eyisus keristüs-ün sine tistaminta kemegči sin=e bolǰuγ=a-yin nom*, Hongkong, Hongkong Bible House

→ (47-1) 復刻版1988 → (47-2) 復刻版1990［復刻版の発行地・発行者などは不明。タイトルは元の版と同じ］

(47a) マタイ福音書（分冊版）1953, *mattii-yin bayar-un medege kemegči nom*（I）

(47b) マルコ福音書（分冊版）1953, *marKa-yin bayar-un medege kemegči nom*（I）

(47c) ルカ福音書（分冊版）1953, *lüKe-yin bayar-un medege kemegči nom*

(47d) ヨハネ福音書（分冊版）1953, *ioqan-u bayar-un medege kemegči nom*

(47e) 使徒言行録（分冊版）1953, *elč nar-un üiles kemegči nom*（I）

[L] 北村彰秀および協力者による訳（モンゴル語・キリル文字表記）

北村彰秀（1991-2004年日本アッセンブリーズ・オブ・ゴッド教団宣教師、2005年以後モンゴル聖書宣教会所属）監修の下で行われた。1998-2004年まで現代モンゴル聖書翻訳連盟（Орчин Үеийн Монголын Библийн Орчуулгын Холбоо）より発行、2005年以降は聖書翻訳者チーム（Библийн Орчуулагчдын Баг）より発行されている。

(48) ヤコブの手紙

1983, *Яковосын Бичсэн Захиа.*（聖）［発行地・発行者無記載］

(49) テサロニケ1・テサロニケ2・ヤコブの手紙・ペテロの手紙1

1984, *Дөрвөн Захиа.*（I）［発行地・発行者無記載。発行地：横浜、発行者：北村彰秀（情報は訳者本人より）］

(50) マタイ福音書・マルコ福音書・コリント1・ヨハネ黙示録

1988, *Нэргүй Ном.*（聖）［発行地・発行者無記載。日本聖書協会の書誌には「発行地：茅ヶ崎、発行者：キリスト福音宣教会」とあり］

（51）マタイ福音書・マルコ福音書・ルカ福音書（『新約聖書』第1巻）

1993, Шинэ Гэрээ: I-р боть, Japan, Fukuin Shuppan-sha（聖）［発行地：東京（情報は訳者本人より）］

（52）ヨハネ福音書・使徒言行録（『新約聖書』第2巻）

1995, *Шинэ Гэрээ: 2-р боть*［発行地・発行者無記載。発行地：ウランバートル（情報は訳者本人より）］

（53）新約聖書（全書）

1998, *Шинэ Гэрээ, Улаанбаатар,* Орчин Үеийн Монголын Библийн Орчуулгын Холбоо

（54）新約聖書（全書）

2005, *Шинэ Гэрээ,* Улаанбаатар［発行者無記載。1998年版53の改訂版。発行：聖書翻訳者チーム（情報は訳者本人より）］

（55）列王記上・列王記下

2007, *Хаадын Түүх: Хуучин Гэрээнээс -Шинэ орчуулга-,* Улаанбаатар, Библийн Орчуудагчдын Баг

（56）出エジプト記

2008, *Эгиптээс Гарсан нь: Хуучин Гэрээнээс -Шинэ орчуулга-,* Улаанбаатар, Библийн Орчуудагчдын Баг

（57）民数記・申命記

2008, *Тооллого, Мосеийн Хэлсэн Үг: Хуучин Гэрээнээс -Шинэ орчуулга-,* Улаанбаатар, Библийн Орчуудагчдын Баг

（58）詩編

2009, *Дуулал: Хуучин Гэрээнээс -Шинэ орчуулга-,* Улаанбаатар, Библийн Орчуудагчдын Баг

（59）ヨシュア記・士師記・ルツ記・サムエル記上・サムエル記下

2010, *Иошуа, Шүүгчид, Рут, Самуел: Хуучин Гэрээнээс -Шинэ орчуулга-,* Улаанбаатар, Библийн Орчуудагчдын Баг

（60）聖書（全書）

2016, *Библи: Шинэ орчуулга,* Библийн Орчуулагчдын Баг［発行地無記載］

（61）新約聖書（全書）

2018, *Шинэ Гэрээ: Хянан засварласан орчуулга,* Библийн Орчуулагчдын Баг［発行地無記載。2005年版54の改訂版］

［M］聖書協会世界連盟／モンゴル聖書協会／ШХИ版（モンゴル語・キリル

文字表記）

イギリス人宣教師ギベンス（J. Gibbens）を中心に行われた翻訳。民主化後のモンゴル国で最初に普及した聖書。1996年まで聖書協会世界連盟（Олон улсын Библийн нэгдсэн нийгэмлэг）、1999年頃からモンゴル聖書協会（Монголын Библийн Нийгэмлэг）あるいはШХИの名で発行されるようになった。

（62）ルカ福音書・マルコ福音書・マタイ福音書・使徒言行録・ローマ・ガラテヤ・ヨハネの手紙1・ヨハネの手紙2・ヨハネの手紙3

1984c, *Гайхамшигт Сонин.*（Ⅰ）［発行地・発行者無記載］

（63）ヨハネ福音書

1985c, *Иоганы бичсэн үгүүлэг.*［発行地・発行者無記載］

（64）ヨブ記

1990, *Иовын Түүх,* Олон улсын Библийн нэгдсэн нийгэмлэг［発行地無記載］

（65）新約聖書（全書）

1990, *Шинэ Гэрээ*, Гонконг(香港), Олон улсын Библийн нэгдсэн нийгэмлэг

（66）創世記

1994, *Эхлэл*, Улаанбаатар, Библийн Нэгдсэн Нийгэмлэг

（67）ルツ記・エステル記・コヘレト・ヨナ記

1994, *Эстээр Бүсгүйн Түүх, Рүүт Бүсгүйн Тхүүх, Гүн Ухаантны Сургаал, Ертөнцийн Эзэний Зарлага Ионаах*, Улаанбаатар, Библийн Нэгдсэн Нийгэмлэг

（68）雅歌・箴言

1999, *Дууны Дуун, Сургаалт үгс*, Улаанбаатар, Монголын Библийн Нийгэмлэг

（69）聖書（全書）

2015, *Библи*, Улаанбаатар, Монголын Библийн Нийгэмлэг

［N］登録社団「未達の人々への宣教」版（モンゴル語・モンゴル文字表記）

登録社団「未達の人々への宣教」（Missionswerk Unerreichte Völker e. V.）により1991年から2003年頃に出版。

（70）創世記

1991, *orčilang toγtaniγsan anu*, Wallenfels, Missionswerk Unerreichte Völker e. V.（C）

（71）詩編

1995c, *silüglel*［発行地・発行者無記載］

（72）使徒言行録・テモテ1・テモテ2・ヤコブ・ヨハネ1・ヨハネ2・ヨハネ3

1995c, *šin=e ibegeltü nom*［発行地・発行者無記載］

（73）新約聖書（全書）

2003c, *ibegeltü nom*, Wallenfels, Missionswerk Unerreichte Völker e. V.（C）［書名は『慈しみの書』］

[O] モンゴル・バヤリーン・メデー版（モンゴル語・キリル文字）

ウィットネス・リーの創設したリビング・ストリーム・ミニストリーの関連団体モンゴル・バヤリーン・メデー（Монгол Баярын Мэдээ）による翻訳。1952年版を土台としている。2段組でモンゴル語と英語を併記。1996年に重版あり。

（74）新約聖書

1993, *Шинэ Гэрээс*, Улаанбаатар, Монгол Баярын Мэдээ

[P] ツェレンダシ訳（ブリヤート語・キリル文字表記）

ツェレンダシ（Б. Цэрэндаш）訳。ギベンス訳が土台となっている。

（75）ルカ福音書

1994c, *Есүүс: Луухын Бэшэhэн Намтар Түүхэ*, Улаанбаатар, Шэнэ Амьдрал 2000

（76）ヨハネ福音書

1996, *Баярта Мэдээ: Иоганай Түүрээн Бэшэhэн Намтар Түүхэ*, Хонконг（香港）, Олон уласай Библийн нэгдэhэн ниигэмлиг

[Q] モンゴル聖書翻訳委員会／アリオン・ビチェース協会版（モンゴル語・キリル文字）

1993年に、外国人宣教師とモンゴル人信徒からなるモンゴル聖書翻訳委員会（Монгол Библийн Орчуулгын Хороо）が設立、1995年以降聖書の翻訳出版が開始され、1996年に新約聖書全書、2000年旧新約聖書全訳が出版。2004年以降、モンゴル人を主体とするアリオン・ビチェース協会（Ариун Бичээс Нийгэмлэг）が版権を引き継ぎ、改訂・改訳・出版の事業を継続。『聖書』（全書、81–83）について、本書中では『アリオン・ビブリ』と表記している。2014年から、新たな改訳である「標準モンゴル語訳」（Стандарт Монгол Орчуулга）プロジェクトが始まっており、2015年以降ウェブ上で順次公開されている。

(77) ヨハネ福音書

1995, *Иохан / John / ioqan-u sayin medege*, Улаанбаатар, Монгол Библийн Орчуулгын Хороо

表紙タイトルはキリル文字、英語、モンゴル文字で併記されている。

(78) マルコ福音書

1996, *Маркын бичсэн Сайн Мэдээ*, Улаанбаатар, Монгол Библийн Орчуулгын Хороо

(79) 新約聖書（全書）

1996, *Библи: Шинэ Гэрээ*, Улаанбаатар, Монгол Библийн Орчуулгын Хороо

(80) 創世記・出エジプト記・ヨシュア記・士師記・サムエル記上・サムエル記下・列王記上・詩編・箴言・イザヤ書・ダニエル書・ヨエル書・ヨナ書・ハバクク書

1998, *Библи: Хуучин Гэрээ*, Улаанбаатар, Монгол Библийн Орчуулгын Хороо

(81) 聖書（全書）

2000, *Ариун Библи*, Улаанбаатар, Монгол Библийн Орчуулгын Хороо

(82) 聖書（全書）

2004, *Ариун Библи*, Улаанбаатар, Ариун Бичээс Библийн Нийгэмлэг［81の改訂版］

(83) 聖書（全書）

2013, *Ариун Библи*, Улаанбаатар, Ариун Бичээс Нийгэмлэг［82の改訂版］

[R] サロマワイ他訳（カルムイク語・キリル文字表記）

サロマワイ（О. Саломовой）らによって翻訳され、聖書翻訳研究所によって出版された。当研究所は、ソビエト連邦の非スラブ系民族のための聖書翻訳を目的として、1973年にストックホルムに設立された。1990年以降モスクワ支部を中心に、モンゴル系言語への翻訳が行われてきた。翻訳には、カルムイク人詩人のシュグラエワ（В. К. Шуграева）らも参加した。

(84) ルカ福音書

1996, *Лукан Сэн Зәңг*, Stockholm-Moscow, Institute for Bible Translation

(85) 新約聖書

2002, *Шин Бооцан*, Moscow, Institute for Bible translation

(86) 創世記・ルツ記

2005, *Эклц, Рут*, Moscow, Institute for Bible translation

(87) 詩編

2006, *Псалмс*, Moscow, Institute for Bible translation

（88）箴言

2013, *Цецн Сулвгуд*, Moscow, Institute for Bible translation

（89）ヨブ記・コヘレト・雅歌

2018, *Йов, Цецн Ухана Багш, Соломона хамгин сэн дун*, Moscow, Institute for Bible translation

（90）ヨナ書

2019, *Йона*, Moscow, Institute for Bible translation

[S] ボダエフ訳（ブリヤート語・キリル文字表記）

元ブリヤート国立大学ブリヤート文献学教授ボダエフ（С. Б. Будаев）やブリヤート人の詩人ライツァノワ（Д. А. Райцанова）らによって翻訳され、[Q]同様、聖書翻訳研究所（Institute for Bible Translation）によって出版された。

（91）マルコ福音書

1996, *Һайн Мэдээсэл*, Stockholm-Moscow, Institute for Bible Translation

（92）ヨハネ福音書

1998, *Исус Христос тухай Иоаннай дуулгаһан Һайн Мэдээсэл*, Moscow, Institute for Bible Translation

（93）新約聖書

2010, *Шэнэ Хэлсээн*, Moscow, Institute for Bible Translation

[T]「モンゴル語新訳」版（モンゴル語・モンゴル文字表記）

各版表紙・書誌に「モンゴル語新訳」（Mongolian New Translation、mongγol sin=e orčiγulγ=a）と記されている。

（94）マルコ福音書・ヨハネ福音書・使徒言行録・ローマ・ガラテヤ・ヨハネ１・ヨハネ２・ヨハネ３

2003, *bayar-un medege*［発行地・発行者無記載］

（95）新約聖書（全書）

2006, *sin=e ger=e*［発行地・発行者無記載。94の改訂版に新約聖書の他の書を加えたもの］

（96）新約聖書（全書）

2007, *sin=e ger=e*［発行地・発行者無記載。95の改訂版］

（97）新約聖書（全書）

2008, *sin=e ger=e*［発行地・発行者無記載。96の改訂版］

（98）新約聖書（全書）

2009, *sin=e ger=e*［発行地・発行者無記載。97の改訂版］

（99）聖書（全書）

2012c, *ariγun nom*［発行地・発行者無記載、98 の改訂版に旧約聖書を加えたもの］

（100）聖書（全書）

2019, *ariγun nom*, Улаанбаатар, Ариун Бичээс Нийгэмлэг［99 の改訂版］

［U］ ドゥゲルマー訳（モンゴル語・キリル文字／モンゴル文字表記）

アリオン・ビチェース協会のメンバーであるドゥゲルマー（B. Дүгэрмаа）が協会版とは別に出版した私訳。神の訳語として「テンゲルボルハン」（Тэнгэрбурхан）という語を当てている。

（101）箴言

2008, *Зүйр Мэргэн Үгс,* Улаанбаатар［発行者無記載］

（102）箴言

2008, *ǰüir mergen üges*［発行地・発行者無記載。101 のモンゴル文字版］

（103）雅歌

2009, *Дуу Дууны Дуун*, Улаанбаатар［発行者無記載］

（104）哀歌

2010, *Харуусал*, Улаанбаатар［発行者無記載］

［V］ トルガ訳（モンゴル語・キリル文字表記）

トルガ（Э. Тулга）による「詩的翻訳」。新約聖書の散文体の書が頭韻等を含んだ詩の形式に訳されている。

（105）コリント 1

2011, *1 Коринт: Шүлэглэсэн Орчуулга*, Улаанбаатар［発行者無記載］

（106）ローマ

2011, *Ром: Шүлэглэсэн Орчуулга*, Улаанбаатар［発行者無記載］

（107）詩編

2012c, *Дуулал: Монгол Англи зэрэгцүүлсэн хөрвүүлэг*［発行地・発行者無記載。発行年は訳者本人からの情報による］

（108）コリント 2

2013, *2 Коринт: Шүлэглэсэн Орчуулга*, Улаахбаатар［発行者無記載］

（109）ローマ

2018, *Ром: Шүлэглэсэн Орчуулга*, Улаанбаатар［発行者無記載。106 の改訂版］

［W］ バオ・シャオリン訳（モンゴル語・モンゴル文字表記）

フフホトの教会牧師バオ・シャオリン（Bao Xiaolin）によって翻訳され、フフホト（呼和浩特）で出版された。聖書協会世界連盟（United Bible Societ-

ies）との共同事業として実施された。現在、旧約聖書の翻訳が着手されている。以下の版は、公式版へ向けた「試読本」と位置づけられている。

（110）四福音書

2011, *dörben sayin medegen=ü bičig:* 试读本 , 呼和浩特 , 内蒙古自治区基督教三自爱国运动委员会，内蒙古自治区基督教协会

（111）新約聖書（全書）

2013, *sin=e ger=e: 试读本*, 内蒙古自治区基督教三自爱国运动委员会，内蒙古自治区基督教协会

[X] バヤンズルフ新約バプティスト教会版（モンゴル語・キリル文字表記）

英語の欽定訳（King James Version）を元とした翻訳。神の訳語として「シュテーン」（Шүтээн）が用いられている。

（112）四福音書

存在について情報あり、詳細不明。

（113）新約聖書

2014, *Ариун Библи: Шинэ Гэрээ -Жеймс Хааны Хувибар-*, Улаанбаатар, Баянзүрх Шинэ Гэрээ Баптист Чуулган

（114）創世記・出エジプト記・レビ記・民数記・申命記

2015, *Ариун Библи: Хуучин Гэрээ -Жеймс Хааны Хувибар-*, Улаанбаатар, Баянзүрх Шинэ Гэрээ Баптист Чуулган

（115）聖書（全書）

2018, *Ариун Библи -Жеймс Хааны Хувибар-*, Улаанбаатар, Баянзүрх Шинэ Гэрээ Баптист Чуулган

[Y] ファースト・バイブル・インターナショナル&トリニティ聖書協会版（モンゴル語・キリル文字表記）

ファースト・バイブル・インターナショナル（firstBible International）とトリニティ聖書協会（Trinitarian Bible Society）によるもの。

（116）ヨハネ福音書

2012, *Иохан: Иоханы дагуух Сайн Мэдээ*, Murfreesboro, TN, USA, FirstBible International & London, Trinitarian Bible Society

（117）聖書（全書）

2017, *Шинэ Гэрээ*, London, Trinitarian Bible Society & Ulaanbaatar, FirstBible LLC

[Z] その他の聖書

(118) ヨハネ福音書（モンゴル語・キリル文字表記）

1983, *Иоаны Баярын Мэдээ Хэмээгч Ном*, Yokohama, Christ Gospel Mission（キリスト福音宣教会）（C）

(119) 創世記（モンゴル語・キリル文字表記）

1994, *Эхлэл*, Улаанбаатар［韓国人宣教師による翻訳との情報あり。詳細は不明］

(120) ダニエル書（モンゴル語・キリル文字表記）

1995, *Даниел*, Улаанбаатар［119と同じ宣教師による翻訳］

(121) マタイ福音書（モンゴル語・キリル文字表記）

1996, *Матай*, Монголын Агапэ нийгэмлэг［ウールディーン・ゲゲー教会のメンバーによる翻訳との情報あり］

(122) 新約聖書（モンゴル語・キリル文字表記）

2004, *ariγun nom*［中央アジア協会（Zentralasien-Gesellschaft）のミュラー（Stefan Müller）を中心としたグループによる翻訳との情報あり］

(123) 新約聖書（モンゴル語・モンゴル文字表記）

2004, *sine ger=e*, ABTC［発行地無記載。「神」の訳語として「デード・テンゲル」（deged tngri,「上天」の意）が当てられている］

(124) 新約聖書（モンゴル語・モンゴル文字表記）

2007, *sine ger=e*［発行地・発行者無記載。123の改訂版］

(125) 聖書（全書）（モンゴル語・モンゴル文字表記）

2008c, *ariγun nom*, Japan, ABPPM Foundation［「神」の訳語として「エホバ・テンゲル」（yéhowa tngri）が当てられている。書誌には2008年と記載されているが、前書きの解説には2009年版との記述あり。旧約聖書はストリブラス＆スワン＆ユイルの訳に基づいている。書誌に新約聖書は「1950年Swanson版を土台とする」と書かれているが、それに該当するものは存在せず、1952年マーティンソン他訳と思われる］

(126) 創世記（ブリヤート語・キリル文字表記）

2010, *Эхинэй Эхин: Моисейн нэгэдэхи ном: Библи Эртын Хэлсээн*, Санкт-Петербургъ, Россиин Библиин бүлгэм［発行地：サンクトペテルブルグ、発行者：ロシア聖書協会］

(127) 新訳（全書）（モンゴル語・キリル文字記）

2017, *Шинэ Ертөнц Орчуулга: Грек Судар*, Watchtower Bible and Tract Society of Pennsylvania［発行者無記載。エホバの証人による新世界訳クリスチャン・ギリシャ語聖書（新約）のモンゴル語版］

モンゴル語聖書図版

歴史的重要性、体裁、使用言語や書体に特徴的なものを紹介する（撮影・滝澤克彦）。
キャプション末尾の〔　〕付き数字は「モンゴル語聖書一覧」での番号を示す。
モンゴル文字は縦書きで、左側から読む。

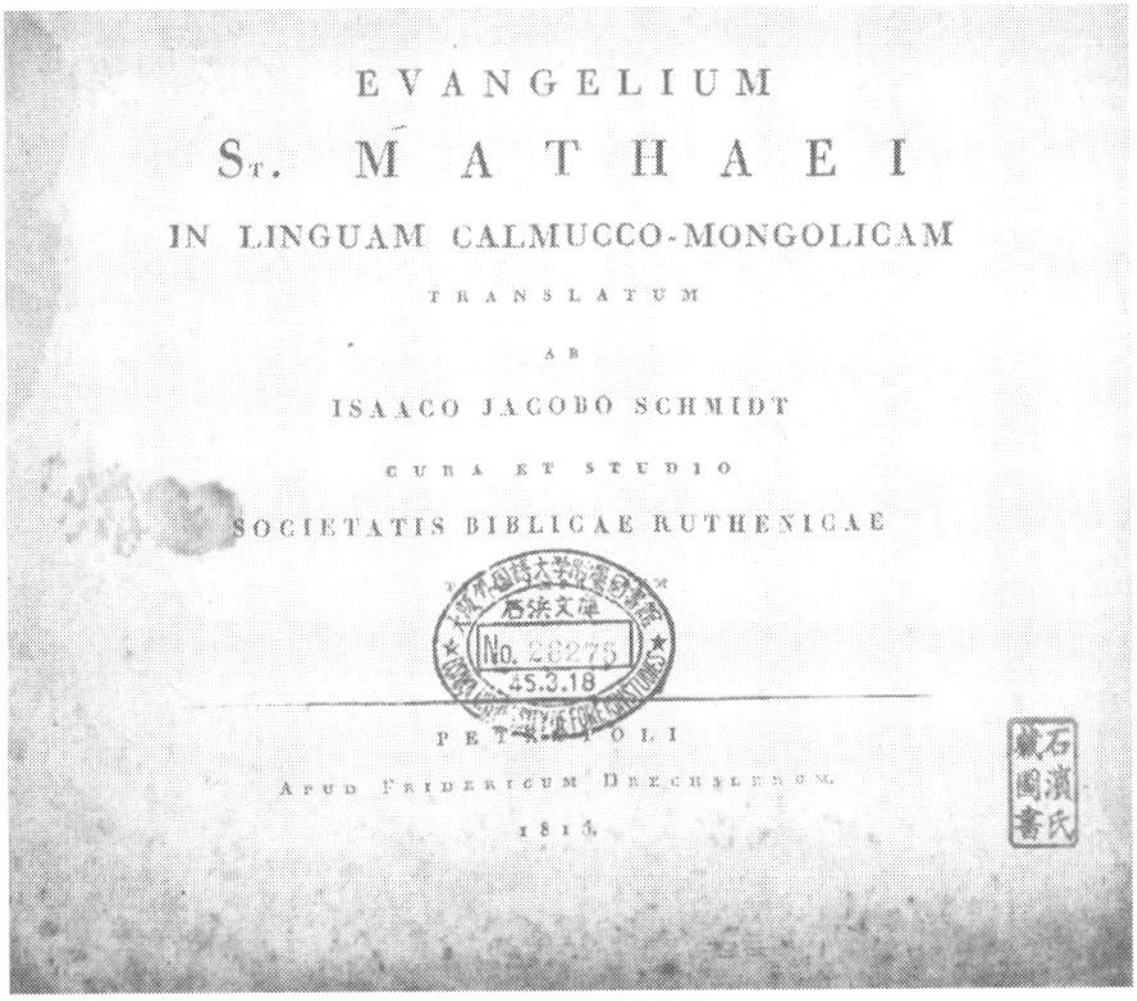

図1　シュミット訳カルムイク語『マタイによる福音書』(1815) 大阪大学附属図書館石濱文庫蔵〔1〕
現存する最古のモンゴル系言語の翻訳聖書。長辺綴じ、上開き。扉の書名はラテン語表記。